中国石油石化
安全生产与应急管理行业发展
蓝皮书
（2021—2022）

中　国　应　急　管　理　学　会
中国石油集团安全环保技术研究院有限公司　组织编写
中国应急管理学会石油石化安全与应急工作委员会

中国石化出版社

内 容 提 要

《中国石油石化安全生产与应急管理行业发展蓝皮书(2021—2022)》集成中国应急管理学会、中国石油安全环保技术研究院与中国石油、中国石化、中国海油、国家管网等集团公司的专家团队，对涉及石油石化安全应急领域需求和未来发展趋势的重大问题和行业问题进行深入分析，运用专业分析方法提出关于企业和行业发展未来需求等重大问题的分析观点。全书分为重要论述篇、行业分析篇、行业展望和附录四个部分。

本书具有较强的权威性和时效性，对于理论研究者和实际工作者都具有一定的参考价值。

图书在版编目(CIP)数据

中国石油石化安全生产与应急管理行业发展蓝皮书. 2021-2022 / 中国应急管理学会，中国石油集团安全环保技术研究院有限公司，中国应急管理学会石油石化安全与应急工作委员会组织编写. —北京：中国石化出版社，2022.3(2022.6 重印)
ISBN 978-7-5114-6601-3

Ⅰ. ①中… Ⅱ. ①中… ②中… ③中… Ⅲ. ①石油化工企业-安全生产-研究报告-中国-2021-2022②石油化工企业-安全管理-研究报告-中国-2021-2022 Ⅳ. ①F426.22②TE687

中国版本图书馆 CIP 数据核字(2022)第 040142 号

中国石化出版社出版发行

地址：北京市东城区安定门外大街 58 号
邮编：100011 电话：(010)57512500
发行部电话：(010)57512575
http://www.sinopec-press.com
E-mail:press@sinopec.com
北京科信印刷有限公司印刷
全国各地新华书店经销

*

710×1000 毫米 16 开本 14.5 印张 247 千字
2022 年 3 月第 1 版 2022 年 6 月第 3 次印刷
定价：128.00 元

编写指导委员会

编　委　会

编　写　组

前言 PREFACE

安全生产与应急管理事关人民群众生命财产安全，事关改革发展稳定大局，事关党和政府形象声誉。党的十八大以来，习近平同志针对安全生产问题作了一系列重要论述，站在践行党的初心使命和维护国家长治久安的政治高度，从历史与现实相贯通、治标与治本相关联、当前与长远相统筹的宽广视角，系统回答了如何认识安全生产、如何做好安全生产工作等重大理论和现实问题，是我们做好新时代安全生产工作的根本遵循和行动指南。通过全面剖析研究党的十八大以来中国石油石化安全生产与应急管理的现状及特征，有利于认清现阶段安全生产与应急管理的行业特征和行业发展趋势。

《中国石油石化安全生产与应急管理行业发展蓝皮书（2021—2022）》严格按照以下思路和步骤开展。“资料研阅”：通过资料收集、阅读与讨论，理清行业发展现状；“重点预判”：在资料阅读的基础上确定突破口，设计工作方向；“调查访谈”：针对预判，设计调查问卷，有针对性地开展调查，保证报告与行业发展实际相符；“实践研究”：通过头脑风暴和集思广益，做好报告“有效途径”这个关键核心的设计、阐释。“交流总结”：组织系统从业人员和专业队伍就报告成果进行交流和讨论，提出修改意见，完善行业报告。

目前，中国石油石化行业正处于高质量发展的最佳时期，同时也处于创新发展的转折期。作为我国支柱产业的石油石化企业，肩负着保障国家能源供应和确保能源安全的重要使命，必须按照国家关于安全生产领域的改革发展部署，坚持环保优先，不仅奉献清洁能源，还要守护绿水青山，要成为诚信、负责任的大公司，必须在安全生产与应急管理工作中体现出来。制订和实施行业发展规划，可帮助石油石化行业提升安全业绩，是实现企业愿景的重要手段和途径，同时也将协助和促进公司业务的高质量发展。

本书中，我们设计了不同情景来展望全球石油石化行业安全生产与应急管理发展图景，以期能够启发各界对未来行业发展的思考与讨论，更希望有助于行业政策制定者和石油石化企业更好地迎接未来。

编　者

2022 年 1 月

目录 CONTENTS

重要论述篇

行业分析篇

行业展望篇

附录

重要论述篇

第一章　习近平总书记关于安全生产工作重要论述摘编

安全生产，重如泰山。关乎社会大众权利福祉，关乎经济社会发展大局，更关乎人民生命财产安全。以习近平同志为核心的党中央高度重视安全生产，始终把人民生命安全放在首位。习近平总书记多次对安全生产工作发表重要讲话，作出重要批示，深刻论述安全生产红线、安全发展战略、安全生产责任制等重大理论和实践问题，对安全生产提出了明确要求。习近平总书记强调，公共安全是社会安定、社会秩序良好的重要体现，是人民安居乐业的重要保障。安全生产必须警钟长鸣、常抓不懈。

关于必须牢固树立安全发展理念的论述

接连发生的重特大安全生产事故，造成重大人员伤亡和财产损失，必须引起高度重视。人命关天，发展决不能以牺牲人的生命为代价。这必须作为一条不可逾越的红线。

——2013 年 6 月 6 日，做好安全生产工作重要指示

要始终把人民生命安全放在首位，以对党和人民高度负责的精神，完善制度、强化责任、加强管理、严格监管，把安全生产责任制落到实处，切实防范重特大安全生产事故的发生。

——2013 年 6 月 6 日，做好安全生产工作重要指示

各级党委和政府要增强责任意识，落实安全生产负责制。要落实行业主管部门直接监管、安全监管部门综合监管、地方政府属地监管，坚持“管行业必须管安全”“管业务必须管安全”“管生产经营必须管安全”，而且要“党政同责、一岗双责、齐抓共管”。

——2013 年 7 月 18 日，在中共中央政治局常委会上的讲话

各级党委和政府、各级领导干部要牢固树立安全发展理念，始终把人民群众

生命安全放在第一位，牢牢树立发展不能以牺牲人的生命为代价这个观念。这个观念一定要非常明确、非常强烈、非常坚定。

——2013 年 11 月 24 日，在听取青岛黄岛经济开发区东黄输油管线泄漏引发爆燃事故情况汇报时的讲话

我们必须牢固树立这样一个观念，就是不能要带血的生产总值。发展要以人为本、以民为本。不要强调在目前阶段安全事故“不可避免论”，必须整合一切条件、尽最大努力、以极大的责任感来做好安全生产工作。抓和不抓大不一样，重视抓、认真抓和不重视抓、不认真抓大不一样。只要大家都认真抓，就可以把事故发生率和死亡率降到最低程度。

——2013 年 11 月 24 日，在听取青岛黄岛经济开发区东黄输油管线泄漏引发爆燃事故情况汇报时的讲话

要牢固树立安全发展理念，自觉把维护公共安全放在维护最广大人民根本利益中来认识，扎实做好公共安全工作，努力为人民安居乐业、社会安定有序、国家长治久安编织全方位、立体化的公共安全网。

——2015 年 5 月 31 日，在十八届中央政治局第二十三次集体学习时的讲话

确保安全生产应该作为发展的一条红线。我说过，发展不能以牺牲人的生命为代价。这个观念，必须在全社会牢固树立起来。要深刻认识安全生产工作的艰巨性、复杂性、紧迫性，坚持以人为本、生命至上，全面抓好安全生产责任制和管理、防范、监督、检查、奖惩措施的落实。

——2015 年 5 月 31 日，在十八届中央政治局第二十三次集体学习时的讲话

确保安全生产、维护社会安定、保障人民群众安居乐业是各级党委和政府必须担负的重要责任。各级党委和政府要牢固树立安全发展理念，坚持人民利益至上，始终把安全生产放在首要位置，自觉维护人民群众生命财产安全。

——2015 年 8 月 15 日，关于做好安全生产工作的批示

各级党委和政府特别是领导干部要牢固树立安全生产的观念，正确处理安全和发展的关系，坚持发展决不能以牺牲安全为代价这条红线。经济社会发展的每一个项目、每一个环节都要以安全为前提，不能有丝毫疏漏。要严格实行党政领导干部安全生产工作责任制，切实做到失职追责。

——2016 年 7 月 24 日，在中共中央政治局常委会会议上发表重要讲话

要树立安全发展理念，弘扬生命至上、安全第一的思想，健全公共安全体

系，完善安全生产责任制，坚决遏制重特大安全事故，提升防灾减灾救灾能力。

——2017 年 10 月 18 日，《决胜全面建成小康社会　夺取新时代中国特色社会主义伟大胜利》

各级党委和政府及有关部门要把人民群众生命安全和身体健康放在第一位，制定周密方案，组织各方力量开展防控，采取切实有效措施，坚决遏制疫情蔓延势头。

——2020 年 1 月 20 日，对新型冠状病毒感染的肺炎疫情作出重要指示

生命重于泰山。各级党委和政府务必把安全生产摆到重要位置，树牢安全发展理念，绝不能只重发展不顾安全，更不能将其视作无关痛痒的事，搞形式主义、官僚主义。要针对安全生产事故主要特点和突出问题，层层压实责任，狠抓整改落实，强化风险防控，从根本上消除事故隐患，有效遏制重特大事故发生。

——2020 年 4 月 10 日，全国安全生产工作指示

关于必须建立健全最严格的安全生产责任体系的论述

要抓紧建立健全党政同责、一岗双责、齐抓共管的安全生产责任体系，建立健全严格的安全生产制度。安全生产事故频发，一个重要原因是失之于软、硬度不够。安全生产工作，不仅政府要抓，党委也要抓。党委要管大事，发展是大事，安全生产也是大事。安全生产事关人民利益，事关改革发展稳定，党政一把手必须亲力亲为、亲自动手抓。

——2013 年 11 月 25 日，在青岛黄岛经济开发区考察输油管线泄漏引发爆燃事故抢险工作时强调

坚持最严格的安全生产制度，什么是最严格？就是要落实责任。要把安全生产责任落实到岗位、落实到人头，坚持管行业必须管安全、管业务必须管安全，加强督促检查、严格考核奖惩，全面推进安全生产工作。

——2013 年 11 月 25 日，在青岛黄岛经济开发区考察输油管线泄漏引发爆燃事故抢险工作时强调

所有企业都必须认真履行安全生产主体责任，做到安全投入到位、安全培训到位、基础管理到位、应急救援到位，确保安全生产。中央企业要带好头做表

率。各级政府要落实属地管理责任，依法依规，严管严抓。

——2013 年 11 月 25 日，在青岛黄岛经济开发区考察输油管线泄漏引发爆燃事故抢险工作时强调

我们要秉持为发展求安全、以安全促发展的理念，让发展和安全两个目标有机融合。

——2014 年 3 月 25 日，在荷兰海牙核安全峰会上的讲话

既重视发展问题，又重视安全问题，发展是安全的基础，安全是发展的条件，富国才能强兵，强兵才能卫国。

——2014 年 4 月 16 日，主持召开中央国家安全委员会第一次会议强调

要切实抓好安全生产，坚持以人为本、生命至上，全面抓好安全生产责任制和管理、防范、监督、检查、奖惩措施的落实，细化落实各级党委和政府的领导责任、相关部门的监管责任、企业的主体责任，深入开展专项整治，切实消除隐患。

——2015 年 5 月 31 日，在中共中央政治局第二十三次集体学习时强调

各级党委和政府要切实承担起“促一方发展、保一方平安”的政治责任，以完善食品安全责任制、安全生产责任制、防灾减灾救灾责任制、社会治安综合治理责任制为重点，明确并严格落实责任制，把确保公共安全工作成效作为衡量党政领导班子和领导干部政绩的重要指标。

——2015 年 5 月 31 日，在中共中央政治局第二十三次集体学习时强调

各级党委和政府要牢固树立安全发展理念，坚持人民利益至上，始终把安全生产放在首要位置，切实维护人民群众生命财产安全。要坚决落实安全生产责任制，真正做到党政同责、一岗双责、失职追责。各企业要承担和落实安全生产主体责任，强化安全生产第一意识，加强安全生产基础能力建设，坚决遏制重特大事故发生。

——2015 年 8 月 15 日，关于做好安全生产工作的批示

关于必须深化安全生产领域改革的论述

要加快完善安全生产管理体制，强化安全监管部门综合监管责任，严格落实行业主管部门监管责任、地方党委和政府属地管理责任，加强基层安全监管执法队伍建设，制定权力清单和责任清单，督促落实到位。要发挥各级安委会指导协

调、监督检查、巡查考核的作用，形成上下合力，齐抓共管。

——2016年7月21日，在中共中央政治局常委会会议上发表重要讲话

推进安全生产领域改革发展，关键是要作出制度性安排，依靠严密的责任体系、严格的法治措施、有效的体制机制、有力的基础保障和完善的系统治理，解决好安全生产领域的突出问题，确保人民群众生命财产安全。推进安全生产领域改革发展，关键是要作出制度性安排。

——2016年10月11日，主持召开中央全面深化改革领导小组第二十八次会议强调

各级安全监管监察部门要牢固树立发展决不能以牺牲安全为代价的红线意识，以防范和遏制重特大事故为重点，坚持标本兼治、综合治理、系统建设，统筹推进安全生产领域改革发展。

——2016年10月30日，关于安全生产工作的批示

各级党委和政府要认真贯彻落实党中央关于加快安全生产领域改革发展的工作部署，坚持党政同责、一岗双责、齐抓共管、失职追责，严格落实安全生产责任制，完善安全监管体制，强化依法治理，不断提高全社会安全生产水平，更好维护广大人民群众生命财产安全。

——2016年10月30日，关于安全生产工作的批示

坚持以人民为中心，牢固树立安全发展理念，统筹推进安全生产领域改革发展，进一步健全完善安全生产责任体系、法治体系、风险防控体系和监管保障体系，抓住重点领域深入排查治理安全隐患，坚决防范遏制重特大事故，为推动经济高质量发展和民生改善作出新的贡献。

——2018年1月26日，全国安全生产工作指示

要针对安全生产事故主要特点和突出问题，层层压实责任，狠抓整改落实，强化风险防控，从根本上消除事故隐患，有效遏制重特大事故发生。

——2020年4月10日，对全国安全生产工作指示

关于必须强化依法治理安全生产的论述

安全生产，要坚持防患于未然。要继续开展安全生产大检查，做到“全覆盖、零容忍、严执法、重实效”。要采用不发通知、不打招呼、不听汇报、不

用陪同和接待，直奔基层、直插现场，暗查暗访，特别是要深查地下油气管网这样的隐蔽致灾隐患。要加大隐患整改治理力度，建立安全生产检查工作责任制，实行谁检查、谁签字、谁负责，做到不打折扣、不留死角、不走过场，务必见到成效。

——2013 年 11 月 25 日，在青岛黄岛经济开发区考察输油管线泄漏引发爆燃事故抢险工作时强调

食品安全，也是“管”出来的，要形成覆盖从田间到餐桌全过程的监管制度，建立更为严格的食品安全监管责任制和责任追究制度，使权力和责任紧密挂钩，抓紧建立健全农产品质量和食品安全追溯体系，尽快建立全国统一的农产品和食品安全信息追溯平台，严厉打击食品安全犯罪，要下猛药、出重拳、绝不姑息，充分发挥群众监督、舆论监督的重要作用。

——2014 年 12 月 23 日，在中央农村工作会议上强调

要健全常态化的安全生产检查机制，定期不定期开展不打招呼、一插到底和谁检查、谁签字、谁负责的安全生产大检查，对检查发现的问题要厉行整改，切实消除隐患，确保万无一失。

——2015 年 5 月 31 日，在十八届中央政治局第二十三次集体学习时的讲话

党的十八大提出要加强公共安全体系建设，党的十八届三中全会围绕健全公共安全体系提出食品药品安全、安全生产、防灾减灾救灾、社会治安防控等方面体制机制改革任务，党的十八届四中全会提出了加强公共安全立法、推进公共安全法治化的要求。

——2015 年 5 月 31 日，在中共中央政治局第二十三次集体学习时强调

维护公共安全体系，要从最基础的地方做起。要把基层一线作为公共安全的主战场，坚持重心下移、力量下沉、保障下倾，实现城乡安全监管执法和综合治理网格化、一体化。

——2015 年 5 月 31 日，在中共中央政治局第二十三次集体学习时强调

必须强化依法治理，用法治思维和法治手段解决安全生产问题，加快安全生产相关法律法规制定修订，加强安全生产监管执法，强化基层监管力量，着力提高安全生产法治化水平。

——2016 年 1 月 6 日，在中共中央政治局常委会会议上讲话

安全生产，关系重大，责任重大，安全生产工作必须常抓不懈，不能有丝毫

放松。各地区、各相关部门要牢固树立以人民为中心的发展思想，践行安全发展理念，筑牢安全生产防线。

——2019 年 7 月 23 日，对贵州水城“7 · 23”特大山体滑坡灾害作出重要指示

关于必须加强安全生产源头治理的论述

我们就是要安全“全覆盖、零容忍、严执法、重实效”的要求进行排查，整治隐患、堵塞漏洞、强化措施。现在看到的情况，一个是隐患很多、视若无睹，最后酿成恶果；一个是隐患查不出来，没有人去整改，或者整改不及时、不到位，最后还是要出事。

——2013 年 7 月 18 日，在中共中央政治局常委会上讲话

我们要经常进行安全生产大检查，还要摸索检查工作的规律，多长时间搞一次全国性的、全方位的大检查，什么时候在不同行业搞一次这样的大检查。不要等出了一大堆事再搞，要防范于未然，把问题解决在萌芽状态。

——2013 年 7 月 18 日，在中共中央政治局常委会上讲话

要高度重视公共安全工作，牢记公共安全是最基本的民生的道理，着力堵塞漏洞、消除隐患，着力抓重点、抓关键、抓薄弱环节，不断提高公共安全水平。

——2015 年 6 月 18 日，在贵州调研时强调

要进一步健全预警应急机制，切实加大安全监管执法力度，有效化解各类安全生产风险，提升安全生产保障水平，促进安全生产形势实现根本好转。

——2015 年 8 月 15 日，关于做好安全生产工作的批示

必须坚决遏制重特大事故频发势头，对易发重特大事故的行业领域采取风险分级管控、隐患排查治理双重预防性工作机制，推动安全生产关口前移，加强应急救援工作，最大限度减少人员伤亡和财产损失。

——2016 年 1 月 6 日，在中共中央政治局常委会会议上讲话

要加强城市运行管理，增强安全风险意识，加强源头治理。要加强城乡安全风险辨识，全面开展城市风险点、危险源的普查，防止认不清、想不到、管不到等问题的发生。

——2016 年 7 月 21 日，在中共中央政治局常委会会议上讲话

安全生产是民生大事，一丝一毫不能放松，要以对人民极端负责的精神抓好安全生产工作，站在人民群众的角度想问题，把重大风险隐患当成事故来对待，守土有责，敢于担当，完善体制，严格监管，让人民群众安心放心。

——2016 年 7 月 21 日，在中共中央政治局常委会会议上讲话

要坚持标本兼治，坚持关口前移，加强日常防范，加强源头治理、前端处理，建立健全公共安全形势分析制度，及时清除公共安全隐患。

——2016 年 7 月 21 日，在中共中央政治局常委会会议上讲话

要把遏制重特大事故作为安全生产整体工作的“牛鼻子”来抓，在煤矿、危化品、道路运输等方面抓紧规划实施一批生命防护工程，积极研发应用一批先进安防技术，切实提高安全发展水平。

——2016 年 7 月 21 日，在中共中央政治局常委会会议上讲话

召开党的十九大，必须有一个和谐稳定的社会环境。各级党委和政府要从严从实从细抓好保稳定、护安全、促和谐的工作，抓重点、抓关键、抓薄弱环节，有效防控各类风险，确保不发生重大安全生产事故、重大公共安全事故、重大环境事故，确保国家政治安全。

——2016 年 10 月 27 日，在党的十八届六中全会第二次全体会议上的讲话

维护公共安全是个细致活和实在活，千万不能掉以轻心。要深入开展安全隐患排查整治，全面抓好安全生产责任制，从源头治起、从细处抓起、从短板补起，筑牢防线，守住底线，不放过任何一个漏洞，不丢掉任何一个盲点，不留下任何一个隐患。

——2016 年 10 月 27 日，在党的十八届六中全会第二次全体会议上的讲话

关于必须强化安全生产责任追究的论述

严格事故调查，严肃责任追究。要审时度势，宽严有度，解决失之于软、失之于宽的问题。对责任单位和责任人要打到痛处，让他们真正痛定思痛、痛改前非，有效防止悲剧重演。造成这么大的损失，如果责任人照样拿高薪、拿高额奖金，还分红，那是不合理的。

——2013 年 7 月 18 日，在中共中央政治局常委会上讲话

追责不要姑息迁就，一个领导干部失职追责，撤了职，看来可惜，但我们更

要珍惜的是，这些遇难的几十条、几百条活生生的生命。

——2013 年 7 月 18 日，在中共中央政治局常委会上讲话

各地区各部门、各类企业都要坚持安全生产高标准、严要求，招商引资、上项目要严把安全生产关，加大安全生产指标考核权重，实行安全生产和重大安全生产事故风险“一票否决”。

——2013 年 11 月 24 日，在听取青岛黄岛经济开发区东黄输油管线泄漏引发爆燃事故情况汇报时的讲话

把确保公共安全工作成效作为衡量党政领导班子和领导干部政绩的重要指标。要落实责任追究，对维护公共安全工作成绩显著的，要予以表彰奖励；对工作不重视不扎实甚至搞形式主义的，要告诫提醒、通报批评；对失职渎职导致发生重大公共安全事件的，要追究有关领导和直接责任人的责任。

——2015 年 5 月 31 日，在中共中央政治局第二十三次集体学习时强调

各级党委和政府要切实担负起“促一方发展、保一方平安”的政治责任，严格落实责任制。要建立健全重大自然灾害和安全事故调查评估制度，对玩忽职守造成损失或重大社会影响的，依纪依法追究当事方的责任。

——2019 年 11 月 29 日，在中央政治局第十九次集体学习时强调

关于对安全生产必须警钟长鸣、常抓不懈的论述

国务院有关部门将这些事故及发生原因的情况通报各地区各部门，使大家进一步警醒起来，吸取血的教训，痛定思痛，举一反三，开展一次彻底的安全生产大检查，坚决堵塞漏洞、排除隐患。

——2013 年 6 月 6 日，对安全生产工作指示

对安全生产工作，有的东一榔头西一棒子，想抓就抓，高兴了就抓一下，紧锣密鼓。过些日子，又三天打鱼两天晒网，一曝十寒。这样是不行的。要建立长效机制，坚持常、长二字，经常、长期抓下去。

——2013 年 11 月 24 日，习近平到青岛考察黄岛经济开发区黄潍输油管线泄漏引发爆燃事故抢险工作时讲话

安全生产必须警钟长鸣、常抓不懈，丝毫放松不得，每一个方面、每一个部门、每一个企业都放松不得，否则就会给国家和人民带来不可挽回的损失。必须

建立健全安全生产责任体系，强化企业主体责任，深化安全生产大检查，认真吸取教训，注重举一反三，全面加强安全生产工作。

——2013 年 11 月 24 日，习近平到青岛考察黄岛经济开发区黄潍输油管线泄漏引发爆燃事故抢险工作时讲话

要做到“一厂出事故、万厂受教育，一地有隐患、全国受警示”。各地区和各行业领域要深刻吸取安全事故带来的教训，强化安全责任，改进安全监管，落实防范措施。

——2013 年 11 月 24 日，习近平到青岛考察黄岛经济开发区黄潍输油管线泄漏引发爆燃事故抢险工作时讲话

安全稳定工作连着千家万户，宁可百日紧，不可一日松。面对公共安全事故，不能止于追责，还必须梳理背后的共性问题，做到一方出事故、多方受教育，一地有隐患、全国受警示。

——2016 年 1 月 4 日，在重庆调研时的讲话

重特大突发事件，不论是自然灾害还是责任事故，其中都不同程度存在主体责任不落实、隐患排查治理不彻底、法规标准不健全、安全监管执法不严格、监管体制机制不完善、安全基础薄弱、应急救援能力不强等问题。

——2016 年 1 月 6 日，在中共中央政治局常委会会议上讲话

近期一些地方接连发生重大安全事故，各地和有关部门要深刻吸取教训，加强安全隐患排查，严格落实安全生产责任制，坚决防范重特大事故发生，确保人民群众生命和财产安全。

——2019 年 3 月 21 日，对江苏盐城市响水县陈家港镇天嘉宜化工有限公司化学储罐发生爆炸事故的重要指示

第二章　习近平总书记关于应急管理工作重要论述摘编

党的十八大以来，以习近平同志为核心的党中央对应急管理工作高度重视。习近平总书记站在实现“两个一百年”奋斗目标、保障中华民族长远发展的战略高度，对应急管理工作作出一系列重要指示，从增强忧患意识、防范风险挑战，树立红线意识、统筹安全与发展，坚持底线思维、强化应急准备，完善体制机制、加强能力建设，抓好安全生产、推进防灾减灾救灾“三个转变”等方面进行了深刻阐述，科学回答了事关应急管理工作全局和长远发展的重大理论和实践问题，形成了习近平总书记关于应急管理的重要思想，为应急管理工作提供了科学指南和根本遵循。

关于应急管理体系和能力现代化的论述

各级党委和政府要充分认识维护公共安全的重要意义，牢记公共安全是最基本的民生的道理，自觉把维护公共安全放在维护最广大人民根本利益中来认识，放在贯彻落实总体国家安全观中来思考，放在推进国家治理体系和治理能力现代化中来把握，努力为人民安居乐业、社会安定有序、国家长治久安编织全方位、立体化的公共安全网。

——2015 年 5 月 31 日，在中央政治局第二十三次集体学习时强调

组建国家综合性消防救援队伍，是党中央适应国家治理体系和治理能力现代化作出的战略决策，是立足我国国情和灾害事故特点、构建新时代国家应急救援体系的重要举措，对提高防灾减灾救灾能力、维护社会公共安全、保护人民生命财产安全具有重大意义。

——2018 年 11 月 9 日，在向国家综合性消防救援队伍授旗时致训词

应急管理是国家治理体系和治理能力的重要组成部分，承担防范化解重大安全风险、及时应对处置各类灾害事故的重要职责，担负保护人民群众生命财产安

全和维护社会稳定的重要使命。要发挥我国应急管理体系的特色和优势，借鉴国外应急管理有益做法，积极推进我国应急管理体系和能力现代化。

——2019 年 11 月 29 日，在中央政治局第十九次集体学习时强调

我国是世界上自然灾害最为严重的国家之一，灾害种类多，分布地域广，发生频率高，造成损失重，这是一个基本国情。同时，我国各类事故隐患和安全风险交织叠加、易发多发，影响公共安全的因素日益增多。加强应急管理体系和能力建设，既是一项紧迫任务，又是一项长期任务。

——2019 年 11 月 29 日，在中央政治局第十九次集体学习时强调

要针对这次疫情应对中暴露出来的短板和不足，健全国家应急管理体系，提高处理急难险重任务能力。

——2020 年 2 月 3 日，在中央政治局常务委员会上讲话时强调

要健全统一的应急物资保障体系，把应急物资保障作为国家应急管理体系建设的重要内容，按照集中管理、统一调拨、平时服务、灾时应急、采储结合、节约高效的原则，尽快健全相关工作机制和应急预案。

——2020 年 2 月 14 日，主持召开中央全面深化改革委员会第十二次会议强调

要坚持依法管理，运用法治思维和法治方式提高应急管理的法治化、规范化水平，系统梳理和修订应急管理相关法律法规，抓紧研究制定应急管理、自然灾害防治、应急救援组织、国家消防救援人员、危险化学品安全等方面的法律法规，加强安全生产监管执法工作。

——2019 年 11 月 29 日，在中央政治局第十九次集体学习时强调

要坚持群众观点和群众路线，坚持社会共治，完善公民安全教育体系，推动安全宣传进企业、进农村、进社区、进学校、进家庭，加强公益宣传，普及安全知识，培育安全文化，健全公共安全社会心理干预体系，开展常态化应急疏散演练，支持引导社区居民开展风险隐患排查和治理，积极推进安全风险网格化管理，筑牢防灾减灾救灾的人民防线。

——2019 年 11 月 29 日，在中央政治局第十九次集体学习时强调

关于公共安全风险防范化解的论述

要善于运用底线思维的方法，凡事从坏处准备，努力争取最好的结果，做到

有备无患、遇事不慌，牢牢把握主动权。

——2013 年 1 月 6 日，在中央经济工作会议上讲话

新形势下我国国家安全和社会安定面临的威胁和挑战增多，特别是各种威胁和挑战联动效应明显。我们必须保持清醒头脑、强化底线思维，有效防范、管理、处理国家安全风险，有力应对、处置、化解社会安定的挑战。

——2014 年 4 月 25 日，在中央政治局第十四次集体学习时强调

对波谲云诡的国际形势、复杂敏感的周边环境、艰巨繁重的改革发展稳定任务，我们必须始终保持高度警惕，既要高度警惕“黑天鹅”事件，也要防范“灰犀牛”事件；既要有防范风险的先手，也要有应对和化解风险挑战的高招；既要打好防范和抵御风险的有准备之战，也要打好化险为夷、转危为机的战略主动战。

——2019 年 1 月 21 日，在省部级主要领导干部坚持底线思维着力防范化解重大风险专题研讨班上讲话

要健全风险防范化解机制，坚持从源头上防范化解重大安全风险，真正把问题解决在萌芽之时、成灾之前。要加强风险评估和监测预警，加强对危化品、矿山、道路交通、消防等重点行业领域的安全风险排查，提升多灾种和灾害链综合监测、风险早期识别和预报预警能力。

——2019 年 11 月 29 日，在中央政治局第十九次集体学习时强调

关于预防为主与防救结合的论述

注意科学施救，防止发生次生灾害。加强各类灾害和安全生产隐患排查，制定预案，加强预警及应急处置等工作，确保人民群众生命财产安全。

——2015 年 12 月 20 日，对深圳光明新区渣土受纳场发生山体滑坡作出重要指示

必须坚决遏制重特大事故频发势头，对易发重特大事故的行业领域采取风险分级管控、隐患排查治理双重预防性工作机制，推动安全生产关口前移，加强应急救援工作，最大限度减少人员伤亡和财产损失。

——2016 年 1 月 6 日，在中共中央政治局常委会会议上讲话

各级党委和政府要切实担负起“促一方发展、保一方平安”的政治责任，严格落实责任制。要发挥好应急管理部门的综合优势和各相关部门的专业优势，根

据职责分工承担各自责任，衔接好“防”和“救”的责任链条，确保责任链条无缝对接，形成整体合力。

——2019 年 11 月 29 日，在中央政治局第十九次集体学习时强调

应急管理部门全年 365 天、每天 24 小时都应急值守，随时可能面对极端情况和生死考验。应急救援队伍全体指战员要做到对党忠诚、纪律严明、赴汤蹈火、竭诚为民，成为党和人民信得过的力量。应急管理具有高负荷、高压力、高风险的特点，应急救援队伍奉献很多、牺牲很大，各方面要关心支持这支队伍，提升职业荣誉感和吸引力。

——2019 年 11 月 29 日，在中央政治局第十九次集体学习时强调

关于应急准备与救援的论述

要改革安全生产应急救援体制，提高组织协调能力和现场救援实效。

——2016 年 7 月 21 日，在中共中央政治局常委会会议上讲话

要加强应急值守，全面落实工作责任，细化预案措施，确保灾情能够快速处置。

——2018 年 7 月 20 日，对防汛抢险救灾工作指示

国家消防救援队伍要对党忠诚、纪律严明、赴汤蹈火、竭诚为民，在人民群众最需要的时候冲锋在前，救民于水火，助民于危难，给人民以力量，为维护人民群众生命财产安全而英勇奋斗。

——2018 年 11 月 9 日，在向国家综合性消防救援队伍授旗时致训词

要加强应急预案管理，健全应急预案体系，落实各环节责任和措施。要实施精准治理，预警发布要精准，抢险救援要精准，恢复重建要精准，监管执法要精准。

——2019 年 11 月 29 日，在中央政治局第十九次集体学习时强调

要加强应急救援队伍建设，建设一支专常兼备、反应灵敏、作风过硬、本领高强的应急救援队伍。要采取多种措施加强国家综合性救援力量建设，采取与地方专业队伍、志愿者队伍相结合和建立共训共练、救援合作机制等方式，发挥好各方面力量作用。要强化应急救援队伍战斗力建设，抓紧补短板、强弱项，提高各类灾害事故救援能力。

——2019 年 11 月 29 日，在中央政治局第十九次集体学习时强调

要坚持少而精的原则，打造尖刀和拳头力量，按照就近调配、快速行动、有序救援的原则建设区域应急救援中心。要加强队伍指挥机制建设，大力培养应急管理人才，加强应急管理学科建设。

——2019 年 11 月 29 日，在中央政治局第十九次集体学习时强调

加大先进适用装备的配备力度，加强关键技术研发，提高突发事件响应和处置能力。要适应科技信息化发展大势，以信息化推进应急管理现代化，提高监测预警能力、监管执法能力、辅助指挥决策能力、救援实战能力和社会动员能力。

——2019 年 11 月 29 日，在中央政治局第十九次集体学习时强调

行业分析篇

第一章　行业特邀专题分析报告

当前全国安全生产形势与政策发展研究

中国工程院院士　张来斌

党的十八大以来，全国安全生产工作坚持以习近平安全生产重要论述为行动指引和根本遵循，安全生产工作指导思想更加明确，在安全生产控制指标与工作成效等方面取得巨大进步、成绩显著。当前，我国安全生产工作已全面跨入新发展阶段，以习近平同志为核心的党中央团结带领中国人民开启了全面建成社会主义现代化强国的第二个百年奋斗目标，朝着实现中华民族伟大复兴的宏伟目标继续前进的新征程，在新时代新发展理念的引领下，安全生产形势发生深刻变化。当前，全国安全生产工作还存在重点行业领域事故隐患突出、安全发展理念不牢固、主体责任不落实、管理基础不牢、新风险与跨灾种耦合风险交织叠加等问题，我国安全生产处在脆弱期、爬坡期、过坎期和新旧风险交织期，安全生产工作形势不容盲目乐观。当前及未来一个阶段，需要继续坚持以习近平安全生产重要论述为行动指引和根本遵循，思想上提高认识，深入推进体制改革，行动上压紧压实责任，切实把风险防控工作落到实处，管理上重点领域防控，坚决遏制重特大事故，贯彻科技兴安理念，扎实提升本质安全水平，推动全国安全生产持续稳定向好。

一、我国安全生产工作现状

1. 安全生产工作指导思想更加明确

党的十八大以来，以习近平同志为核心的党中央把安全生产摆在突出的位置，8 次主持召开中央政治局常委会议和专题会议，近百次作出重要指示批示，为安全生产工作提供了根本遵循和行动指南。

(1) 始终坚持人民至上、生命至上

习近平总书记强调“要牢固树立安全发展理念，始终把人民群众生命安全放在第一位。”新《安全生产法》第三条第一款明确指出“安全生产工作应当以人为本，坚持人民至上、生命至上，把保护人民生命安全摆在首位，树牢安全发展理念，坚持安全第一、预防为主、综合治理的方针，从源头上防范化解重大安全风险。”

（2）坚持安全发展理念和红线意识

2013 年 6 月 6 日，正在出国访问的习近平总书记对近期全国接连发生的吉林德惠禽业公司火灾、山东章丘炸药厂爆炸等特大事故作出重要批示：“人命关天，发展决不能以牺牲人的生命为代价。这必须作为一条不可逾越的红线。”安全是发展的前提，发展是安全的保障。没有安全稳定的社会环境作为基础和保障，发展就是“无源之水、无本之木”，不但发展过程可能受到影响而不可持续，而且发展成果也难以长久维系，牢固树立安全生产的观念，正确处理安全和发展的关系，坚持发展决不能以牺牲安全为代价这条红线。

（3）加强改革创新、突出系统治理

2016 年 1 月 6 日，习近平总书记在对安全生产工作作出重要指示时强调，“我们把握安全生产能力不足问题凸显，这涉及安全生产理念、制度、体制、机制、管理手段、改革创新，要举一反三，在标准制定、体制机制上认真考虑，如何改变和完善。”防范化解重大安全风险，破解安全生产领域的重点难点问题，必须坚持系统论，进行综合治理。只有对致灾风险因素有清醒认识，从更高层次上加以分析、研究和把握，才能更深刻地认识规律、更妥善地运用规律，做到下好先手棋，掌握工作主动权。

（4）构建责任体系、强化依法治安

新《安全生产法》第三条第二款明确指出“安全生产工作实行管行业必须管安全、管业务必须管安全、管生产经营必须管安全，强化和落实生产经营单位主体责任与政府监管责任，建立生产经营单位负责、职工参与、政府监管、行业自律和社会监督的机制。”构建安全生产责任体系，打造安全生产责任网络，全面拧紧闭环管理的责任链条，是安全生产形势持续稳定向好的坚实基础。全面依法治国是党领导人民治理国家的基本方略，只有把安全生产纳入法治化轨道，坚持依靠法治统筹各方关系、明确各方责任、规范各方行为，才能确保安全生产工作落到实处。

（5）加强源头防控、根除事故隐患

习近平总书记指出：“要健全风险防范化解机制，坚持从源头上防范化解重大安全风险，真正把问题解决在萌芽之时、成灾之前。”坚持立足于防，是总书记关于安全生产重要论述的核心要义，也是做好安全生产的方法论。聚焦从根本上消除事故隐患、从根本上解决问题的“两个根本”，注重把握标本兼治，做到“灰犀牛”“黑天鹅”同时抓、同步防。新安法第三十八条规定“生产经营单位应当建立健全隐患排查治理制度，采取技术、管理措施，及时发现并消除事故隐患”，这是首次以法律条文的形式，明确了企业排查治理隐患的主体责任。

（6）推动科技强安、坚持社会共治

2013 年 3 月 5 日下午，习近平总书记参加十二届全国人大一次会议上海代表团审议时的讲话指出，“解决深层次矛盾和问题，根本出路就在于创新，关键要靠科技力量。”2019 年 11 月 29 日，习近平在中共中央政治局就我国应急管理体系和能力建设进行第十九次集体学习时强调，“要坚持群众观点和群众路线，坚持社会共治，完善公民安全教育体系，推动安全宣传进企业、进农村、进社区、进学校、进家庭，加强公益宣传，普及安全知识，培育安全文化。”

2. 安全生产控制指标达到历史最好水平

（1）全国生产安全事故死亡人数连续 18 年下降

2002 年以来，全国生产安全事故死亡人数连续 18 年下降，死亡人数从 2002 年最高 14 万人下降到 2.74 万人，下降 80.6%。全国安全生产形势总体平稳，特别是 2020 年全国生产安全事故起数和死亡人数、重特大事故起数和死亡人数均为新中国成立以来历史最低。见图 1-1。

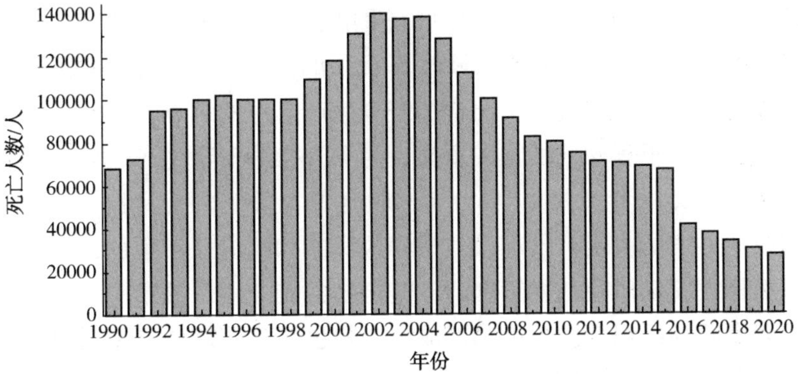

图 1-1　全国事故死亡人数趋势图

（2）重特大事故得到有效遏制、亿元 GDP 事故死亡率“断崖式”下跌

我国人均 GDP 从 2002 年 1135 美元到 2020 年 10504 美元的阶段，事故逐年

下降，持续稳定好转。2002 年以来，重特大事故从 2001 年最多 140 起下降到 16 起；亿元 GDP 事故死亡率从最高 1.33 下降到 0.03，下降 40 多倍。我国的安全生产工作经过几代人的努力，安全生产重特大事故多发、频发的现象得到了遏制。见图 1-2。

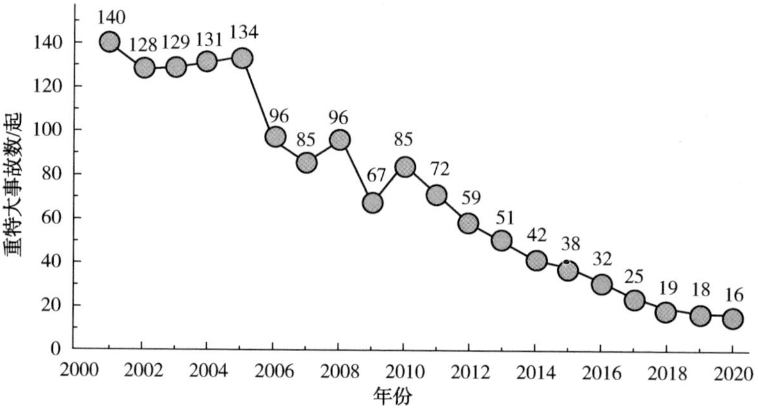

图 1-2　全国重特大事故趋势图

3. 当前全国安全生产工作取得的一系列成果

（1）进一步深化安全生产领域的体制改革

党中央、国务院历来高度重视安全生产工作，党的十八大以来作出一系列重大决策部署，推动全国安全生产工作取得积极进展。2016 年 12 月中共中央、国务院印发了《关于推进安全生产领域改革发展的意见》，该文件是新中国成立以来第一个以党中央、国务院名义出台的安全生产工作的纲领性文件，对推动我国安全生产工作具有里程碑式的重大意义，为深入推进安全生产领域的体制改革指明了目标方向。2018 年 3 月 17 日，十三届全国人大一次会议表决通过了关于国务院机构改革方案的决定，批准设立中华人民共和国应急管理部，其职责定位是防范化解重特大安全风险的主管部门，健全公共安全体系的牵头部门，整合优化应急力量和资源的组织部门，推动形成中国特色应急管理体制的支撑部门，承担提高国家应急管理水平、提高防灾减灾救灾能力，确保人民群众生命财产安全和社会稳定的重大任务。2020 年，中共中央办公厅、国务院办公厅下发了《关于调整应急管理部职责机构编制的通知》，应急管理部增设危险化学品安全监督管理二司，大幅加强了危化品监管机构和力量；增加了国家矿山安全监察局的非煤矿山安全监督管理职责，推动应急管理机构改革向纵深发展。

(2) 安全生产重点领域及相关立法工作取得重要进展

党的十八大以来，以习近平同志为核心的党中央高度重视安全生产工作，习近平总书记多次主持召开中央政治局常委会议，听取安全生产、应急救灾等工作汇报，作出重要批示指示，体现了以人民为中心的新时代安全发展理念，深刻回答了安全生产的一系列方向性、全局性、战略性重大问题，是习近平新时代中国特色社会主义思想的重要组成部分，为新时代安全生产工作提供了根本遵循，为推进安全生产法治化指明了方向。为适应经济社会快速发展需求，保障人民群众生命和财产安全，近年来我国《安全生产法》先后经历了 2014 年、2021 年两次修订升级，修改后的《安全生产法》立足于新发展阶段工作要求，将党的领导、人民为中心、人民至上、生命至上的宗旨观念融入安全生产法律要求中，强化企业主体责任、加强监督管理力度、加大对违法行为的处罚力度，对预防和减少生产安全事故，保障人民群众生命和财产安全，促进经济社会持续健康发展具有重要的时代意义。

(3) 重点领域和重点环节风险防范治理成效显著

从全国火灾方面上看，2020 年全国消防救援队共接报火灾 25.2 万起，死亡 1183 人，受伤 775 人，直接财产损失 40.09 亿元。在火灾总量与 2019 年接近持平的情况下，伤亡人数明显减少。火灾起数、死亡人数、受伤人数、经济损失等四项指数较 2019 年分别下降 1.4%、13.6%、12.8%和 0.5%。从火灾的等级看，全年共发生较大火灾 65 起，比上年减少 10 起、下降 13.3%，也是近八年来较大火灾起数最少的一年；发生重大火灾 1 起，与 2019 年持平，连续第二年将重大火灾起数控制在单起，是新中国成立以来较少的年份之一；未发生特别重大火灾，连续五年未发生群死群伤恶性火灾事故。从交通安全方面上看，2020 年全国共发生交通事故 244674 起，死亡 61703 人，受伤 250723 人，造成直接财产损失 131.36 亿元。交通事故起数、死亡人数、受伤人数、经济损失等四项指数较 2019 年分别下降 1.20%、1.69%、2.10%和 2.42%。从交通事故等级看，全年共发生 424 起，比 2019 年下降了 378 起、下降 47.13%，未发生特别重大交通事故。应急管理部《全国安全生产专项整治三年行动动员部署和排查整治阶段综述》明确指出，2020 年全国大部分行业领域和地区安全状况好转，化工行业近年来首次未发生重大以上事故，纳入重点统计的 12 个行业领域中，有 9 个事故起数和死亡人数“双下降”；32 个省级统计单位中，23 个未发生重大以上事故。全国安全生产重点领域和重点环节风险防范治理成效显著。

（4）科技支撑安全生产工作的水平和能力不断提升

习近平总书记在党的十九大报告中指出“创新是引领发展的第一动力”，科学技术是安全生产要素之一，是安全生产的重要支撑和保障。随着社会经济和科技的发展，安全生产事业越来越多地依靠科技进步和创新。新《安全生产法》第十五条指出“国家鼓励和支持安全生产科学技术研究和安全生产先进技术的推广和应用，提高安全生产水平”，充分说明国家对“科技兴安”的重视。十三五以来，科技部制定了《“十三五”公共安全科技创新专项规划》，利用国家重点研发计划“公共安全风险防控与应急技术装备”重点专项，累计安排国拨经费 12.2 亿元，涵盖社会安全、生产安全、综合保障与应急等公共安全科技领域 43 个项目的研究。国家发改委安排中央预算内投资 9.6 亿元，建设了国家安全工程技术试验与研发基地和一批国家级矿山事故分析鉴定实验室，完善了国家和地方安全科技支撑保障条件。为加快推进应急管理科技支撑能力建设，2021 年应急管理部依托北京科技大学、中国科学技术大学等 5 所高校作为牵头单位，批准挂牌组建“煤矿灾害预防与处置”等 9 个重点实验室，依托中国石油大学（北京）、中国消防救援学院、南京工业大学 3 所高校首批创建“煤矿智能化与机器人创新应用”等 13 个重点实验室。

二、当前全国安全生产的历史方位与形势分析

对于安全生产工作，习近平总书记多次强调“要善于从纷繁复杂的矛盾中把握规律”“要提高风险化解能力，透过复杂现象把握本质”。安全生产事关人民生命健康安全，事关社会经济发展大局，事关党和政府形象及声誉。因此，做好安全生产工作必须认识和把握安全生产的规律特点。

1. 全国安全生产的历史方位

（1）我国安全生产处于稳定向好期

全国生产安全事故死亡人数连续 18 年下降。重特大事故得到有效遏制、亿元 GDP 事故死亡率“断崖式”下跌，工矿商贸企业就业人员 10 万人生产安全事故死亡率从 2002 年的 4.05 下降到 1.44，降幅 66.5%；煤矿百万吨死亡率从 2002 年的 0.37 下降到 0.07 降幅 78.1%；道路交通万车死亡率从 2002 年的 13.7 下降到 1.7 降幅 87.9%。

（2）我国安全生产处在脆弱期、爬坡期和过坎期

当前，我国安全生产仍处于爬坡过坎期，事故总量高、重特大事故多发局面尚未根本扭转。一是事故总量过大，2001—2020 年，全国生产安全事故共造成

166.8 万人死亡，平均每年死亡 8.3 万人。二是重特大事故多发，2001—2020 年，重大、特别重大事故 1268 起，平均每年 63.4 起。全国平均大约 6 天发生一起死亡 10 人以上事故。三是经济损失巨大，目前，平均每年因生产安全事故造成的直接经济损失达 2500 亿元左右。

（3）我国安全生产处在新旧风险交织期

随着工业化、城镇化快速发展，我国安全生产出现了运行高速度、人财高密度、设备大型化、业态多元化的新时代特征。一是运行高速度，2020 年我国 GDP 是 1978 年的 270 倍，改革开放以来年均增速近 10%。全国每年生产消耗的煤炭占世界的 50%，每年道路运输 3 亿余吨危化品，全国油气管道总里程 13.6 万公里。全国高速铁路、公路运营里程分别为 3.1 万公里、14.26 万公里，均为世界第一，其中特长隧道(大于 3 公里)有 1175 处，每天乘坐各种交通工具出行的有 1.5 亿人次。二是人财高密度，2020 年，我国城镇化率已达 60%，城镇化人口居世界第一，中国百万人口级的“特大城市”超过 130 座；“世界超大都市”北京常住人口达 2150 万，上海达 2400 万。我国消防安全重点单位数量高达 72.3 万个，共有高层建筑 63.7 万栋，其中，百米以上的 8404 栋，30 万平方米以上的 165 个。三是设备大型化，千万吨级的石油化工装置、十万立方米的危化品单体储存设施、五十万立方米以上的煤气柜、特高压输变电设备、5000 吨大型水泥生产成套设备屡见不鲜。四是业态多元化，新材料、新技术、新工艺、新产品不断涌现，生产过程日趋规模化、自动化和复杂化；工艺系统更加复杂，易引起连锁反应，事故放大、耦合、衍生的可能性和严重度增加。

（4）我国安全生产处于战略机遇期

党的十八大以来，以习近平同志为核心的党中央把安全生产摆在突出的位置，8 次主持召开中央政治局常委会议和专题会议，近百次作出重要指示批示，为安全生产工作提供了根本遵循和行动指南。“以人民为中心”的新发展理念为安全生产工作提供了新的目标和动力。2020 年 7 月 30 日，中共中央政治局会议指出：推动“十四五”时期经济社会发展，必须把新发展理念贯穿发展全过程和各领域，实现更高质量、更有效率、更加公平、更可持续、更为安全的发展，实现发展规模、速度、质量、结构、效益、安全相统一。第一次将“安全”与“质量、效率、公平、可持续”一起纳入中国特色社会主义发展观，标志党和国家对安全生产的重视提升到一个新的高度。党的十九届五中全会提出了“十四五”时期经济社会发展主要目标，强调“突发公共应急能力显著增强，自然灾害防御水平明显提升，发展安全保障更加有力”。这为我们做好工作指明了方向。

2. 当前安全生产若干重大风险形势分析

（1）重点行业领域事故隐患持续存在，重特大事故尚未根本遏制

一是矿山领域事故高发风险依然突出。煤矿超能力生产问题还没有得到有效遏制，煤矿违法违规建设和生产屡禁不止。目前，我国尚有1000多座尾矿库，单班入井30人以上地下矿山500余座，采深超800m的地下矿山50余座。当前矿山安全基础总体薄弱，受疫情变化、国际贸易摩擦、行业特点和极端天气影响，个别地区、个别时段可能出现矿产品市场异常波动，企业生产开开停停，生产不连续造成的安全风险突出。例如2021年6月10日，山西代县铁矿“6·10”透水事故造成13人死亡，暴露出肇事企业要钱不要命，不愿搞整改，违规外包十几家采矿队同时作业，大大超过了产能。此外，2021年夏季以来，受全国限电政策影响，煤炭行业产能大幅释放，煤炭产品供需短期局部紧张，刺激一些煤炭企业超能力、超负荷，违法违规生产，给煤矿行业安全生产带来极大隐患，例如2021年12月15日23时许，山西省孝义市西辛庄镇杜西沟村发生一起盗采煤炭资源案件，引发透水致22人被困，其中20人获救升井，2人遇难。

二是危险化学品领域事故风险不同忽视。我国是世界第一化工大国，2020年石油和化工行业产值达到11.08万亿元，占全国GDP的10.93%，已成为国民经济的重要支柱。当前，我国化学品45000多种，其中危险化学品2828种(类)，广泛分布应用于石油加工、化学品化工、医药、采矿、运输、卫生等68个国民经济行业领域。近年来全国安全生产形势总体保持稳定，但“灰犀牛”风险大量存在，尤其危险化学品领域系统性安全风险非常突出，重特大事故多发。2015—2020年，危险化学品生产、储存、运输等环节共发生重特大事故10起，死亡344人，2017年以来连续3年发生2起以上重特大事故，已是当前危险化学品安全生产最突出的矛盾，极大地冲击着全社会和人民群众的安全感。尤其2020年、2021年受疫情防控常态化、经济下行压力持续影响，一些企业高库存、压成本、抢产量等情况造成安全风险叠加，安全生产形势更加严峻。2021年6月13日，湖北省十堰市张湾区艳湖社区集贸市场发生重大燃气爆炸事故，造成26人死亡，138人受伤，其中重伤37人，直接经济损失约5395.41万元。

此外，我国道路交通安全、建筑施工行业、特种设备等行业领域分别存在着不同类型的事故隐患、险情和事故频发等情况，安全生产形势不容盲目乐观。

（2）安全发展理念不牢固、主体责任不落实、管理基础不牢等“顽疾”难除

一是贯彻安全发展理念有比较大的差距。坚持人民至上，生命至上，统筹好发展和安全是贯彻新发展理念的重要要求，但是一些地区单位没有把人民生命放

在第一位，没有把安全落到实处，抓发展盲目性比较突出。2021 年河北沧州“5·31”油罐大火事件暴露出为了逃避监管，便于项目引进，人为将石化产业园区降级为普通的工业园区弱化的安全标准管理要求。2021 年 12 月 19 日，国务院安委会派出 16 个督导检查组奔赴各地，下矿井、进工厂、上船舶，对 15 个重点行业领域进行督导检查，其中就有发现一些企业超员超采、设备因陋就简、人员麻痹大意等问题并不鲜见，病根就出在没有牢固树立安全发展理念上。

二是落实安全生产责任制有相当的差距。2018 年 4 月，中共中央办公厅、国务院办公厅印发了《地方党政领导干部安全生产责任制规定》，是我国第一部安全生产领域的党内法规，把习近平总书记提出的“党政同责、一岗双责”安全生产重要思想落实到党内法规层面，作为推进安全生产领域改革发展的重要制度性安排，是新时期全面从严治党的重要举措。然而，总结近年来发生的多起生产安全事故发现，有的地方责任落实不具体，有的部门以为安全监管“三个必须”的原则、要求和自己没有关系，对安全生产责任分工不认账、不落实，一些企业安全生产主体责任悬空，安全培训走过场、安全管理也存在着困难。2021 年 5 月 22 日，黄河石林百公里越野赛比赛期间遭遇突发降温、降水、大风的高影响天气发生公共安全责任事件，造成 21 名参赛选手死亡，8 人受伤，暴露了赛事组织管理不规范、运营执行不专业等问题，教训极其惨痛。2021 年 6 月 4 日，兰新线甘肃武威路段列车撞死 9 名施工人员，也暴露出了施工现场安全管理有大漏洞。

三是安全生产管理基础不牢。安全生产基础不牢，地动山摇。2019 年 9 月，在国新办召开的新时代应急管理事业改革发展新闻发布会上，应急管理部副部长介绍，近年来全国安全生产取得了显著成效，但是与人民群众的期盼相比还有较大差距，形势依然复杂严峻，安全生产基础还不够牢固，主要表现在：企业主体责任落实还不够到位；从业人员安全意识不强，安全知识不足，尤其是一些高危行业，人员流动性比较大，安全培训不到位；政府监管的科学性、严肃性和规范性等方面还需要进一步提升，尤其是专业监管力量不足的问题十分突出。安全生产基础工作，必须坚持长期抓、重点抓，必须时刻做到安全责任到位、安全投入到位、安全培训到位、安全管理到位、应急救援到位，必须时刻保持警觉，须臾不可放松。

（3）城镇化新风险与跨灾种耦合风险交织叠加、辨识管控不到位、危机四伏

目前，我国常住人口城镇化率已超过 60%，且仍在继续增长之中。据测算，城镇化率每提高一个百分点，将拉动天然气、电力、汽柴油能源消费 8000

万吨左右标准煤。随着我国城镇化建设步伐的加快，与此同时安全问题也日益突出。以城市燃气事故为例，近年来燃气泄漏爆炸事故逐年增多，事故起数与伤亡人数甚至成倍增长，已成为我国继交通事故、工伤事故之后的第三大杀手。加之与人民群众生活息息相关，一旦发生事故，波及面广，社会影响巨大。仅2020年国内燃气事故达668起，造成92人死亡、560多人受伤。特别是近期发生的湖北十堰"6·13"燃气泄漏爆炸事故，造成26人死亡、138人受伤的严重后果。

此外，伴随工控系统的高度信息化、网络化带来便捷和高效生产力的同时，也伴生相应风险，例如，我国某些行业生产过程高度依赖国外的工业控制系统及网络设备，这些都成为安全监管的薄弱环节。2021年5月7日，美国大型成品油管道运营商科洛尼尔管道运输公司遭受勒索软件的攻击，导致承担美国东海岸近45%燃油供应的5500英里运输的基础设施"大动脉"管道停输，美国交通部宣布受影响区域实施紧急状态。"十四五"我国油气长输管道总里程将达到24×10^4km，试想我们的这些具有重要战略意义的能源大动脉一旦发生此类网络攻击事故，将严重威胁我国政治安全、经济安全和能源安全，造成不可接受的重大灾难，这些值得我们深思。

我国经济发展空间结构正在发生深刻变化，中心城市和城市群正在成为承载发展要素的主要空间形式。城市内部的商贸综合体、超高层建筑群、地下交通网络、地下动力管网等方面的风险更加积聚，新旧风险不断交织叠加，不可知、不可控风险可能突然涌现爆发。例如，2021年7月20日河南经历了有历史记录以来最大的一场特大暴雨洪灾，郑州市内严重内涝，多处路面坍塌下陷、房屋、车辆被淹，地铁、地下室洪水倒灌，洪水吞没了300多条鲜活的生命，成为永远的惨痛。

三、推动全国安全生产持续稳定向好的对策

抓好安全生产工作，保护最广大人民群众的根本利益，是加强党的执政能力建设的重要内容，是各级政府必须履行的重要职责，也是新时代推进我国治理体系和治理能力现代化建设的重要内容。为此，我们要以对党和人民高度负责的精神，全力抓好安全生产工作，促进新时代全国安全生产持续稳定向好，提出对策如下：

1. 提高工作认识、深入推进体制改革

一是提高安全生产政治敏感性。安全生产不仅仅是政府行政管理和企业生产

经营问题，更是重大的政治和社会问题，是各级党委、政府、各级部门、企业单位必须扛起的重要政治责任问题。必须把思想行动统一到总书记的重要批示上来，画出底线红线，始终保持政治上清醒，坚持人民至上，生命至上，统筹好发展和安全，深刻吸取事故教训，增强抓好防范安全事故的政治自觉、思想自觉、行动自觉，抓紧落实各项责任措施，以实际行动做到“两个维护”。

二是深入推进安全生产体制机制改革。当今世界面临百年未有之大变局，随着中国特色社会主义进入新时代，各种变革变化幅度之大、调整速度之快、涉及领域之宽、影响之深前所未有，推进安全生产工作面临新形势新挑战。新时期，深入推进安全生产体制机制改革，必须学习贯彻习近平总书记关于安全生产的重要指示精神，坚持党的领导、坚持以人民为中心，坚持两个至上、统筹两件大事、聚焦两个根本，完善安全监督监管体制建设、提高安全生产执法能力、加强安全监管队伍建设、规范中介评价机构管理，持之以恒地完善体制机制建设，推动安全工作持续稳定向好。

2. 压紧压实责任，切实把风险防控工作落到实处

一是加强政府层面监管引导。加强政府监管，是安全生产管理的重中之重。其一是政府要牵头完善安全生产法律法规标准体系，严格规范执法，更多运用法治思维和法治方式研究解决安全生产问题。其二是政府要发挥政策引导、源头治理效力，严格安全生产市场准入，把安全生产贯穿到城乡规划建设和企业生产经营全过程，全面排查管控安全风险，深化事故隐患排查治理，不断增强安全生产工作主动权。其三是政府要发挥综合监管威力，落实“管行业必须管安全”要求，负有安全监管职责的部门之间要相互配合、齐抓共管、信息共享、资源共用，形成监管合力。

二是严格落实企业责任。企业对安全生产工作负有主体责任，落实党中央、国务院重要文件精神与活动安排，以“全国安全生产专项整治三年行动计划”等国家重大战略部署为契机，全面推进落实企业安全生产管理主体责任。“全国安全生产专项整治三年行动计划”得到了习近平总书记的亲自批示，为企业开展安全生产工作提出了具体的任务目标，要求我们必须高度重视、精准施策、确保见到实效。

三是发挥社会共治共享效能。其一是发挥社会组织作用，加强安全生产社会服务机构监督引导；其二是强化群众举报监督，建立安全生产“12350”举报投诉中心，广泛发动群众举报安全生产违法行为和事故隐患；其三是严格企业诚信管理，完善企业安全生产不良记录和“黑名单”制度；其四是深入推行安全生产责

任保险，在高危行业领域全面实施安全生产责任保险基础上，鼓励其他行业领域积极投保。

四是严肃追究责任。2021 年 9 月 1 日实施的新安全生产法，贯彻了新思想、新理念，将重大事故隐患排查治理情况的报告、高危行业领域强制实施安全生产责任保险写入了法律；将党和政府在安全生产工作中的领导地位写入了法律，安全生产责任体系更加完善；对特别重大事故罚款，从 2000 万元提升到最高可达 1 亿元，加大了违法行为惩处力度。法律法规的全方位升级，给政府层面能够更有效发挥强有力的监管引导作用提供了重要的法律保障。

3. 突出重点领域防控，坚决遏制重特大事故

一是全面排除隐患，做到两个“根本”。要继续深化安全生产专项整治三年行动，抓住常规性、根本性、系统性的问题隐患，进行了重点的治理、攻关、攻坚。严格落实本地区安全生产工作第一责任人的责任，对重大风险隐患要心中有数，对冲击人民群众安全底线的突出问题，要下决心及时推动彻底治理，对不符合安全基本条件的，坚决停产整治，关闭取缔，围绕“两个根本”（从根本上消除事故隐患，从根本上解决问题）、做到两个“不放松”（抓整改不放松、不达目的不放松）。

二是突出重点领域风险防控。以煤矿、危险化学品等行业重大问题为导向，认真推动企业落实安全生产主体责任，当然各个地区也要按照分工“敲警钟、算大账、抓落实”，确保安全生产工作“五落实、五到位”，政府各级部门要积极承担“三个必须”安全监管责任，分兵把守，形成合力，严厉打击各类私自采矿，违法转包分包、人为制造重大隐患，拒不执法等严重违法违规行为。对涉及人民生命安全和重点行业领域，要严格标准要求，重点监管，全覆盖检查，坚决防止监管失控。

三是提高本领，不断提升安全生产事故风险防范能力。面临层出不穷的新型耦合风险，以及复杂严峻的安全生产工作态势，各级政府安全管理人员、执法人员通过不断培训教育工作，重点加强安全生产执法能力与执法水平的建设，更准确、更科学指导监督企业安全生产工作，企业各级安全生产管理人员通过不断的培训教育工作，着力提升安全生产风险防控、隐患排查和治理能力，提高本质安全水平，保障企业安全生产工作长周期平稳运行。

四是落实底线思维，牢牢构筑应急防线。按照“宁可十防九空，不可失防万一”的指导思想，完善国家应急总体预案，指导各地区各部门应对突发事件工作，推动应急预案体系建设和预案演练，完善重点风险防控领域应急装备与物资储备

点规划，滚动更新升级国家级安全生产应急救援基地与队伍体系，牢牢守住安全生产最后一道防线。

4. 贯彻科技兴安理念，扎实提升本质安全水平

党的十八大后提出创新是第一动力，科技事业在党和人民事业中始终具有十分重要的战略地位，发挥了十分重要的战略作用。破解新老风险交织叠加，安全生产不平衡不充分矛盾日益突出的问题，必须依靠大力推动“数字化、网络化、智能化”在风险预警、智慧安全监管、应急处置救援等领域的示范应用。

要加强城乡建设规划管理，真正加大基础设施安全投入，加快保护管网更换和人员密集区商户，集贸市场等搬迁改造。要全面推广城市安全运行监测中心做法，建立城市生命线工程监测系统的经验做法，实现城市燃气重大桥梁等基础设施安全风险可控、可防。用新的技术手段来处理安全问题是非常必要的，要运用先进监测设备以及大数据、互联网等现代科技发展成果，加快化工园区、煤矿、非煤矿山、交通运输、建筑施工、工业制造等重大危险源在线监测系统建设，提高安全风险管控的预见性。要加强城乡街道社区等应急处置能力建设，开展基层干部定期尝试业务培训，加快推进高危行业领域安全技能素质提升工程，努力培养专业化高素质新时代产业工人。

我国油气田井控应急能力现状及发展对策分析

中国石油天然气集团有限公司质量健康安全环保部副总经理　邱少林

习近平总书记在2021年10月21日视察胜利油田时强调，石油能源建设对我们国家意义重大，中国作为制造业大国，要发展实体经济，能源的饭碗必须端在自己手里。习近平总书记的重要讲话从国家繁荣发展、人民生活改善、社会长治久安的战略高度，强调了增强能源自主保障能力、确保能源安全的重要意义，不仅为我们做好能源供应保障工作提供了重要遵循，也为我们持续推动高质量发展指明了前进方向。石油与天然气是国家重要战略资源，地下油气资源的动用必然涉及井控问题，失去控制的油气从地层中喷涌而出形成井控险情，可能导致人员伤亡、财产损失、环境污染等后果，国内外油气开发史上都曾出现过井喷失控。近年来，以中国石油、中国石化、中国海油“三桶油”为代表的油气企业高度重视油气生产安全工作，针对井喷失控突发事件风险研究形成了成套井控工艺技术与装备，从行业层面、企业层面建立了相应的标准规范，有效应对了常规油气资源开发生产工作，实现安全生产高质量发展。国家“十四五”经济建设和社会发展规划提出“加强国内油气勘探开发”的工作要求，下一步我国油气勘探开发将朝着深井(井深超过4500m)、超深井(井深超过6000m)、高含硫(地层天然气中硫化氢含量超过1000ppm)、深水油气资源(水深超过1500m)等方向不断拓展，一旦发展井喷失控事故，可能造成人员伤亡、财产损失并引发一系列次生、衍生事故，造成灾难性后果，严重威胁人民生命财产安全、经济社会安全、国家能源安全，需不断提升井控应急救援能力，有效防范化解井喷风险，坚决遏制重特大事故。

一、油气井喷风险分析

1. 油气井井喷风险

油气开采过程中通过钻井作业建立井下与地面的通道，实现油气资源的采输。若钻遇异常地层或钻井措施不当，可能引发井喷，导致井内高压油气流从井口喷出。井喷发生后通常由钻井队按操作规程进行关井、压井，如能有效控制，一般不会带来严重后果。若关井、压井失败，井口失去控制，井内油气持续喷射可能导致井口闪爆着火、有毒气体扩散、人员伤亡、环境污染等后果。重大井喷失控事故易造成以下危害：

（1）人员伤亡

井内高压油气流遇到静电、火花等引发火灾爆炸。因硫化氢密度大于空气，高含硫气体喷出后会在低洼处聚积或在地表扩散，对周围居民及其他生物造成致命伤害。尤其是在高压、高含硫区域，若反应不及时、处置不当，将会出现人员伤亡。1988 年 7 月 6 日晚 9 时 31 分，英国北海油田的 Piper alpha 石油平台天然气泄漏引发爆炸，紧接着发生大火，165 名工人和 2 名救援人员丧身，平台被彻底摧毁。

（2）环境污染

井喷失控后持续喷出的油气扩散到大气、海洋中，污染周边生态环境。2010 年 4 月 20 日，bp 公司"深水地平线"海上钻井平台在墨西哥湾水域发生爆炸并沉没，导致 11 名工作人员死亡，319 万桶原油持续泄漏了 87 天。近 1500 公里海滩受到污染，至少 2500 平方公里的海水被石油覆盖，并引发影响多种生物的环境灾难，成为美国"史上危害最严重的海上漏油事故"。

（3）经济损失

井喷失控可能导致钻机毁坏、井眼报废，给企业带来不同程度的经济损失。2010 年墨西哥湾漏油事件导致英国石油公司市值蒸发 1800 亿美元。从 1950 年至今，我国 300 余口井发生井喷失控，毁坏钻机共 60 余台，经济损失巨大。

（4）社会影响

井喷失控若发生在人口稠密区，将打乱居民正常生活，被迫疏散或撤离；若发生在海上，将对海洋环境造成污染，严重影响渔业、养殖业等。2003 年，重庆开县"12・23"井喷事故导致 6 万余人紧急疏散，给社会带来严重伤害。

2. 国内油气田井控风险分级

目前国家层面没有井控风险分级统一标准，井控风险分级标准主要由各企业自定。我国不同地域地质构造各不相同，井控风险也存在较大差异，因此中国石油、中国石化、中国海油、陕西延长油田对井控风险的分级标准各不相同。从总体上看，风险分级的要素可归纳为以下 6 种：地层压力、硫化氢、浅层气、勘探程度、历史情况及周边环境。从地域上看，我国中西部因井深、高压、高产、高含硫，井控风险较高；海洋因技术特点及复杂的海洋环境，同样存在较高的井控风险；东部因井浅、压力低，井控风险普遍较低。

（1）中国石油井控风险分级

中国石油根据地层压力、硫化氢含量、周边环境对井控风险进行分级。一级风险区：塔里木、川渝、青海油气田；二级风险区：新疆、玉门、长庆、吐哈油气田；三级风险区：其他地区。其中，一级风险区塔里木油田地层压力普遍超过70MPa，最高达136MPa，部分区域高含硫化氢；川渝地区西南油气田地层压力平均70MPa，最高达107MPa，普遍高含硫化氢，周边环境复杂；青海油田狮子沟高压高产高温高含硫、溢漏同层，最高压力126MPa。

（2）中国石化井控风险分级

中国石化根据施工区域对井控风险进行分级。高风险地区：四川普光气田、元坝气田、新疆顺北油气田，主要风险是高压、高含硫化氢。中风险地区：川西气田，主要风险是中含硫化氢。中低风险地区：重庆涪陵页岩气田、南川页岩气田、威荣页岩气等，主要风险是裂缝气、浅层气。低风险地区：山东胜利油田、内蒙古大牛地、杭锦旗气田。

（3）中国海油井控风险分级

中国海油根据作业难度和风险程度分为三类。其中，一类风险井是指地层压力大于105MPa、地层硫化氢含量大于100ppm、水深大于1500m的井，目前主要分布在南海海域；二类风险井是指地层压力70~105MPa、地层硫化氢含量30~100ppm、水深500~1500m的井，目前主要分布在渤海海域和南海海域；其他为三类风险井。

3. 国内油气田井控风险分级分布

一级风险区（高风险地区）：西北、塔里木、青海、西南、元坝、普光、莺歌海。

二级风险区（中、中低风险地区）：新疆、吐哈、玉门、长庆、大港、渤海。

三级风险区（低风险地区）：大庆、吉林、东北、辽河、冀东、华北、海洋油气、浙江、页岩气、南方。

二、国内外井控应急能力建设情况

1. 国内外井控应急队伍情况

井喷是钻井作业过程中出现的异常工况，需要进行及时有效的处置，若控制不当容易引发井喷失控事故，造成严重后果。井喷应急处置属于工程抢险，具有很强的专业性，需要建立专业化队伍。

（1）国外井控应急队伍简况

国外石油工业起步早，由于早期井控技术和装备落后造成油气井井喷失控事故频频发生，1923 年世界第一家陆上专业化井喷失控应急抢险队伍 M. M. Kinley 公司在美国成立。随着对石油能源需求的不断增长，世界油气井钻探行业蓬勃发展，油气井井控应急发展迅速，在美国、加拿大相继成立了多家专业化服务公司，基本上都为大型油气田技术服务公司的子公司。随着井控技术的不断发展，井喷失控事故发生频率明显降低，经过市场的优胜劣汰后，国际上比较知名的井控应急服务企业主要有美国 Boots&Coots 公司、Wild Well Control 公司、Cudd Well Control 公司、加拿大 Safety Boss 等。

（2）国内井控应急队伍情况

中国石油在川庆钻探公司、渤海钻探公司、西部钻探公司建有集团级井控应急队伍 3 支，在大庆油田、塔里木油田等企业建有井控应急队伍 16 支。中国石化在西北油田分公司建有集团级井控应急队伍 1 支、在西南油气分公司、中原油田等企业建有井控应急队伍 6 支。中国海油在海油发展公司建有集团级井控应急队伍 1 支。陕西延长油田暂无井控应急队伍。现有国家级专业化井控应急队伍 2 支：中国石油的“国家油气田井控应急救援川庆队”及中国海油的“国家海上油气应急救援渤海（天津）基地”，用于处置大型井喷失控。见图 1-3。

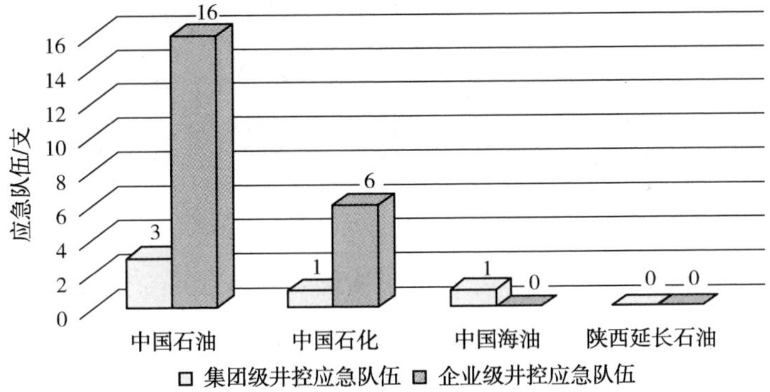

图 1-3　国内专业化及兼职井控应急队伍

中国石油在国内陆上井控应急救援能力建设方面起步最早，能力最强，已达到国际先进水平，队伍布局能基本满足陆上油气井井控应急需要。中国石化也具备了较强的陆上井控应急救援能力。中国海油海上应急救援起步较晚，初步具备浅水水上井口一般性井喷事故（井喷后未着火爆炸、井口设施完好、平台可用）的应急救援能力，但深水应急救援能力明显不足。

① 中国石油井控应急队伍简况

1991 年，中国石油组织了一支 63 人的灭火队伍赴科威特进行抢险救援(除总指挥外其余 62 人均来自四川石油管理局)，一举扑灭了 10 口油井大火。1995 年，中国石油以赴科威特中国灭火队骨干成员为基础建立了中国第一支油气井抢险灭火专业队伍。2009 年，中国石油井控应急救援响应中心正式成立，被原国家安监总局授予“国家油气田救援广汉基地”称号。2018 年将“国家油气田救援广汉基地”更名为“国家油气田井控应急救援川庆队”，成为国家安全生产应急救援队伍体系中的重要组成力量。2019 年被应急管理部授予“跨国(境)生产安全事故应急救援常备力量”。经过多年的发展，目前已具备地层压力 70MPa、天然气无阻流量 $500 \times 10^4 m^3/d$ 的油气井井喷失控抢险救援能力。见图 1-4。

图 1-4　中国石油井控应急救援队伍挂牌

中国石油按照平战结合、分区布点的原则，建立了“1+2”专业化的井控应急中心，已建成四川广汉井控应急中心、新疆库尔勒西部井控应急分中心，正在建设大港东部井控应急分中心，覆盖国内油气区井控应急救援工作。下步按照“全面覆盖、相互支援”原则，三个区域井控应急救援中心列入企业二级正的独立机构运行，分别委托川庆钻探、西部钻探、渤海钻探负责日常行政管理，进一步加强队伍能力建设。

中国石油配备了切割清障类、冷却掩护类、井口重置类、应急通讯类、安全防护类应急救援装备共计 368 台/套，实现了设备远程操作全覆盖，基本实现近井口作业无人化。先后在国内 16 个油气区和科威特、土库曼斯坦等 6 个海外国家实施井控应急救援作业 50 余井次，处理 100 余次井口泄漏、非常规压井等井控事件，成功率 100%，创造了多项世界油气井应急救援史上的新纪录，为国家中东、中亚能源战略的实施、海外油气市场的拓展，以及国内油气勘探开发安全保障发挥重要作用，整体技术和实战能力达到国际先进水平。

② 中国石化井控应急队伍简况

目前，中国石化暂无国家级井控应急队伍。建有西北井控应急中心，有专职应急人员 122 人；6 个以消防为主要职能的消防应急中心，有专职应急消防队员 2033 人。

西北井控应急中心配备消防车 41 辆，应急抢险设备、机具 228 台套件，清障设备(5 类)、冷却掩护灭火装备(5 类)、安全监测仪器仪表(8 类)、无井口重建装备，应急抢险设备配备不足。实战中，参与了塔中 726-2X 井和博孜 3-1X 井的井控抢险。

2019 年底，中国石化启动川渝井控应急响应中心建设规划方案编制，按照“整体规划、区域共享、国际标准、联合共建、川渝优先”的原则，开展川渝井控应急中心建设，计划 2021 年初步建成。

③ 中国海油井控应急队伍简况

2014 年，中国海油在天津成立井控中心，作为我国唯一的海上井控应急救援机构，负责井控培训、巡检、应急救援等工作。现有人员 80 人，主要由钻完井工程师、井控装备管理人员组成，配备了侦测监控、安全防护、消防冷却、清障切割、重建井口、通讯指挥等应急装备 750 余件/套，初步具备一般性浅水井喷事故应急能力。2018 年 12 月，中国海油井控中心列为国家海上油气应急救援渤海(天津)基地，成为国家安全生产应急救援体系 91 支队伍之一，履行国家队的职责和使命。

2. 国内外井控应急技术装备现状

经过多年发展，国内外均已形成了井控应急技术体系，研制了成套的井控应急装备，但整体上国外救援能力领先国内，尤其是海上井控应急救援技术与装备与国外先进水平存在较大差距。

(1) 冷却掩护技术对标分析

冷却掩护是抢险救援的基础，贯穿于抢险救援全过程，主要装备涉及水泵机组、供水管线、遥控消防炮等。国内通过自主研发形成了冷却掩护技术与装备系列，供水系统从橇装式水泵机组到全地形移动水泵机组；前端冷却掩护装置，包括遥控水炮与雪炮，能实现远程化、自动化，保证作业人员安全，并根据地形与风向的变化组合使用。与国外相比，国内同级别的设备与整体技术水平相当。但是国外拥有更大排量的水泵，WWCI 水泵机组最大排量 1360m^3/h(6000GPM)；

Boots&Coots 水泵机组最大排量 1230m^3/h（5500GPM）；国内目前单台水泵机组排量达到 1200m^3/h。

（2）切割系列设备技术对标分析

切割装置系列包括机械切割装置及水力切割装置。目前国内机械切割装置研集成了多种功能于一体的多功能机械手，实现了外围切割的无人化，达到国外同类产品水平。见图 1-5。

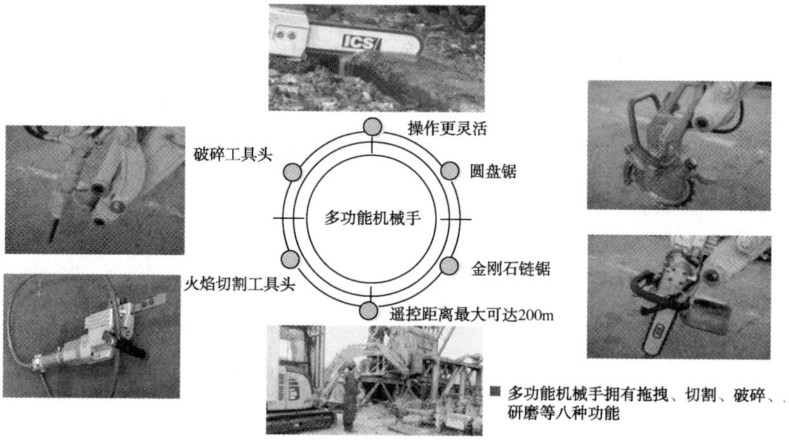

图 1-5　国内的切割系列设备

（3）清障装备对标分析

国内外目前陆上常用的清障设备主要在工程机械基础上进行改造，并通过远程遥控实现井口周围障碍物清除。超长臂远程遥控机械手应用最为广泛，它可配备不同的工具头，用于救援过程中的开挖土方、清障剪切、清障拖拉、破碎以及井口作业中的罩引火筒等，已达到国外同类产品技术水平。见图 1-6。

图 1-6　国内的清障设备

但是目前克罗地亚已研制出远程遥控的清障机器人(图 1-7)，其推土铲推力可达 10t，爬坡梯度达到 30°，侧向角度 20°，行进速度最大 10km/h。

图 1-7 克罗地亚远程遥控的清障机器人

(4) 重置井口设备对标分析

陆上油气井抢险，国内首创了重力加压重置井口技术，通过对旋挖机连接导向机构、液压流程原理等进行研究，研制了远距带火重置井口装置，实现无线遥控行走、井口重力加压、与井口法兰对齐，使抢险人员远离井口作业，保证抢险人员安全。重置能力能够满足高压高产井井喷失控抢险带火作业需要。目前国内外未见同类产品，重置井口装置填补了国内外空白。见图 1-8。

图 1-8 重置井口设备

相比于陆地井喷事故的处置，海洋石油井喷事故处置由于救援逃生方式的不同、远离岸基、溢油风险严重等诸多因素，事故的危害及其处置难度高于陆地。

目前，中国海油初步具备一般性浅水井控应急救援能力，但在深水井控应急救援装备上还有存在较大短板。如深水水下切割装备、清障装备、水下机器人及水下应急封井配套装置等多被国外垄断，短期内无法快速形成深水应急救援能力。

三、我国井控应急救援能力存在的问题

1. 井喷失控事故的制度与标准建设不完善

目前国家层面缺少油气田企业井喷失控事故的分级标准和上报规定，未对井喷事故信息上报内容、上报层级、上报时限做出规定，应对井喷失控事故的预测预警工作效能低下。未针对不同风险制定陆上和海上油气田企业井控应急救援队伍规模、人员岗位序列、物资装备配备等规范性文件；缺少应急队伍建设运行、应急物资装备管理、井喷失控事故应急操作等行业标准，井喷失控事故应急救援能力建设科学性、规范性不强。

2. 油气井井控应急救援队伍力量参差不齐

目前中国石油在四川、新疆、天津建立了 3 个井控应急救援响应中心，配备了系列化抢险装备，具有较丰富的应急救援经验和较强的实战能力。中国石化依托西北油田分公司在新疆建成 1 支专职井控应急救援队伍，配备井控应急抢险装备，具有较强的技术实力和处置经验，但与中国石油相比，应急救援能力有明显差距；中国石化正在川渝地区建设新的井控应急响应中心，暂不具备实战能力。中国海油在天津建设的井控应急救援中心具备一般性浅水井控应急救援能力，但在深水应急救援装备技术、海洋井控专家队伍、应急救援技术实践、处置多样性事故等方面还存在较大短板。延长石油由于井控风险较低，井喷失控应急救援技术相对薄弱。从整体布局上看，目前国内井底压力最高的新疆塔里木油气产区和具有最大水深的南海油气产区还缺少国家级超高压和超深水井控应急救援专业队伍。

3. 井控应急救援装备能力有待提升

针对陆上油气井地层压力 140MPa、天然气无阻流量 $1000\times10^4m^3/d$、凝析油 1000t/d、硫化氢含量 1000ppm 以上的油气井井喷失控着火事故，应急抢险装备与现场极端环境存在不匹配性。一是冷却掩护系统。目前国内陆上井控应急队伍配备的供水系统性能还有待加强；水炮、掩体的整体结构、防火性、耐用性、远程操控有待进一步完善。二是专业大型抢险设备。在抢险极端环境下，大型抢险设备的抗高温能力、可视化性能、自动化能力、远程操作能力等方面还需进一步提升，保证在抢险过程中大型抢险设备可靠、稳定，人员远离井口核心风险区

域。三是通信指挥设备。抢险现场高噪声环境下的通信困难，目前配备的通信设备难以满足需要，高性能抗噪、防水和防爆语音通信装置配备不足。

相比于陆地井喷事故的处置，海洋石油井喷事故处置由于救援逃生方式的不同、远离岸基、溢油风险严重等诸多因素，而使事故的危害及其处置的难度远远高于陆地。特别是深水应急装备技术建设周期长，且多被国外垄断，存在技术封锁的风险，短期内无法快速形成深水应急救援能力。

四、加强我国井控应急救援能力建设的措施建议

1. 加强井控应急工作顶层设计

由国家相关部门牵头，尽快编制《重特大油气田井喷失控事故应急响应工作手册》，完善井喷失控事故分级标准，明确井喷失控事故信息上报等级与管理规定，统筹建设井喷失控事故应急专家库，加强应对井喷失控事故指导协调信息系统建设，井喷失控事故应急信息上报“一条线”、井喷失控事故应急救援队伍“一幅图”、井喷失控事故应急物资装备“一张表”，提高应对井喷失控事故险情的预测预警效能，提高应对井喷失控事故的指导协调应急救援能力。

由国家相关部门牵头，统筹组织全国安全生产标准化技术委员会、石油工业标准化技术委员会等专业化工作机构，制定出台《油气田井喷失控事故应急准备与能力评估指南》《油气田井控失控事故应急预案编制导则》《油气田井控失控事故标准化应急操作技术指南》《油气田井控失控事故应急救援队伍装备配备指导目录》等系列制度与标准，提高油气田井喷失控事故应急救援能力建设的系统性与科学性。

2. 加强井控救援专业力量建设

在现有专业救援队伍基础上按照区域风险和队伍能力，有针对性地加强企业井控应急专业救援力量建设。一是抓好企业井控应急救援队伍建设。中国石油重点是在现有3个应急救援响应中心基础上加强装备配备，按照专业化、科学化、信息化、自动化、智能化、无人化的“六化”开展新技术研发应用；中国石化重点是增加井控应急队伍数量，提高应急装备、物资水平；中国海油重点是按照“南北呼应、深浅结合、覆盖全海域”的原则，加密井控应急救援队伍布局，大力提高深水应急救援能力。二是根据《井喷失控事故应急准备与能力评估指南》《井控失控事故应急操作技术指南》等标准规范，整章建制，对井控应急救援队伍规范管理。三是加强预案编制与实训演练，提高实战技能。开展陆上、海洋井控应急综合情景构建，编制完善应急救援预案；根据不同工况井喷事故场景，丰

富现有井控应急演练系统，加强多灾种情况下的演练。

3. 开展井控应急救援技术攻坚

加强装备设施专题科技攻关和配套投入，在井控应急救援工艺、技术上取得重大突破，满足“三超井”和海洋深水井控应急救援作业油气井实战需要。在井涌、溢流监测与井控预警技术方面取得重大突破，推动井控应急救援装备操作、监控的智能化、远程化；开展抢险技术方法优化研究，提高复杂工况下的快速有效控制；推动建立油气田井喷事故救援重点实验室，在井筒压力、井口产量计算、井口火焰温度与辐射区域温度场测量以及有毒有害气体扩散等方面开展基础研究。

推动国家重大专项与企业自有科研投入相结合，集中攻关陆上压力 140MPa、敞喷产量 $1000\times10^4m^3/d$、硫化氢含硫 1000ppm，海上 1500m 水深关键井控应急救援技术装备。加强井喷预防、预警技术装备攻关，推动井喷预防和预警装备操作、监控的智能化、远程化。加强井筒压力、井口产量计算、井口火焰温度与辐射区域温度场测量以及有毒有害气体扩散等基础研究。通过技术进步，实现我国井控应急救援能力跨越式发展。

炼油化工安全风险防控与事故应急

中国石油化工集团有限公司安全监管部副总经理　杜红岩

石油化工行业是国民经济的支柱产业，对国家经济发展和人民群众生产生活发挥着越来越大的作用。同时，石化行业也是我国安全监管重点领域，由于生产工艺复杂，生产装置大型化，生产过程连续化、自动化，原材料、中间品及产品多为易燃易爆、有毒有害物质，任何设备缺陷、制度漏洞、个人失误都可能导致安全事故。近年来发生的多起重特大事故警醒我们，必须充分识别重大安全风险，针对重大突发事件做好应急准备工作，切实做到有备无患。

中国石化作为国内最大的成品油和石化产品供应商，已建成多个千万吨级炼油基地和百万吨级乙烯生产基地。多年来，在安全管理中始终坚持以“识别大风险、消除大隐患、杜绝大事故”为工作主线，建立安全风险分级管控与隐患排查治理工作机制，杜绝重特大事故发生。

一、炼油化工企业典型安全风险概述

管安全就是管风险。全面、科学地做好风险识别与评价工作，是有效开展安全管理工作的前提和基础。全面分析炼油化工企业生产经营活动，容易导致群死群伤、重大火灾爆炸、重大财产损失和重大社会影响的典型安全风险主要包括：

1. 危险化学品罐区泄漏及火灾爆炸风险

主要风险因素包括：

（1）油品储罐区储量巨大、能量集中，特别是大型储罐全液面火灾以及群罐火灾扑救困难、社会影响大。

（2）部分早期设计建设的储罐本质安全水平不高，部分储罐区自控水平与紧急切断设施等不能满足现行标准要求。

（3）近年部分企业实施储罐气相连通后，单罐火灾可通过气相连通管线传播，存在发生群罐火灾的风险。同时，火炬、焚烧炉、活性炭床层的自燃和罐内硫化亚铁自燃都是点火源，长管道输送会促进爆燃转变为爆轰，一处火情可能快速通过总管蔓延到其他装置，引发连环火灾爆炸事故。

（4）少数油品罐区运行超过 30 年，其罐区布置、罐体本身、自控、泄漏拦蓄及消防设施等存在不同程度的安全隐患。

2. 部分炼化装置安全联锁及控制不足风险

主要风险因素包括：

（1）部分联锁涉及的仪表、设备无法按照SIL等级要求的周期进行检验测试，无法保证安全等级要求，造成保护失效。

（2）部分危险化工工艺联锁回路存在联锁逻辑不清、动作不合理、不满足SIL定级要求等问题，企业为防误停车可能停用或擅自修改联锁逻辑，无法发挥安全保护作用。

（3）部分装置焦炭塔未设置顺控系统，在切换塔操作过程中，存在人员误操作风险。部分装置虽已设置顺控系统，但涉及的阀门未全部纳入控制系统，现场仍存在误操作风险。顺控系统涉及的气动、电动阀门故障率高，回讯不正常，影响顺控系统正常运行，存在安全风险。

3. 炼化装置外操室、控制室等防火抗爆风险

主要风险因素包括：

（1）部分炼化装置操作室建成年代较早，通常为砖混结构或框架结构/砖混墙，使用普通门窗，距离装置较近。一旦装置发生火灾爆炸事故，存在伤亡扩大的风险。

（2）炼化装置属于高阻塞区，一旦发生蒸气云爆炸（VCE）事故，爆炸冲击载荷大。

4. 穿越人口密集区的集输及厂际管道泄漏风险

主要风险因素包括：

（1）第三方施工容易导致管线破损，造成泄漏燃爆事故。

（2）集输管网路由复杂，管线众多，由于使用年限较长，管道本体存在腐蚀缺陷，易造成穿孔泄漏事故。

（3）部分厂际管线穿越社会道路或沿社会道路铺设，甚至个别厂际管线被城区包围，管线两边常住人口多，部分管段安全距离不足，与市政道路、供排水管网等设施并行交叉。一旦发生泄漏，波及范围广、应急处置难、社会影响大。

5. 危险化学品装卸作业火灾爆炸风险

主要风险因素包括：

（1）危险化学品装卸船、火车、汽车等作业量大、涉及面广，特别是LNG槽车充装站、CNG加气母站的危险化学品车辆不断增多，存在爆炸事故风险。

（2）LNG船舶、槽车在“一进一出”期间，泄漏风险较大，容易造成人员冻

伤、窒息、火灾爆炸等事故。

（3）加气站加气车辆、储气井操作频繁，存在操作失误导致天然气泄漏的风险，易造成火灾爆炸事故，加之加气站所在区域人员密集，事故后果和社会影响较大。

（4）部分装卸站场安全设施不到位，智能化程度较低。

6. 极端自然灾害导致次生事故风险

近年来，多个沿海炼化企业因超强台风引发晃电、装置停车等事件，此外部分企业曾因雷电等造成储罐火灾事故。自然灾害导致次生事故的风险长期存在，如果处置不当可能导致重大火灾、爆炸事故。

二、全面落实风险防控措施

1. 牢固树立“管安全就是管风险”理念，推进基于风险的安全管理

安全工作是政治责任、时代命题。近年来石化企业安全生产形势总体保持稳定，事故发生起数以及死亡人数呈现“双下降”趋势。未来10~15年将是石油化工企业转型发展、提高本质安全水平的关键时期。我们要尽快实现从事故管理向风险管理的转变，强化“管安全就是管风险”意识，深入推进基于风险的安全管理，推动石化企业安全业绩稳步提升。

中国石化持续开展风险识别与评估、风险控制和风险监控，将风险管理贯穿于生产经营全过程，防止事故发生，确保风险可接受。各级一把手带头做到“安全风险必识”，以自己的行动引领全员做好安全风险辨识工作，夯实企业安全生产基础。编制下发了《中国石化风险评估指导意见》，进一步明确风险识别程序和不同板块推荐的评估方法，提出不同风险级别的最低安全管理要求。

2. 科学建立安全风险清单，夯实风险管控基础

习近平总书记多次强调，必须遏制重特大事故频发的势头，对易发生重特大事故的行业领域采取风险分级管控、隐患排查治理双重预防性工作机制，推动安全生产关口前移。建立安全风险分级管控与隐患排查治理工作机制，对于企业加强安全管理、防范安全风险、降低事故发生率，具有重要意义。

中国石化积极推进双重预防机制建设，组织所属企业分级、分专业建立了风险清单。生产、工艺、设备、工程管理等业务部门首先各自识别评估本专业领域内的安全风险；安全部门组织对各专业风险评估结果进行审核，形成企业风险清单，并分解落实管控责任。全面加强企业两级安全风险清单管理，风险评估结果为重大风险、较大风险，以及后果等级为F、G的一般风险，纳入企业风险清单

管理；风险值≥40 或后果为 E、F、G 的较大风险以及企业重点关注的其他安全风险，作为企业的重大风险管理。另外，风险值≥40 且后果严重性等级为 E、F、G 的风险推荐为集团公司重大风险。

3. 狠抓重大安全风险防控，坚决遏制重大安全事故

中国石化坚决贯彻落实习近平总书记关于安全生产的重要论述，严密排查防范颠覆性、系统性安全风险。在炼化板块，重点关注人员密集场所泄漏中毒风险、大型油气储运系统以及高危工艺生产装置火灾爆炸风险，实现识别、评估、监控、预警、处置等全过程动态管理。

对于重大安全风险实施领导带头承包制度，逐级落实管控责任人和措施，其中部分集团公司重大安全风险由集团公司领导负责指导。实施重大安全风险定量风险评估（QRA），组织专业团队对列入集团公司管控的重大安全风险进行定量风险评估，对后果严重性和发生频率进行准确量化，准确评估风险等级，完善和落实防控措施，确保集团公司重大安全风险受控。事业部（专业公司）为集团公司重大安全风险管控主体，按照风险值大小落实事业部（专业公司）管控责任人，管控责任人负责对风险降低措施落实情况进行专项检查、挂牌督办和每月跟踪落实，直至风险可接受。

4. 强化系统性风险评估管控，推动共性风险整体降级

炼化企业工艺流程相近、生产装置相似，部分风险具有共性，集团层面将其归类为系统性风险，发挥集团优势，统一组织风险评估管控。

对于系统性风险，一是督促企业对照集团共性风险、板块系统性风险和区域性风险进一步开展排查和评估，完善企业风险清单，指导督促企业落实管控措施，直到整体降级。二是组织中国石化青岛安全工程研究院对系统性风险开展专题研究，指导代表性企业编制管控方案或指导意见，然后在系统内同类装置设施借鉴推广。

三、做实应急准备工作

1. 范本引路，推动应急预案优化工作

应急预案在传统的“一案三制”应急管理模式中居于核心地位，是应急管理工作总抓手。经过十余年的建设发展，炼化企业虽已解决预案“有无”问题，但总体水平参差不齐。部分预案存在编写范围不一、应急流程不顺、应急职责不清、结构要素混乱、内容重复交叉、写的和干的不一致等问题。2021 年，中国石化重点在企业、基层单位两个层级安排范本引路，指导所属企业规范预案格式

及要素，同时推动预案体系上下贯通。

企业层级：以中国石化级新版应急预案为范本，具体由安监部门组织综合、生产、外事、信息等总部部门共同完成“1 个总体+10 个专项”新预案体系。各企业按照现行机构设置和“谁主管、谁负责”原则，进一步明确各类突发事件的牵头应急处置部门，规范信息接报和研判流程，细化预警和应急响应启动后的具体动作，同时统筹安排总体和专项预案结构，有效减少内容交叉重复。

基层单位层级：依托齐鲁石化等典型企业编制了现场处置方案和应急处置卡范本，指导企业开展基层预案优化工作。一是基于风险编制预案，结合装置现有风险清单和行业典型案例，针对事故风险有的放矢；二是突出处置步骤内容，对组织机构、处置程序等内容简化，针对具体风险和场景编写的应急处置内容表单化；三是将应急处置动作从法规要求的事故发生后往前延伸到发现异常阶段，按照“135”原则，重点明确外操、内操、班组长等一线岗位的初期处置内容。

2. 以上率下，提升应急演练工作实效

针对部分企业应急演练实效性不强、按脚本“照本宣科”等问题，中国石化重点针对各业务板块的重大安全风险开展了情景构建工作，通过树立巨灾场景的“假想敌”，将应急准备中的目标明确化、风险实例化，继而组织所属企业对照“假想敌”开展应急准备，完善应急管理体系，梳理打通应急流程。

一是依托典型企业试点探索，编制情景构建模板。2015 年以来，中国石化安全监管部牵头，组织中国石化青岛安全工程研究院和 17 家典型企业分批开展了情景构建试点工作。目前已完成高风险装置泄漏爆炸、$10\times10^4m^3$ 原油罐区火灾等 17 个重大安全风险情景构建模板，覆盖石化行业上、中、下游板块，并编制《石化企业重大风险情景构建演练指导手册》，初步建成了石化行业情景构建的流程、框架和技术方法，为企业梳理应急准备目标、优化预案体系、指导演练培训提供了可靠支撑。

二是基于集团公司级重大风险，组织情景构建演练。最近三年，中国石化连续在集团公司级演练中采用情景构建演练模式。2019 年，在中韩（武汉）石化模拟炼化装置火灾事故组织演练；2020 年，在镇海炼化模拟气相连通储罐爆炸组织演练；2021 年，在中原普光气田模拟高含硫酸性气集输管道泄漏中毒组织演练。演练采用“桌面推演+现场验证”模式，重点结合企业实际风险和行业典型事故，基于“最坏、可信”的原则去设置巨灾场景。在桌面推演过程中，导调人员（主持人）通过音视频和文字等形式分步推送场景，企业各层级人员，特别是相关职能部门和领导干部现场答题，达到了既练基层更练部门、既考动作更考脑子的预期效果。

3. 对标管理，强化企业专职应急队伍建设

危险化学品事故的应急救援不同于其他普通火灾，扑救难度大、专业性强，处置不当极易造成周边居民和企业的人员伤亡和财产损失。石化企业专职应急（消防）队伍，既是所在企业火灾、爆炸等各类事故的第一救援力量，也是我国危险化学品事故救援的骨干力量。中国石化坚持推进队伍标准化建设，着力打造危险化学品救援标杆队伍。

一是制定专职应急队伍管理标准，规范队伍日常管理。编制下发了企业专职应急队伍标准化管理系列规范，包括监护和救援行动管理、装备管理、业务训练管理、战备执勤管理、正规化建设等 5 个规范，以及 1 个业务训练与考核大纲，并配套制定队伍能力综合测评表，为队伍日常管理提供指南，推动队伍达标管理。

二是做好国家应急基地建设，打造危化救援标杆队伍。根据国务院安委会统一部署，自 2011 年开始，先后依托中国石化所属 18 家企业建立了 20 支(个)国家级应急救援基地(队伍)。国家下拨巨额安全生产专项资金用于“高、精、尖”的应急装备建设，提高了应对重大突发事件的能力。基地队伍积极参与周边地区的事故救援工作，得到国家有关部委、各地政府和人民群众的高度肯定，展现了中国石化讲政治、顾大局、勇担当、善作为的央企形象。

四、面临的挑战与发展方向

安全风险识别管控工作永无止境，看不到的风险是最大的风险。随着企业生产经营业务持续更新，特别是进军氢能、储能电站等新领域新业态之后，需要认真研究可能面临的新的安全风险。中国石化将坚持推进双重预防机制建设，前瞻性做好新领域安全生产研究，完善风险管控体系，落实应急准备，为构建“一基两翼三新”产业格局保驾护航。

海上油气开发安全风险防控与事故应急

中国海洋石油集团有限公司质量健康安全环保部副总经理　杨东棹

本文介绍了海洋石油行业的特点，系统性梳理、归纳了海洋油气勘探开发过程中面临的主要风险，总结了当前中国海洋石油工业在做好安全风险防控、应对各类挑战方面的良好实践经验。同时在充分吸取国内外历史上发生事故经验教训的基础上，按照“立足当下、着眼长远”的基本原则，针对人员救援、环境保护、财产保护三方面的突出难点问题提出了恶劣海况及夜间的直升机海上应急救援、溢油应急、井控应急、海上消防应急、海管及海上结构物抢维修应急五大方面的应急能力建设提升建议，以求为同行业人员的工作开展提供有益建议，为中国海洋石油事业的蓬勃发展建言献策。

海洋油气的勘探开发是陆地石油勘探开发的延续，经历了一个由浅水到深海、由简易到复杂的发展过程。1887 年，在美国加利福尼亚海岸数米深的海域钻探了世界上第一口海上探井，拉开了海洋石油勘探的序幕。海洋石油工业在我国起步较晚，但发展势头迅猛，特别是在习近平总书记提出的海洋强国战略、国家能源安全等一系列重要精神的指示下和国家重大政策的支持下，中国海洋石油以加强党的建设为引领，以推动高质量发展为主题，以深化改革创新为动力，突出发展油气主业，加快推动能源转型，全面加强自主创新，深入推进提质增效，持续扩大开放合作，争做海洋能源开发领军者、能源绿色低碳转型生力军、全面深化改革创新先锋队、国家对外扩大开放新窗口、央企稳增长顶梁柱，努力实现更有效率、更为安全、更可持续的高质量发展。

一、海洋石油行业特点及主要风险

1. 行业特点

海上油气勘探开发因其所处特殊地理位置、面对恶劣自然环境、进行高风险生产作业活动而呈现出其独特的行业特点。一是环境恶劣。海上经常面临风强、涌猛、浪急等恶劣海况，夏季南海的台风、冬季渤海的海冰，都会对海上油气生产活动造成严重影响。二是危险性更高。现场存在大量吊装作业、受限空间作业、动火作业等高风险作业、交叉作业，且海上生产平台空间狭小，生产过程中还可能面临有毒有害、易燃易爆物质，众多因素叠加致使危险性更高。三是影响安全的外部不确定因素多。相当数量的海上油气生产设施距海上习惯性航线及主航道较近，且时有渔船在平台周边捕鱼、海钓，受来往船只碰撞风险较大，后果严重性极高。四是环境、政治敏感性较高。由于渔场、生态保护区等此类海区的特殊性，一旦出现溢油且处理不当则具有很高的环境敏感性，特别是在渤海海域尤为明显。而在东海和南海海域的油田开发受周边国家的影响，具有较高的政治敏感性。五是应急救援难度大。相较于陆地而言，海上油田远离陆岸，最远处距离岸边 270km 以上，船舶的航行速度较慢，周边可调用支持的资源有限，因此救援难度也当比陆地企业更大。

2. 主要风险

从各方渠道收集近 50 年国内外的典型事故案例共 159 起，涵盖墨西哥湾、俄罗斯、中国、英国、西非、波斯湾、巴西、亚太等海域的钻井船、半潜式钻井平台、自升式钻井平台、钻采平台、生产平台、直升机、工程船、守护船、海管道、陆地终端等主要设施的事故案例。

根据对海洋石油勘探开发危险源和已收集到的 159 例事故案例直接原因类型的综合归纳，海洋石油勘探开发典型事故的发生主要致灾因素有 10 类，可能导致 19 项重大风险，详见表 1-1。

表 1-1　海上油气勘探开发重大风险分析

序号	致灾因素	重大风险描述
1	热带气旋（台风/极端天气）	海上设施因热带气旋造成设施损坏，导致漂移/设施倾倒/泄漏/爆炸火灾/损坏/沉没
2		海上设施拖航过程中因热带气旋造成断缆，导致设施漂移/沉没
3		守护船因热带气旋导致船舶翻沉
4		FPSO 因热带气旋造成系泊系统损坏，导致漂移/触礁/碰撞/沉没
5	井喷（人为误操作/井控设备失效/地层复杂因素）	海上设施因井喷，导致爆炸火灾/设施损坏/溢油/沉没 & 有毒气体泄漏

续表

序号	致灾因素	重大风险描述
6	设备故障/腐蚀	海上设施因设备故障/腐蚀，导致设施火灾爆炸/沉没 & 倾倒/沉没 & 有毒气体泄漏
7		工程船舶在安装/拆卸作业过程中因设备故障/腐蚀，导致船舶翻沉/工程模块沉没
8		自升式钻井平台就位生产平台过程中因设备故障造成碰撞生产平台，导致平台火灾爆炸/损坏/沉没
9		守护船因设备故障/腐蚀造成爆炸，导致船舶损坏/沉没
10		水下设施因设备腐蚀造成油气泄漏，导致火灾爆炸/溢油
11	直升机	直升机因极端天气/人为因素（误操作）/设备故障造成直升机失控，导致直升机损毁/平台损毁
12	海上设施被船舶碰撞	海上设施被船舶碰撞，导致设施火灾爆炸/倾倒/沉没
13	船舶（守护船和油轮）碰撞船舶/搁浅/触礁	船舶因碰撞/搁浅/触礁，导致船舶损坏/沉没
14	地质灾害（地震/海啸/海底滑坡/地层结构不稳定）	勘探开发过程中（钻井作业/注水加压/采油亏空）因地层结构不稳定，造成海底地层油气泄漏
15		海上设施因地质灾害（地震/海啸/海底滑坡/地层结构不稳定）导致设施损坏/倾倒/沉没/溢油
16		水下设施因地质灾害（海底滑坡/地震）造成海管道悬空及断裂导致油气泄漏/火灾爆炸/溢油
17	海冰	海上设施中因海冰撞击导致设施损坏/沉没
18	老旧设施服役	海上设施因老旧造成设施完整性失效，导致垮塌 & 解体/火灾爆炸/沉没/溢油
19	恐怖活动	海上设施因恐怖活动导致设施火灾爆炸/损坏/沉没

二、海洋石油安全风险管控措施

由于海洋石油勘探开发面临着一系列重大风险和挑战，安全应急工作更需要坚持“底线思维”“源头思维”，不断夯实安全基础工作，加强风险管控措施，以“万无一失”的工作作风，避免出现“一失万无”的严重后果。一是文化引领，提高思想认识。中国海油深入贯彻落实习近平新时代中国特色社会主义思想，以习近平生态文明思想、总书记关于加强安全生产工作的重要论述和指示精神为根本遵循，坚持“安全第一、环保至上，人为根本、设备完好”核心价值理念，遵守“五想五不干”现场作业安全行为准则，完善“人本、执行、干预”特色安全文化。二是健全制度，筑牢安全基础。中国海油不断完善安全投入、双重预防等各类机制，建立健全安全管理制度体系，提升风险管控能力。三是压实责任，严守安全底线。中国海油持续巩固“严实快新”工作作风，学深悟透安全管理责任和事故追究责任，一级抓一级，层层抓落实，深刻理解各项规章制度，入脑入心，以“零事故”为目标，严密把住安全工作各项关口，守住安全这条“底线”“红线”。四是创新手段，提升工作效能。吸收引进国外先进安全管理方法，广泛开展应急能力评估和重大事故情景构建工作，全面、系统地进行“自我体检”，多角度、多维度剖析现有风险，按照精准施策的要求提出“一船一策”“一海管一预案”等创新工作方法。加快推进安全培训网络空间建设，提高培训知识深度、受训人员广度。加大以“智能化”“物联网”“大数据”等新技术为基础的新型危险识别系统、在线监督系统的应用推广力度，用技术优势助力安全工作。五是建立长效机制，巩固安全生产良好局面。以党建为引领，深入做好安全工作与党建工作的深度融合，进一步发挥党对安全生产工作的领导核心作用，积极发挥党组织在安全生产中的独特优势。用好监督检查这一“利剑”，进一步提高安全专项督查工作深度，要实事求是、敢抓敢管、坚持原则，杜绝官僚主义和形式主义。

三、海上应急救援能力建设建议

习近平总书记强调“以史为鉴，开创未来”。通过学习世界海洋石油勘探开发过程中发生的各生产安全事故，特别是比较有代表性的事故案例，如英国北海Piper Alpha平台爆炸事故(1988)、巴西P-36半潜式采油平台爆炸事故(2001)、印度钻井平台大火事故(2005)、深水地平线事故(2010)等，学习并系统分析其事故发生的原因、事故演变过程、应急处置措施等各环节，总结经验教训。同时根据中国海洋石油应急能力建设现状，立足于未来新形势、新发展、新要求，从人员救援、环境保护、财产保护等三方面的关键、难点问题，建议从以下几个方向进一步加强应急能力建设：

1. 恶劣海况及夜间的直升机海上应急救援能力

保障人员安全是应急救援首要任务，直升机海上人员救援是最快速、最有效的手段。目前直升机公司在普通海况及日间都具备救援能力，已配备了部分救援相关设备，如绞车、浮筒、救生筏、担架等。但如执行夜间搜救，直升机需加装必要的专业搜救设备，如搜救灯、垂直灯、光电吊舱等。并且在移动设施上做夜间绞车则是救援难度最大的，即便是专业队伍亦难于执行。为进一步加强恶劣海况及夜间的直升机海上应急救援能力，建议通过改造、加装相应设备，加大机组人员相关培训科目，如昼间搜索、夜间搜索、昼间绞车作业、夜间绞车作业等，建立常态化的夜间救援演练机制，以此不断提升应急能力。

2. 溢油应急能力

目前市面上能够购买的溢油应急装备对于恶劣天气海况的适应性严重不足。在作业环境匹配的条件下各类溢油应急装备能够发挥额定能效，如在海况良好的情况下既有围油栏可以有效围控溢油，但海况恶劣情况下，特别在南海深水海域，大风大浪的海况为常态，需要进一步加大科研投入力度，研发适用于中国全海域、全天候的新型围油栏。溢油发生后，由于油品的持续外溢以及现场持续的消防、工程作业，溢油的乳化、风化现象严重，如果同时伴随有火灾发生，通常会夹杂有大量燃烧残渣与工程结构废物，乳化后的超高黏度油品无法通过现有回收设备有效回收，超高黏度溢油处置这一技术难题在国际上仍是公认的一大技术难题，仍需加大超高黏度溢油处置技术、装备的研究。

3. 井控应急能力

井喷是海上油气开发中最严重的事故之一，一旦发生处置难度极大，主要表现在大量油气的不断喷出，事故井喷势量能无法有效估计，缺乏科学高效的数值模拟计算支撑，对一系列应急决策的制定提出挑战；一旦井口被坍塌结构掩埋后难以靠近进行封堵，井口泄漏快速封堵和溢油收集技术和装备仍需加强。对此建议一是加快补充多层套管快速切割设备、水上井口泄漏快速封堵和溢油收集设备等重大装备的数量，提高先期处置能力。二是加快推进海上井控应急关键技术与装备、智能化应急技术的研究，如自动控制压井系统、海上井控风险监测预警及防控技术、全尺寸、大管径、轻量化的隔水导管带压开孔、封堵、压井系列设备等研究。

4. 海上消防应急能力

目前船舶的消防炮几乎都是装在驾驶台顶部，从国外海上平台火灾爆炸事故处置来看，消防炮消防炮安装位置高(驾驶台顶部)不利于扑灭平台低处的火灾，而且现场火势大，热辐射高，船头向前不利于船舶靠近平台，距离平台较远时水柱后段呈现分散状，降低灭火效能。从国内来看目前海上三用工作船的消防能力建设指标是满足国家主管部门的要求，但是结合国外事故经验来看，有必要进一步加强海上消防应急能力，建议开展以下工作：一是加快推进消防船舶消防炮性能改进关键指标研究，有针对性地改造、改进消防炮，提升消防炮射程、射高，提升灭火能力，同时可制定高于船舶检验入级的消防标准，为今后新建的船舶提供船舶设计的参考，进一步提高海上消防应急能力。二是研究部署移动消防模块。移动消防模块较船舶本身消防炮有其独有特点。首先该系统比较灵活，在事故发生后可加装于船舶，对平台底部、内部的火灾可起到精准灭火效果，其次自带动力站，功率较大，不影响船舶操纵性能，灭火效能较高，因此可综合考虑海上作业设施位置、数量，沿岸码头的位置、出动条件等，周密计算移动消防模块部署的点位及数量，以弥补现有船舶消防能力不足，进一步提升海上消防应急能力。

5. 海管及海上结构物抢维修应急能力

由于腐蚀、海生物附着侵蚀、疲劳失效、飓风、地址滑移等自然因素、渔业活动等第三方作业等因素，可能造成不同情形的海管泄漏，如小孔(腐蚀穿孔)、弯折断裂(泄漏拖挂拖拽)、凹陷裂纹(落物砸伤)、密封失效(疲劳损伤)，快速判断泄漏形式至关重要。另外随着海洋石油开发逐步走向深水、远海，深水海管维修的特殊装备、特殊技能人才、成熟的技术处置方案等一系列课题都亟待突破。因此建议一是加快建立海管数据化系统，统一定期检测的数据，由专家诊断系统进行海管状态评估，及时维护海管并能第一时间进行应急响应。二是瞄准深水海管抢维修重大装备和关键技术，在深水海管应急维修装备技术研究、深水海管应急维修关键技术研究、刚悬链线立管应急维修技术研究等方面加大科研投入和成果转化，提升深水海管应急处置能力，助力海上油气增储上产。

四、结语

“十四五”时期是我国实现第二个一百年奋斗目标的起步期，是中国特色社会主义迈入新时代的第一个五年规划，也是开启全面建设社会主义现代化国家新征程的第一个五年规划。

根据党的十九大报告中提出建设海洋强国、建设生态文明的要求与习近平总书记提出的大力提升勘探开发力度、保证能源安全的重要指示精神。中国海油在加快勘探开发保障国家能源安全的同时，将一如既往守住“安全”这条红线，全面认识风险，抓住关键环节，不断强化重点、核心应急能力提升，以高质量的安全生产工作为公司新时代高质量发展和中国特色国际一流能源公司建设保驾护航。

第二章 全球石油石化行业安全与应急管理的发展

安全生产与应急管理的形成和发展是石油勘探开发多年管理工作经验积累的成果，它体现了完整的一体化管理思想。1974 年，石油工业国际勘探开发论坛(E&P Forum)建立，1999 年 9 月 1 日更名为油气生产者国际协会(International association of oil and gas producer，简称 OGP)，作为油气生产者的国际协会，它组织了专题工作组，从事健康、安全和环境管理体系的开发。

一、HSE 发展历程

国外有的专家曾这样评述过安全工作的发展过程，“20 世纪 60 年代以前主要是通过对装备的不断完善来达到保护人的目的，利用自动化控制手段使工艺流程的保护性能得到完善；20 世纪 70 年代以后，注重了对人的行为研究，注重考察人与环境的相互关系；20 世纪 80 年代之后，逐渐发展形成了一系列安全管理的思想和方法”。纵观 HSE 发展历程，大致可分为以下几个阶段：

(1) 萌芽期

全球海上石油生产作业实践，大大推动了各石油公司加强安全管理。1984 年 1 月，壳牌公司在咨询当时世界上 HSE 管理技术和表现业绩都最佳的杜邦(DuPont)公司的基础上，首次在石油勘探开发领域提出了“强化安全管理(Enhance Safety Management)”的 11 条原则。1986 年，在强化安全管理的基础上形成手册，以文件的形式确定下来，HSE 管理体系初现端倪。

(2) 形成期

20 世纪 80 年代后期，国际上的几次重大事故以血的教训推动了 HSE 管理体系的不断深化和发展。如 1988 年英国北海油田的帕玻尔·阿尔法平台火灾爆炸事故，以及 1989 年埃克森公司“瓦尔迪兹”号油轮触礁溢油事件均引起了国际工业界的普遍关注，大家深刻认识到，必须进一步采取更有效、更完善的管理措施，以避免重大事故的再次发生。正是由于这些事故的发生，导致英国政府当局对海上石油作业实行严格的管理，要求石油公司在从事风险较大的作业活动时必须预先进行安全分析评价，并向政府当局提交书面报告。

（3）发展期

1994年，油气开发的健康、安全、环保国际会议在印度尼西亚雅加达召开，由于这次会议由石油工程师学会(SPE)发起，并得到国际石油工业保护协会(IPICA)和美国石油地质工作者协会(AAPG)的支持，影响很大，全球各大石油公司和服务商都积极参与，因而促使HSE的活动在全球范围内迅速展开。

1994年7月，壳牌公司制定了《开发和使用健康、安全与环境管理体系导则》。同年9月，壳牌HSE委员会制定并颁布了《健康、安全与环境管理体系》。1996年1月，国际标准化组织(ISO)的ISO/TC 67的SC 6分委会起草了ISO/CD 14690《石油和天然气工业健康、安全与环境管理体系》(委员会草案标准)，成为HSE管理体系在国际石油业普遍推行的里程碑，HSE管理体系在全球范围内进入了一个蓬勃发展时期。

2004年3月，第七届SPE健康安全环境年会在加拿大卡尔加里召开，参加这次会议的代表有1200名，提交论文250多篇。会议除开幕式、闭幕式及具有典型共性的论文演讲采取大会形式外，其他论文同时在14个分会场进行演讲。同时大会还举办了由BP、壳牌、哈里伯顿、斯伦贝谢、道达尔等石油公司和健康安全环境咨询公司参加的HSE文化及软件、产品等展览活动。这次提交大会论文的显著特点是：HSE论文内容更加丰富，除对健康、安全、环境进行有专题分别描述和案例外，还对HSE管理体系的深入运行和发展进行了有益的实践和理论探讨；突出企业的HSE文化理念，重点体现以人为本管理和可持续发展思路；企业领导在HSE管理方面亲身谈体会和经验，体现了HSE管理体系运行的重点和关键在领导，领导的作用和行为等对体系保证及持续改进的研究有了新的进展；加强了对作业者(业主)、承包商(乙方)及相关方等一体化的管理，HSE管理责任、权利及义务有了更明确的说法。HSE管理软件有了实质性发展，体系审核软件、教育培训软件以及多媒体教学模块有很强的借鉴和实用价值。从第一届至第七届会议的专著论文中，可以感受到健康、安全与环境管理体系正作为一个完整的管理体系在国际石油工业界全面推行。

二、HSE在全球的发展

国际石油公司在长期生产经营活动中，深切认识到安全生产的重要性，从行为学分析和危害管理的理论入手，把"以人为本，线性管理、风险控制、持续发展"的HSE指导思想融入企业的HSE管理运行中，并通过不断总结事故教训，逐步完善，开发、形成一套科学、完整规范、行之有效的 HSE 管理体系，现已被国际石油界公认为安全环境与健康管理共同遵守的规则，成为参与市场竞争的准入证。

1. 发展趋势

（1）世界各国的环境立法更加系统，环境标准更加严格

目前，世界各国对环境保护的要求更加严格，这就要求石油石化企业加强环境管理，改善自身的环境表现。世界各国的石油石化公司对 HSE 管理重视程度普遍提高，HSE 管理已成为世界性的潮流与主题。建立和持续改进 HSE 管理体系已成为国际石油石化公司健康、安全与环境管理的大趋势。

（2）年度报告的外部验证

在当今世界前 100 名的石油天然气公司中，大部分公司每年发布 HSE 管理年度报告。为了体现报告数据的可靠性，部分公司还对其 HSE 管理年度报告进行第三方验证。

对 HSE 管理报告实施第三方验证的原因如下：

① 增加透明度。报告提供的 HSE 管理表现信息具有透明性，可增进公司和持股人之间的相互信任。

② 促进改进。验证过程可以对 HSE 管理数据收集做出严格的评价，不但提高了数据的可信度，而且可使数据采集过程不断得到改进。

③ 保证完整性。验证过程通过公认的评价程序对数据收集过程及收集的数据进行严格评价，保证了报告内容的完整性和准确性。

2. 管理特点

国外跨国石油公司 HSE 管理体系相对于传统安全环保管理，具有以下几个明显的特点。

（1）注重系统管理与过程控制相结合

HSE 管理体系由很多要素构成，每一个要素对应于企业健康、安全、环保管理的一项或若干项活动，涉及或覆盖了企业内部所有相关生产经营业务和部门、岗位，按照统一的运行机理，各项活动互为联系、支持、约束，形成一个有机整体，避免了传统安全环保工作顾此失彼的被动局面。同时按照 PDCA（计划、实施、检查、改进）管理原理，对每一项活动或过程事先进行周密策划，做到对应流程清晰、目标明确、制度和资源到位，并对其运行过程实施监督检查和改进，保证每一项活动和过程始终处于受控状态。

（2）注重文化引导和制度规范相结合

HSE 管理体系强调法制化管理，通过建立健全制度来实施严格管理，这是健

康安全环境管理的基础和底线。同时也注重安全(HSE)文化建设，强调通过管理者良好的 HSE 意识和在 HSE 事务方面的积极行为，培育企业良好的安全(HSE)文化氛围，引导全体员工形成良好的 HSE 行为。

（3）注重风险防范和应急处理相结合

HSE 管理体系突出强调了风险管理的核心作用，通过事先深入、细致的风险识别、分析，采取针对性管理和技术措施，尽最大努力防范事故的发生。同时也强调了防范措施一旦失效如何在事故状态下进行应急处理，保障在突发情况下能够迅速、有序采取应对措施，防止事态扩大，将损失降低到最低程度。

（4）注重业绩评估和持续改进相结合

HSE 管理体系强调了目标指标管理的重要性。基于充分的风险分析评估，从控制和削减人的不安全行为和物的不安全状态两方面考虑，建立风险控制和削减目标。通过监测、审核、评估等采集数据，定期评估目标指标完成情况，考察企业 HSE 管理体系运行业绩。同时不断调整、更新这些目标指标，不断设置更高水平的目标，采取更加有效的措施，促进企业 HSE 管理体系持续改进。

3. 管理启示

国际石油公司安全管理实践表明，石油行业的安全生产是一个涵盖技术、管理和人的复杂体系，实现安全生产需要理念和行动的统一，需要原则和措施的完善。总结国际石油公司安全管理实践，可以得到如下启示：

（1）确立安全第一的安全理念

目前，各国际石油公司的安全理念逐渐趋同。“安全第一，安全为了人，安全依靠人”的理念成为统一的价值观，安全管理被置于公司业务和管理的最核心部分，指导公司各项业务的开展。

在安全管理的各项工作中，保护员工健康和安全是重中之重。同时，创造良好的安全环境，关键也是人，因此安全管理强调以人为中心，着重提高人的安全行为意识，形成良好的安全习惯。

（2）推行全面管理

国际石油公司 HSE 管理的发展历程表明，成功的安全管理必须从技术、制度和人三个方面进行。要使企业安全生产状况根本好转，三个方面缺一不可，HSE 必须实行全面管理。HSE 管理不仅是领导层的责任，也是企业每一个员工的责任。安全生产不能忽略生产经营过程的每个环节和每个时刻，要根据技术的进步及情况的变化，及时升级维护设备，更新技术标准，修订操作规范，完善管理制度。企业 HSE 管理要涵盖生产过程中涉及的每个单位和每个人，不仅要体现在生产和施工过程中，也体现在衣、食、住、行等各方面。

（3）提高 HSE 管理制度执行力

大多数事故是由于员工违章操作造成的，人的因素在 HSE 管理中起着决定性的作用。规章制度中的条文不转化成全体员工发自内心的自觉行为，就不能确保安全。采取有效措施来提高员工，尤其是一线操作者的安全执行力是避免事故的关键。承包商和外雇人员往往是容易放松和疏忽的管理空白点，必须将他们纳入公司 HSE 管理体系，统一标准、统一要求、统一管理。

强调执行力，就是要不折不扣保证制度的执行。变通是安全生产的大忌，任何侥幸心理和随意变通都可能酿成严重事故。HSE 管理规定是保证安全生产的"法"，必须严格执行，不允许执行中出现偏差，更不能随意更改。

（4）内外结合，严把安全评估关

HSE 风险评估是发现安全隐患、预防 HSE 事故的重要环节。以下三点值得关注：

一是除了整个工作流程的 HSE 风险评估分析外，每次作业前还应该进行安全分析，以便及时发现隐患，防患于未然；

二是除了定期进行企业 HSE 状况的自评外，还应该引进外部专业机构进行 HSE 评估，帮助企业不断完善 HSE 管理体系很有必要；

三是 HSE 评估对象不能仅限于单位和领导，操作者更应成为评估主体。

（5）做好应急预案，最大限度降低事故的影响

制订和完善事故应急救援预案是防止事故发生及降低事故损失的有力保证：

① 对危险系数达到一定级别的场所和作业要制定相应的应急预案，并对应急预案进行定期的演习，包括与合作方及当地政府和社区进行联合演习，加强危机联动。

② 要设立应急救援和管理机构，在危险发生时有足够的反应能力。

（6）加强事故资料搜集，建立信息反馈和共享系统

对于一个大公司，尤其是跨国公司，建立事故信息反馈和共享系统非常有必要。一方面，一个作业点反馈的事故隐患可以对其他的作业点起到警示作用；另一方面，一个事故及事故分析处理的资料也可以成为全公司吸取经验教训的素材，从而有效地避免更多类似事故的发生；最后，畅通的信息反馈系统可随时让员工反映各种隐患以及相关建议，并使各级管理者及时发现问题，解决问题。

HSE 管理体系是一个系统化、科学化、规范化的全新管理模式，它强调"超

前预防”的主导思想，以风险管理为核心，将安全、环保和健康科学有机地纳入企业的一体化管理，提升企业内部管理水平、增强外部市场竞争力。目前世界各大石油公司都在推行 HSE 管理体系，并将 HSE 管理作为公司可持续发展的管理指标之一。各公司管理体系都具有明显特点并取得了显著的效果，这对我国石油石化企业 HSE 管理体系的发展具有良好的借鉴作用。

三、管理体系的特征

体系也称为系统，可以说是无所不在。大到宇宙、太阳系、地球、生物圈，小到生物肌体、细胞、分子结构，以及企业中的组织结构、产品结构、人员结构、生产和销售过程等，都可视为一个体系。众多的小体系，构成了大体系甚至总体系。

所谓体系，是指由相互联系、相互作用的若干组成部分构成的，具有汉字一定功能的有机整体。体系反映了内部要素之间的相互联系和相互依存关系，决定了其发生和发展的必然趋势及客观规律。如果脱离体系，只从某一个要素认识和解决问题，就割断了要素和体系的相互联系，像“瞎子摸象”一样，必然产生片面性，看不到事物的全貌和本质。因此，人们总是通过体系去认识自然、了解社会、解决问题。在管理领域，体系是指企业运作过程中相互关联或相互作用的一组要素，如目标管理体系、勘探开发管理体系、生产管理体系、质量管理体系、安全管理体系、环境管理体系等。指导和统筹这些体系的，就是企业整体的综合管理体系。企业管理者也总是通过分析管理体系现状来认识问题，并通过改善管理体系来提高管理效率，最终目的是提高企业整体效率和业绩。

管理体系的主要特征具体如下：

（1）整体性。古希腊先哲亚里士多德有句名言：“整体大于局部之和”。意思是说，尽管组成体系的各个要素都具有自己特定的功能，但体系的整体功能不能简单地理解为各要素功能之和，而是可以大于组成体系各要素的功能之和，或具有其要素所没有的总体功能。也就是说，1+1 可以大于 2。但如果处理不好，1+1 也可以小于 2。体系和要素是辩证的统一。

（2）关联性。组成体系的要素，既有独立性又有相关性，而且各要素和体系之间同样存在这种“相互关联和相互作用”的关系。过程控制的重点任务之一，就是识别、控制和利用要素之间的关联性或相互作用。

（3）有序性。所谓有序性，通俗地讲，就是将实现体系目标的全过程按照严格的逻辑关系程序化。通常我们不能保证执行体系目标的每个人在认识上完全一致，但必须使他们的行为做到井然有序。体系功能的有效性，不仅取决于要素的作用，也取决于有序化的程度，而这种有序化程度又与组织的产品类别、过程复杂性和人员素质有关。为了做到有序性，可以编制一个经过优化的程序，以文件形式规定每项活动的目的和范围，即该项活动由谁来做，如何做，在什么时间、什么场合做等。当然，对于一些约定俗成的工作，只要大家能习惯地遵循，也不一定通过编制文件来达到有序化。

（4）动态性。所谓动态性，是指体系的状态和结构在时间上的变化趋势。体系的状态和结构（包括其管理职责）总是相对保守与稳定的，而外部环境则是相对活跃和变化的。一般而言，前者总是落后于后者，但又必须服从或适应于后者。体系的动态性也不是没有规律的。例如，为了保持一个企业质量管理体系的动态平衡，就要求该企业不仅应当理解和满足顾客当前的需求，而且应当理解顾客未来的需求和争取超越顾客的期望，从而使企业的质量管理体系能适应市场和顾客不断变化的需求。

第三章　全国石油石化行业安全生产形势

全国石油石化行业生产安全事故风险主要包括井喷失控、炼化火灾、常输管道和水域溢油等事故风险。

井喷失控是石油石化行业独有的一种突发事件风险。在石油钻探和油气开采过程中，我们通常把地层流体（油、气、水）无控制地进入井筒，并喷出作业面2m以上的现象称为“井喷”，把“井喷”发生后无法用常规方法和装备控制而出现地层流体敞喷的现象称为“井喷失控”。发生井喷失控后，体积为成百甚至上千立方米的高温高压、易燃易爆地层流体瞬间喷涌而出，引发火灾爆炸、有毒有害气体扩散，进而造成人员伤亡、设备损毁、环境污染等灾难性后果。

炼化火灾是石油石化行业典型的突发事件风险。不同于常规的公共建筑火灾、森林火灾和煤炭行业的火灾，大多数炼化火灾都是由于危险化学品泄漏引起的，盛装有大量高温、高压危险化学品物料的装置、储罐或工艺管线一旦发生危险化学品泄漏，极有可能在静电、自燃以及其他点火能量的影响下，引发爆燃、闪爆、喷射火、池火、流淌火、立体火等，造成人员伤亡、装置损毁，对周边社会与自然环境造成重大影响，给炼化企业安全发展蒙上巨大阴影。

长输管道是连接石油石化行业上下游业务的重要载体。据统计，截至2017年末，国内油气长输管道总里程累计约为13.31×10^4km，预计到2025年，将达到16.3×10^4km。在长输管道运行过程中，由于自然灾害、设计缺陷、本体腐蚀、第三方破坏等因素造成管道本体破损后，在巨大运行压力的催动下天然气、原油、成品油等储运物料从地下突然窜至地面，遭遇静电或明火后引发剧烈的爆炸和火灾，火苗的高度瞬间可以升至空中几十甚至上百米的高空，可能造成大量人员伤亡和破坏性的社会与环境影响。

溢油是石油石化行业面临的典型风险，石油存储设施（含管道）一旦发生泄漏进入周边水体，将会给水域环境和生态系统带来极大危害，影响经济社会的健康、和谐与稳定发展。根据统计，中国石油现有油品长输管道穿跨越中型以及上河流、饮用水功能区多达2000余处，面临较高河流溢油突发环境事件风险。不同于井喷失控、炼化火灾突发事件，溢油带来的最直接后果就是水体环境污染，是对公众健康的极大威胁，溢油突发事件风险的复杂性、耦合性、跨流域性等问题，给企业的应急准备工作带来巨大挑战。

一、年度事故统计

1. 2016—2020 年事故态势分析

2016—2020 年，化工和危险化学品事故共发生 929 起，造成 1176 人死亡，事故数量总体呈下降趋势，死亡人数出现波动，总体形势较为平稳。与 2016 年相比，2020 年化工和危险化学品事故数量下降 36.3%，死亡人数下降 23.9%，事故数量年均下降 9.1%，死亡人数年均下降 6.0%。见图 3-1、图 3-2。

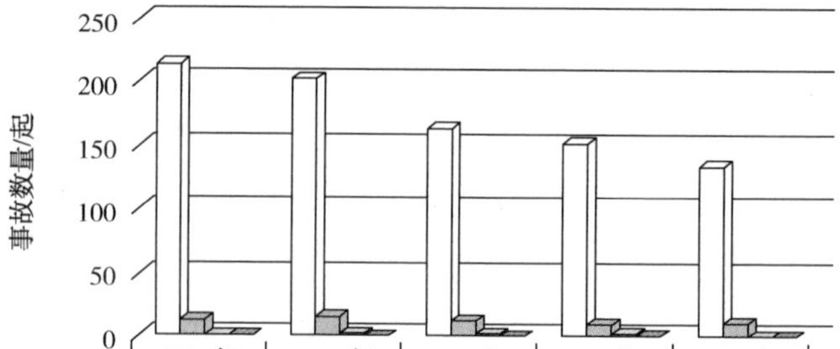

	2016年	2017年	2018年	2019年	2020年
□一般事故	214	202	163	152	134
■较大事故	12	15	11	9	10
□重大事故	0	2	2	2	0
■特别重大事故	0	0	0	1	0

图 3-1　2016—2020 年化工和危险化学品事故统计

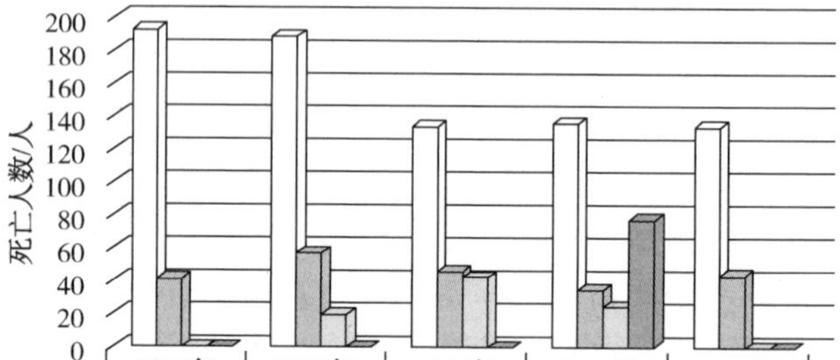

	2016年	2017年	2018年	2019年	2020年
□一般事故	193	189	134	136	134
■较大事故	41	57	46	35	44
□重大事故	0	20	43	25	0
■特别重大事故	0	0	0	78	0

图 3-2　2016—2020 年化工和危险化学品事故死亡人数

2016—2020 年，中国石油、中国石化、中化等 11 家央企共发生 67 起化工和危险化学品事故，死亡 99 人，分别占事故数及死亡人数的 7.2%，8.2%。与 2016 年相比，2020 年化工和危险化学品事故总数下降 50%，事故数量年均下降 12.5%。其中 2018 年中国化工发生重大事故 1 起，死亡 24 人，死亡人数出现波动。见图 3-3。

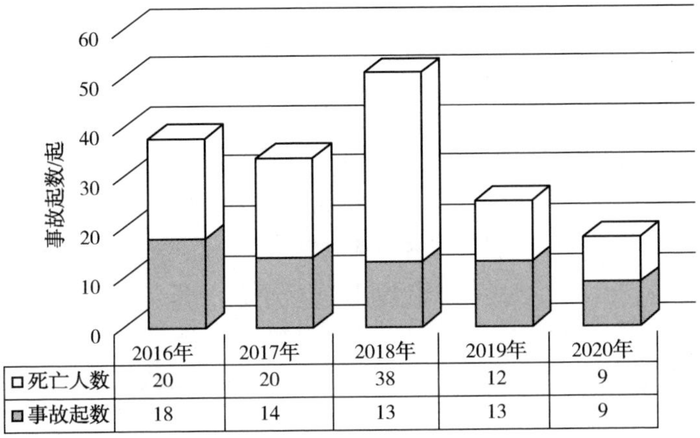

图 3-3　2016—2020 年中央企业化工和危险化学品事故统计

2. 年度典型石油石化生产安全事故统计（表 3-1）

表 3-1　2021 年典型石油石化生产安全事故

（应急管理部，截至 2021 年 11 月底，不完全统计）

序号	事故名称	事故概况
1	北京“2·23”城市燃气爆炸事故	2021 年 2 月 23 日 8 时 14 分许，位于西城区西绒线胡同 1 号的北京德峰餐厅发生液化石油气爆炸事故，造成 1 人死亡、6 人受伤，直接经济损失约 473.64 万元
2	湖北仙隆化工股份有限公司“2·26”爆炸事故	2021 年 2 月 26 日 16 时 19 分左右，湖北仙隆化工股份有限公司复工复产期间，非法生产甲基硫化物发生爆炸事故，造成 4 人死亡、4 人受伤
3	吉林化纤股份有限公司“2·27”中毒事故	2021 年 2 月 27 日 23 时 10 分许，吉林化纤股份有限公司发生一起较大中毒事故，造成 5 人死亡、8 人受伤，直接经济损失约 829 万元
4	中国海油“4·5”渤海油田井喷着火事故	4 月 5 日，中国海油天津分公司蓬勃作业公司 V 平台发生井喷着火，事故发生时，平台现场共有 102 人，当晚撤离 99 人，另有 3 人失踪

续表

序号	事故名称	事故概况
5	青岛“4·27”溢油事故	详见下文
6	河北沧州“5·31”储罐着火爆炸事故	2021年5月31日14时28分，位于沧州市渤海新区南大港产业园区东兴工业区的鼎睿石化有限公司发生火灾事故，直接经济损失3872.1万元，未造成人员伤亡
7	黑龙江凯伦达科技有限公司“4·21”中毒事故	2021年4月21日13时43分，绥化安达市黑龙江凯伦达科技有限公司发生一起中毒窒息事故，造成4人死亡、9人中毒受伤，直接经济损失约873万元
8	安徽芜湖“9·25”长江段轮船闪爆事故	2021年9月25日晚，浙江省华泓海运有限公司所属“华泓18”轮（散装化学品船，最低配员11人，实际在船船员11人）在芜湖市鸠江区长江段的东梁山危险品停泊区锚泊时，轮机长等3名船员下舱作业时发生闪爆，3人死亡
9	“10·22”蒙古阿拉善化工厂爆炸事故	2021年10月22日23时许，阿拉善盟高新技术产业开发区内的一家化工厂发生爆炸事故，目前已造成4人死亡、3人受伤

二、年度典型事故

1. 青岛“4·27”溢油事故

（1）事故概况

4月27日9时许，巴拿马籍杂货船“义海”轮（SEA JUSTICE，35000载重吨）与利比里亚籍锚泊油船“交响乐”轮（A SYMPHONY，150000载重吨）在山东青岛朝连岛东南海域发生碰撞，碰撞导致油船一货舱受损，造成船舶溢油入海约400t。该油船并未发生爆炸，无人员伤亡，漏油造成污染或面临索赔。见图3-4。

图3-4　溢油船只

（2）事故原因

2021年5月3日消息：事故调查工作已全面展开，初步分析为值班船员雾中疏忽瞭望所致，具体原因还在进一步调查中。

（3）事故处置

事故发生后，山东省、青岛市海上搜救中心立即启动应急响应，调派海事、救助、港口等部门船艇以及社会力量到事发海域参与应急处置，做好船舶交通组织并疏散周围相关船舶，防范发生次生事故。同时青岛海事局4月27日发布了航行警告："A SYMPHONY"号在方位35-44.0N/120-58.4E处发生船舶溢油事故，以该方位为中心半径10海里水域范围内，禁止船舶驶入。

2. 蓬莱19-3WHPV平台火灾事故

蓬莱19-3WHPV平台V29井在钻井过程中发生井涌，处置过程中井喷失控着火。平台现场共计102人，撤离99人，失踪3人。

（1）事故经过

2021年4月5日16时，蓬莱19-3WHPV平台V29井在钻进过程中，钻遇非目的层浅部地层气，从隔水套管意外窜出平台，引起井涌。井队随即组织压井作业，在压井作业过程中，造成平台起火。经过紧急抢险处置，大火于4月6日23时40分熄灭，平台全部过火烧毁。见图3-5。

图3-5　蓬莱平台火灾事故场景

（2）事故原因

此次事故为井涌失控导致的海上钻井平台着火事故。

在事故处置过程中，暴露出诸多问题：

一是井涌先期处置不当，引发井控险情，针对压力、产量较低的井口（4～

5MPa，$40\times10^4m^3/d$）处理难度不大，但先期处置不当，造成井涌，进而引发平台着火；

二是井控风险辨识不足，防控措施不完备，未辨识出浅部地层天然气井涌会导致火灾险情，未针对可能发生的井喷着火爆炸风险安排消防船进行作业保护；

三是消防船战位不合理，未达到喷淋冷却效果，安排的5艘主喷实施冷却的船，只有1艘起到实际作用；

四是应急装备出动检查时间长，降低了集结出动效率，调用天津井控基地应急装备，装备检查过程历时1时30分；

五是海上井控应急能力堪忧，针对井压低、喷气量小，井控险情处置难度低的情况，仍无法有力应对，深水复杂环境井控能力更令人担忧。

3. 河北沧州“5·31”储罐着火爆炸事故

2021年5月31日14时28分，位于沧州市渤海新区南大港产业园区东兴工业区的鼎睿石化有限公司发生火灾事故，直接经济损失3872.1万元，未造成人员伤亡。见图3-6。

图3-6　沧州“5·31”储罐着火

（1）事故经过

5月31日上午，5名员工在储罐防火堤外预制连接管道。工作完成后，14时20分左右，2名员工进入储罐防火堤内进行切割作业，1名员工在1#与2#储罐间的油气回收集气管上选定切割点位后，14 时 28 分左右，开始用气割枪切割，几秒钟后，一声闷响，2#、3#、4#、5#储罐顶部几乎同时起火，随即 1#储罐顶部起火，2#储罐顶盖掀翻到地面。5 月 31 日 23 时 13 分，3#罐发生喷溅，引起 6#罐闪爆起火。6 月 3 日 12 时，5#罐火被扑灭；12 时 25 分，3#罐、4#罐火被扑灭；20 时 10 分，1#罐、2#罐火被彻底扑灭；6 月 4 日 2 时 30 分，6#罐火被扑灭。火情持续 84h。

（2）事故原因

直接原因：未在油气回收管线安装阻火器和切断阀，违规动火作业，引发管内及罐顶部可燃气体闪爆，引燃罐内稀释沥青，是事故发生的直接原因。

间接原因：一是非法储存稀释沥青；二是事故单位安全生产主体责任不落实，作业前未进行危险有害因素辨识，未制定并落实安全措施，未落实隐患排查治理主体责任，未按照“防风险、除隐患、保安全”“安全生产大排查大整治工作要求，开展隐患排查整治”；三是渤海新区、南大港及东兴工业区落实安全监管属地责任不到位。

4. 北京“2·23”城市燃气爆炸事故

2021 年 2 月 23 日 8 时 14 分许，位于西城区西绒线胡同 1 号的北京德峰餐厅发生液化石油气爆炸事故，造成 1 人死亡、6 人受伤，直接经济损失约 473.64 万元。见图 3-7。

图 3-7　北京“2·23”城市燃气爆炸事故

（1）事故经过

2021 年 2 月 23 日，7 时 54 分许，赵某更换气瓶、接入集气装置并打开瓶阀，发现瓶阀上部发生泄漏，关闭瓶阀离开餐厅。7 时 56 分许，赵某携带普通钢质扳手、垫片等，拆卸发生泄漏的瓶阀进行维修，阀芯在瓶内液化石油气压力作用下崩出。赵某找到阀芯，顶着喷射的液化石油气装入瓶阀并关闭阀门后离开餐厅。8 时 08 分许，郭某进入德峰餐厅气瓶间，拧紧赵某拆卸的瓶阀部件并多次开关瓶阀测漏后离开。8 时 12 分许，郭某返回德峰餐厅进行通风。8 时 14 分许，爆炸发生；德峰餐厅房顶整体塌落且大部分墙体倒塌、损毁，相邻房屋不同程度受损。

（2）事故原因

液化石油气配送人员在更换事发餐厅气瓶间内液化石油气气瓶后，发现瓶阀上部发生泄漏，在现场违规拆卸瓶阀，导致液化石油气从瓶阀处快速泄漏，与空气混合达到爆炸极限浓度，遇电气火花发生爆炸，导致事故发生。

第四章　中国石油安全生产与应急管理动态

一、中国石油安全生产重点风险

中国石油业务范围涵盖勘探开发、炼油化工、油气储运、油气销售、工程作业、工程建设、机械制造、金融等领域。

中国石油安全生产重点风险有以下八个方面：一是油气井井喷风险。油气勘探开发业务存在油气井井喷事故风险，而且其中部分油气藏地层压力高、硫化氢含量高，存在发生严重井喷事故的风险。二是炼化装置泄漏爆炸着火事故风险。炼油化工生产存在发生危险化学品泄漏爆炸火灾事故风险。三是油气储罐泄漏火灾事故风险。除油气田和炼油化工企业生产性油气之外，中国石油还在大连、哈密、兰州等地建设有商业储备库，存在储罐泄漏火灾事故风险。四是管道泄漏溢油事故风险。五是危险化学品道路运输风险。六是销售站场泄漏火灾事故风险。七是海上生产设施生产安全事故风险。八是城市燃气泄漏火灾事故风险。

另外，中国石油工程建设、工程技术服务、机械制造业务存在坍塌、高处坠落、机械伤害、物体打击等事故风险。中国石油承包商数量大，管控难度高，容易发生生产安全事故。

二、中国石油安全生产目标

坚决杜绝发生较大及以上生产安全亡人事故，坚决杜绝重大火灾爆炸事故和井喷失控事故，亿工时工业生产事故死亡率≤0.7，追求“零事故”和“零伤害”。

三、中国石油安全生产重点工作

中国石油重点通过加强关键环节监管、坚持体系化管理、强化重点领域监管、加强应急能力建设、推进科技兴安战略等五个方面工作提高安全生产水平，防范化解重大事故风险。

（1）强化关键环节风险监管，提高本质安全水平

中国石油对承包商实行积分制管理和安全绩效考核评价，强制清退淘汰不合格的承包商。中国石油加强高危作业风险分析、作业证许可、现场监护管理、“四不两直”检查和第三方监管，推进远程视频监控技术落地，加强对高危作业的风险管控。中国石油加强企业隐患排查治理监督落实，重点针对油气站场、油气井、管道、储罐、井控、城镇燃气等开展专项排查整治，提升关键装置与重点工程安全。中国石油加大项目设计阶段和在役装置工艺安全分析，建立安全风险评估管理平台，推进安全生产专项整治，提高本质安全。

（2）坚持体系化管理主线，提高安全管理水平

中国石油不断推进 HSE 体系的建设和运行，不断升级完善 HSE 体系标准，坚持宣贯体系管理理念方法，深入落实全员安全责任制，实行网格化管理，加大考核追责力度，层层压实安全生产责任。中国石油实行领导人员安全生产述职制度，通过加强考核评估，推动有感领导、直线责任、属地管理深入落实。中国石油持续优化体系审核，按照“一体化、差异化、精准化”审核要求推动企业内审和总部审核双模式运行，规范审核员考评选拔和队伍建设，努力促进体系与生产融合，确保体系规范化运行。中国石油狠抓队伍作风建设，将安全环保履职能力评估作为干部提拔和员工上岗的前置程序纳入人事管理。中国石油实施基层标准化站队建设工程，总结固化基层“三册三卡一表一单”标准化工作经验做法，逐年增加标准化站队建设规模，提升基层站队 HSE 标准化建设质量水平。

（3）强化重点领域监管，提高重大风险防控水平

中国石油坚持强化井控风险管控，通过主动排查风险隐患，推进油气井完整性管理，加强专家驻井，开展专项检查和诊断评估，强化险情报告及快速响应，加强技术研究应用，提高井控安全水平。中国石油坚持强化油气泄漏事故风险管控，重点加强装置、储罐、管道、装卸充装场所设施等的风险排查和管控，加强“两重点一重大”生产装置和储存设施监测预警系统建设，加强重点设备设施安全检测，提高油气泄漏事故风险防控能力。中国石油坚持强化特种设备管理，通过加强特种设备完整性管理，淘汰落后装备，开展特种设备普查，加强特种设备检验检测，落实持证上岗，坚持从严问责等提高特种设备风险管控能力。中国石油坚持强化危险化学品监管，建立危险化学品安全生产风险监测预警平台，定期开展危险化学品普查，实施危险化学品准入评估，规范危险化学品全周期监督指导，清理淘汰落后工艺和设备，提高危险化学品管理水平。

（4）加强应急能力建设，固守安全生产底线

中国石油聚焦主营业务重大突发事件风险，通过强化应急组织建设与预案管理，加强应急救援队伍能力建设，强化应急物资装备配备，提高突发事件应对能力。中国石油根据国家法规要求及时推进集团层面应急管理制度和应急预案制（修）订，不断完善应急组织，落实应急职责，完善管理机制，优化应急流程，组织开展重大事故情景构建应急演练和应急能力评估工作，督促落实"一案一卡"夯实基层应急能力。中国石油坚持加强应急救援队伍能力建设，持续加强消防、井控、海上、管道等应急队伍专业化建设工作，优化专业化井控应急救援体系。中国石油依托专业队伍、所属企业坚持强化应急物资装备配备，推进应急资源信息化管理，加强先进应急装备和智能应急装备配备，开展井喷失控应急救援装备技术攻关升级，提高应急救援能力。

（5）推进科技兴安战略，提高技术支撑能力

中国石油聚焦安全生产瓶颈问题，组织开展重大安全应急关键技术装备研发攻关，重点开展油气井井喷预防控制、油品储罐完整性检测评估、危险化学品泄漏监测、动设备故障预警与智能诊断、远程协同应急等技术攻关研究与应用。中国石油积极推进物联网、大数据、智能化等新兴技术在风险感知、监测预警、动态评估、应急处置方面的应用，构建智慧监控与预警大数据平台，不断提高安全生产的自动化、可视化、智能化水平。

第五章　中国石化安全生产与应急管理动态

一、中国石化安全生产指导思想

2021年，中国石化认真贯彻落实习近平总书记关于安全生产的重要论述，以“识别大风险、消除大隐患、杜绝大事故”为主线，以推进HSSE管理体系有效运行为抓手，强化责任落实和制度执行，强化重点领域和关键环节风险管控，强化全员安全教育培训，强化安全生产科技支撑，深化安全生产专项整治三年行动，持续提升企业本质安全水平，确保安全生产形势持续稳定好转。

二、中国石化安全生产目标

坚决杜绝较大及以上生产安全事故；一般A级事故起数控制在个位数以内；火灾爆炸、泄漏等一般B级事故同比下降10%；生产企业风险总值较年初下降10%；集团公司重点监管的隐患项目治理完成率100%；主要生产企业HSSE管理体系内部审核、管理评审完成率100%；企业主要负责人、安全主管领导、安全部门负责人安全资格取证率100%。

三、中国石化安全生产重点工作

2021年是中国共产党成立100周年、“十四五”开局之年，也是中国石化实施世界领先发展方略的起步之年，中国石化在安全管理方面重点开展以下工作：

（1）促进HSSE管理体系与生产经营深度融合

推进体系有效运行，完善制度、强化责任、加强管理、严格监管，把责任制落到实处，真正将“管业务必须管安全”落实到位。

一是促进体系与业务相融合。根据业务变化、组织机构变更等新情况，动态修订完善HSSE管理体系和制度规范。各企业对照集团公司安全管理制度，制定专业制度承接安全管理要求的任务清单，梳理岗位工作职责，将制度要求分解融入操作与作业规程中，确保严格执行。

二是常态化评估体系运行效果。完善体系要素运行监测指标，健全监测分析机制，动态分析体系运行效果，及时纠正运行偏差，推动要素主责部门责任落实。

三是规范体系审核和管理评审。继续开展体系审核员培训，提升审核专家队伍素质能力。组织对重点企业开展体系“二方审核”，开展生态环境绩效审计，查找体系建设和运行存在的问题。开发信息化审核工具，建立完善体系审核数据库，分析解决共性问题，推动体系有效运行。

（2）持续强化重大安全风险管控和隐患治理

管安全就是管风险，遏事故必须除隐患。通过健全风险防范化解机制，坚持从源头上防范化解重大安全风险，真正把问题解决在萌芽之时、成灾之前。

一是认真执行领导承包风险和隐患制度。继续发挥集团公司领导指导重大风险、系统性风险管控和重大隐患治理的关键作用，推进重大风险降级和隐患整治。各级领导干部要带头承包本单位安全风险和隐患，组织开展风险识别和隐患排查。对承包商安全管理重大风险继续实施各级“一把手”承包机制，完善重点任务及责任清单，推动解决难点和系统性问题。

二是全面推进系统性风险管控。各企业要对照系统性安全风险清单，进一步开展风险辨识，压实专业安全责任，制定完善管控方案。推进常压储罐气相连通、大型原油储罐浮盘密封油气超标、危化品装卸火灾爆炸和安全仪表系统（SIS）设置缺陷等系统性安全风险管控，形成切实可行的管控指导意见。

三是做实风险量化分级工作。完善环境风险识别评价工具，修订突发环境事件风险评估指南，提高环境风险量化识别准确性。组织编制 21 套化工装置（设施）的安全风险检查表，规范开展风险识别管控。应用 PHAMS 平台定量评估安全风险，形成一张风险地图、一张风险清单、一个风险总值的动态管控流程。

四是开展专业安全风险识别管控。实行高风险作业计划报备制度，开展检维修项目主力承包商关键人员安全能力达标验证培训，优化作业许可管理，切实加强施工作业安全风险管控。修订海洋石油安全管理规定，评估海底管道运行风险，推进胜利海上风险整体评估和海上视频系统建设，确保海上石油作业安全风险受控。

五是开展重点安全隐患整治。按照轻重缓急原则，优先整治导致高风险、系统性风险的安全隐患。发挥专业优势，重点整治井控关键装置、危险化学品装卸、厂际管线、安全仪表系统（SIS）等方面安全隐患。开展汛前自然灾害隐患排查治理，完善西南工区地质灾害全生命周期管理，分期建立地质灾害一体化监测预警信息平台。抓实管网改革留存管道、油库的安全管理。推进油气集输管道完整性管理标准研究，提高酸性气田集输管道本质安全水平。

（3）强化应急消防专业管理

应急救援是安全生产工作的最后一道防线，必须加强应急处置能力建设，特别是提高现场初期处置能力，有效预防突发事件扩大。

一是进一步完善预案体系建设。完成集团公司应急预案体系修订，指导企业修订完善企业级预案。编制《石油石化环境风险管控及应急实用手册》。推广情景构建演练模式，推动各层级熟练掌握应急预案和现场应急处置方案。

二是加强应急队伍建设。研究制定专业应急队伍管理规范，编制考核大纲，开展对标管理，提升队伍综合保障能力。加强国家级应急基地管理，进一步理顺指挥调动和日常管理等工作。继续加强基层义务应急队建设，提升一线员工初期应急处置能力。

三是加强应急联防工作。组织应急联防片区定期开展专业互查、联合演练等活动，提升协同应急救援能力。推动“三大油”应急联防机制建设，协同应对井喷失控、火灾、海(水)上溢油等重大突发事故。推进集团公司区域环境应急中心建设，构建标准化、规模化应急物资储备基地，强化区域应急联防联控能力。加大海上应急装备投入，研究探索企企联合、企地联合、购买服务等管理模式，提升海上应急水平。

四是加强消防专业技术管理。完善消防装备操作规程，进一步规范消防装备的操作和维保要求。研究制定空气呼吸器等气防设施的配备标准和检测要求，进一步规范气防管理。各企业要加强消防安全风险评估，推进老旧消防设施改造。

（4）聚焦重点难点问题，做实安全检查督查

检查要做到全覆盖、零容忍、重实效。瞄准重大风险点和管理薄弱点，做实重点领域、重点工程、重大风险的安全检查，创新检查督查方式方法，查问题，抓整改，促提升。

一是抓住重点组织开展安全检查。研究建立总部和企业两级安全必查清单。总部层面坚持“六个必查”：针对重大项目建设、新(改、扩)建项目开工、全厂性大检修开工、新建(收购)加油(气、氢)站运营、新建(收购)合并报表的合资企业开工、新建输油气管道投运等6个关键环节，认真组织开展安全检查。各企业要结合实际，制定企业级安全必查清单，组织开展专业检查。

二是优化安全检查方式。建立完善安全检查督查机制，按照生产经营业务内容，分区域组织开展互查互检，以“检查+服务、培训+整改”的方式，促进企业

间相互检查、共同提高。针对新(改、扩)建工程、装置大检修等项目特点，聘请第三方分区域、分板块进行“四不两直”检查，组织开展整改“回头看”，强化整改效果。研究建立安全督查专员制度，持续开展督查检查工作。

三是加强环境保护日常监督检查。组织开展排污许可监督性核查和监督性监测检查，按国家要求持证、按证排污。继续发挥大监督对生态文明建设的促进作用，建立环保问题督办整改闭环机制。从严实施监督考核，将超标问题作为环保事故进行管理，严格考核受到政府环保处罚的责任单位和责任人。

四是严格承包商检查督查。压实专业安全责任，督促施工主管部门开展过程安全检查。严格落实承包商量化记分考核、违约处罚和清退制度，对发生上报事故的承包商及管理人员实行严格限入制度，确保制度刚性执行。

五是组织开展建设项目专项督查。全面梳理集团公司年度建设项目清单，利用信息化手段实时监控项目各环节安全合规情况，杜绝新增“未批先建”“久投未验”等违法违规问题。强化施工过程安全管理，重点检查涉及“两重点一重大”建设项目依法合规、标准规范落实情况，推动施工期安全措施落实。

(5) 加大科技创新力度，提高科技支撑安全基础能力

突破自身发展瓶颈、解决深层次矛盾和问题，根本出路就在于创新，关键要靠科技力。坚持科技强安，将安全管理需求与新兴技术创新结合，以科技创新为引领，推进安全领域高质量发展。

一是研发推广安全科技产品。强化安全科技创新，推进装置巡检过程和施工作业现场智能视觉监控技术、密闭空间作业移动监测监控系统等亟待解决技术的研发。深化安全科技成果转化，推广应用初期火灾视觉报警系统、建筑物抗爆能力提升工程等风险防控技术。

二是推进信息化平台建设。落实应急管理部、工信部要求，完善“工业互联网+安全生产”试点方案，开展安全生产信息化建设。推广应用危化品安全风险监测预警系统，开展人工智能、风险感知装备研究，实现工艺、设备、作业及管理风险的量化表征。

(6) 抓实安全教育培训，提升全体员工意识技能

教育培训是安全管理的基础性工作，要提高教育培训质量，切实提升企业领导层的引领力、管理人员的履职能力和操作人员技能。

一是持续完善培训机制。修订完善安全培训制度，发布企业安全培训、承包商安全培训实施指南。建立全员安全培训考核平台，完善培训资源。梳理岗位取证、持证情况，推进岗位员工培训“多证合一、只考一次”。研究建立安全培训

与安全记分结合机制，探索安全培训学习积分抵消安全记分，提高员工安全学习的积极性。

二是开展重点人员培训。对企业主要负责人、安全主管领导，以提升安全引领力为重点开展培训；在重要会议和各类培训中纳入习近平生态文明思想和关于安全生产的重要论述相应内容，加强对领导人员的培训宣贯。对安全总监、安全部门负责人、安全管理人员、职业健康管理人员，定期推送学习课程，组织集中授课，切实提升安全履职能力。

三是抓实实操培训和警示教育。开发智能安全实训与验证考核技术，组织区域实操培训基地实施直接作业环节安全监护骨干人员培训、安全督查大队能力提升培训、检维修项目安全管理能力提升培训、特殊作业许可接收人培训等实操培训。研究利用炼化企业停用装置，组织开展基层岗位员工安全实景培训。制作安全事故事件案例视频，抓好各层级警示教育，提升全员安全意识。

四是组织开展风险管理培训。针对安全风险管理制度、风险评估方法使用、风险检查表运用、风险信息化管理等组织开展专项培训，提升各级管理人员风险意识和专业技术人员风险评估能力。

第六章　中国海油安全生产与应急管理动态

一、中国海油安全生产重点风险

中国海油共有 5 家控股境内外上市公司，公司主要业务板块包括油气勘探开发、专业技术服务、炼化与销售、天然气及发电、金融服务等，并积极发展海上风电等新能源业务。

中国海油安全生产重点风险有以下十个方面：一是稠油/深远海等非常规油气开发平台设备设施生产安全事故风险。中国海油正在大力推进海上稠油、深水、超深水领域勘探开发业务，存在水深、离岸远、高温高压等异常作业条件，海上设备设施生产安全事故风险大。二是海上平台现场生产作业安全风险。中国海油勘探开发业务主要为海上，受环境、空间影响，平台现场生产作业安全风险大。三是油气井井喷风险。四是油气长输管道泄漏溢油风险。五是精细化工企业反应安全风险。六是危险化学品运输、使用风险。七是储罐泄漏风险。八是销售站场泄漏火灾事故风险。九是城市燃气泄漏火灾事故风险。十是职业健康风险。

另外，中国海油工程建设、工程技术服务、机械制造业务存在坍塌、高处坠落、机械伤害、物体打击等事故风险。中国海油承包商数量大，管控难度高，容易发生生产安全事故。

二、中国海油安全生产目标

围绕中国海油“1534”总体发展思路，始终坚持“安全第一、环保至上，人为根本、设备完好”的 HSE 核心价值理念，“坚决防止较大事故、全面防范一切事故，始终追求零死亡”目标。

三、中国海油安全生产重点工作

中国海油重点通过实施以“安全风险评估、风险消减的安全技术及产品，安全应急处置与防范技术”为核心的本质安全技术，落实职业健康保护行动、强化全员安全培训的行为安全等十方面工作提高安全生产水平，遏制重特大事故发生。

（1）实施 QHSE 管理框架，持续提升管理水平

落实中国海油 HSE 管理框架，明确复杂股权条件下 QHSE 管理界面和责任，不断完善公司复杂管理结构下的 QHSE 管理。加强新业务领域风险识别，规范非传统高危领域单位的普遍性事故防范，完善基于不同业务风险的 QHSE 管理模式。完善海外项目 QHSE 管理体系和制度建设，加强对海外项目全过程合规风险识别及项目关键节点的 QHSE 风险管控，建立基于合规及行业普遍认可的海外项目 QHSE 管理要求。结合中国海油 QHSE 管理框架和持续改进目标，研究开发集团公司评级审核管理工具，有效推动体系持续改进，从而提升 QHSE 管理绩效。完善 QHSE 技术支撑机构建设，推进收并购活动的 QHSE 管理。推进 QHSE 管理网络化、数字化、智能化。

（2）强化安全生产风险管控，履行企业主体责任

加强全员安全生产责任制建设，推动双重预防机制建设。完善重大安全风险动态识别、评估机制，强化风险管控措施落实，健全安全风险公告警示和重大安全风险预警机制；推进《危险化学品企业安全风险隐患排查治理导则》的实施，深化重大危险源及隐患排查风险管控系统的应用，对重大隐患实施逐级挂牌督办制度。强化作业许可管理。建立过程安全事件绩效指标，加快能量隔离与挂牌锁定推广应用。中国海油深入推进安全生产专项整治三年行动计划，推动安全生产领域实现重大安全风险和重大危险源的有效防控，安全生产长效机制建立。加强承包商作业现场监督管理，加强承包商评估考核工作。推动建立和应用化工过程安全管理信息系统，提升化工过程安全管理水平，为及时消除安全隐患、预防事故、构建安全生产长效机制提供有力保障。

（3）强化生态文明意识，加强全生命周期环保管理

落实生态文明建设要求，加大培训和宣传力度，进一步增强企业领导和员工的生态文明观念及遵法达标的红线意识。严格执行环保“三同时”制度，持续做好建设项目环境影响评价和环保设施“三同时”工作。推动排污许可证申请及执行管理。通过环保督查与监督性监测，推动和指导企业做好达标排放和排污数据公开工作，提高企业自测数据的准确性。制订和实施固体废物管理制度开展固体废物分类管理，推动固废的减量化、无害化、资源化，着力强化危险废物全过程管控。持续实施各类治污减排项目，开展挥发性有机物（VOCs）综合治理专项工作，以实现生产污水零排放、追求井控失控零纪录、追求溢油污染零事故为目标，推动渤海油田环保升级三年行动计划实施，助力打赢环境保护三大攻坚战等

标志性战役。全面开展土壤污染调研、防治工作。推动生产经营和环境风险管理有效融合，系统构建全过程、多层级生态环境风险防范体系；全面排查生态环境风险源和风险点，强化生态环境风险常态化管理，确保对生态环境风险全面掌控、问题整改到位，防范环境污染事故事件的发生。

（4）强化节能管理，推进绿色低碳发展

实施绿色发展行动计划，开展全系统重点用能单位绿色发展自评价，推行实施绿色行为规范。以体系化运行和标准化引领为原则，通过实施 PDCA 节能降耗闭环管理，全力推进生产过程用能结构低碳化和工艺过程能效提升。以 2030 年碳排放达峰和 2060 年实现碳中和为目标，深化节能技改工作，加强碳排放管控措施。研究制订公司碳排放管控路线图，强化温室气体排放的管控力度，积极开展国际一流能源公司低碳对标，摸清公司甲烷排放总量和强度水平，深挖减排潜力，研究推动二氧化碳工程化利用项目，做好全过程控碳。通过开展碳交易试点建设，提升纳入碳交易管控企业的合规履约管理和交易风险防范能力，持续推进碳排放信息系统建设和碳资产管理平台建设，继续完善温室气体排放数据、碳配额指标、CCER 等数据统计和分析功能，探索建立高效的碳资产管理和优化配置模式。强化能源审计监测。严格落实节能、节水、低碳监督监测管理制度。推进数字化智慧用能管理。持续开展能耗在线监测系统与能管中心系统建设，进一步融合智慧用能管理。在 APC 先进控制技术和仪表智能化更新改造的基础上，实现生产过程各环节的能耗排放监测、能效动态优化。

（5）落实职业健康保护行动，提升职业健康管理水平

全面落实用人单位职业病防治主体责任，定期开展工作场所职业病危害因素辨识、检测，实施职业病危害因素日常监测，确保符合国家职业卫生标准。实施噪声危害综合防控，强化源头管控，在设计、建造阶段严格落实噪声防控相关标准，新建项目（包括船舶）应优先采用低噪声的新技术、新材料、新工艺、新方法和设备。严格落实职业病危害评价报告和职业病防护设施设计中提出的噪声防控措施和建议。全面开展工作场所噪声作业岗位辨识，严格落实《听力保护管理要求》。利用媒体、主题活动等形式大力开展职业健康宣传，广泛开展公共卫生与突发传染病防控知识宣传。定期组织职业健康管理能力提升培训，提高专业素养和能力。深化职业健康信息化管理和应用，持续推动全员健康促进行动。强化食品安全管理，建立健全海洋石油集体用餐食品安全管控制度体系及检查工具。完善突发传染病管理，加强新冠疫情监测，动态调整优化疫情防控举措，进一步完善、健全海洋石油公共卫生应急管理体系和应急预案。

（6）加强质量基础工作，提升质量管理水平

加强重点产品质量管控。持续推进加油站标准化管理，加强车用汽柴油采、运、储、销全过程管理。规范配合外部(国家及省市级政府部门)抽检管理，及时跟踪处理，建立月度报送机制。推动建立采办产品抽检机制，加强采办产品质量控制。加强实验室质量管理，定期对实验室开展专项审核，提升管理水平。规范开展质量管理活动，对所属单位组织所属单位积极参加国家市场监督管理总局、中国质量协会、行业协会组织的各项质量活动。加强产品质量事故管理。加强产品事故问题整改，促进产品质量管理提升。紧紧围绕集团公司高质量发展战略，全力实施增储上产和产供储销体系升级建设，进一步提升工程建设数字化、智能化水平，推进精品工程建设，保持国内海洋石油工程及液化天然气行业领先地位，国际竞争力明显提升，工程质量合格率100%。

（7）强化全员安全培训，促进专业人员发展

完善安全培训体系，推动课件标准化、课程系统化、师资专业化，不断强化基础安全培训、体系培训、理念培训、制度和标准培训以及特种作业技能培训，强化公司QHSE理念、制度在各层级人员中的认知度，持续提升人员安全素质。完善推广网络培训系统，应用关键作业仿真培训课程。健全完善井控培训，不断提升井控工作水平。推进安全教育培训能力建设，强化安全生产法定培训管理，规范注册安全工程师管理。加强海外派出人员安全教育和HSE培训管理。加强QHSE队伍建设。加强所属单位QHSE重点岗位人员的管理；分层次推动专职QHSE管理人员的培训、考核，不断提升专职QHSE管理人员综合素质，促进QHSE专业人员全面发展。各所属单位应完善高风险生产经营单位机构设置，确保重点作业现场人员配备适应QHSE风险管控需求。

（8）推动应急管理体系建设，持续提升应急管理能力

深入开展对极端气候、自然灾害应对措施研究，推动应急救援队伍的专业化建设，在上游企业推动应急救援装备配备与应急救援技术推广应用；在中下游企业，尤其是化工园区，推动具有消防、危化品救援、堵漏等综合能力的应急救援队伍的专业化建设，推动对大型油品储罐灭火最新技术的学习和应用。加强溢油应急专业队伍能力建设，完善装备和资源储备，探索海外溢油应急基地和资源保障机制。鼓励参与国家应急救援队伍建设，提升应急救援人员能力和应急装备技术水平。通过信息管理系统规划，逐步实现应急管理信息系统的整合，增强应急信息的直观性和可用性。推广中国海油事故管理系统应用(CIMS)，完善应急响应机制。进一步辨识生产运营过程中极端条件下可能发生的重大突发事件，推广

重大事故情景构建。提升集团对海外应急和危机应对能力。做好海外项目应急能力评估，研究建立海外应急事件快速启动机制，推动海外项目做好应急处置与危机管理工作。

（9）丰富安全文化活动载体，提升全员安全意识

提升安全文化影响力。不断探索创新安全文化建设的新形式、新手段，组织多种形式的安全文化主题活动，深入宣传贯彻 QHSE 核心价值理念，持续倡导实施中国海油安全标志行为，推进海油特色的全员安全文化建设。加强安全生产宣传教育，推广安全生产好做法、好经验，提升全员安全知识和技能。着力打造安全文化精品工程，持续加强井控安全文化建设，打造井控周活动，开展井控文化宣传及装备展、井控应急演练和井控技术交流，传播井控安全理念，增强全员井控安全意识。深入落实《中国海油承包商文明安全行为指南》，促进承包商员工文明安全。加强对行业良好做法的学习和研究，将适用于海油的国际组织 HSE 管理实践、工具和方法融合到海外项目日常体系化管理中，促进和提升 HSE 管理国际化水平。

（10）加强高风险事项控制，提高本质安全水平

中国海油加强企业风险识别、隐患排查治理监督落实，重点针对老龄化设备设施、油气站场、油气井、管道、储罐、井控、城镇燃气、安全仪表、钻修机、船舶、海上生产设施等开展专项排查整治。依托大数据、云计算、人工智能、无人化等现代科技手段，建立海洋石油安全应急预警技术及本质安全配套技术，不断提升安全应急装备质量，推进安全应急能力现代化建设，提高安全应急处置与防范能力。

第七章　全国安全生产应急救援队伍建设现状

我国危险化学品目录中列入的危险化学品有2800多种，涉及生产、经营、储存、运输等各类企业21万多家。石油化工企业各类井、站、厂、库内处理或储存着的油气、危险化学品均属易燃易爆的烃类混合物，常年油、气、火、电交织在一起，存在着很大的火灾危险性。

化工安全事故突发性强、扩散速度快、不易控制，燃烧与爆炸常相伴发生，做好防火和一旦发生事故后的救援抢险工作十分重要。随着社会经济的快速发展，企业专职应急救援队的作用日益凸显，其在距离和区域熟悉上占有优势，在发生火灾、泄漏等事故时能第一时间赶赴现场，为火灾扑救和后续应急救援力量的增援赢得时间。《中华人民共和国消防法》第三十九条规定：生产、储存易燃易爆危险品的大型企业，储备可燃重要物资的大型仓库、基地，应当建立单位专职消防队，承担本单位的火灾扑救工作。

《生产安全事故应急条例》第十四条规定：危险物品的生产、经营、储存、运输单位以及矿山、金属冶炼、城市轨道交通运营、建筑施工单位，应当建立应急值班制度，配备应急值班人员；规模较大、危险性较高的易燃易爆物品、危险化学品等危险物品的生产、经营、储存、运输单位应当成立应急处置技术组，实行24小时应急值班。

一、全国石油石化领域应急救援队伍组成

目前，全国石油石化领域应急救援队伍包含以下29家：

（1）国家油气田井控应急救援川庆队；

（2）国家安全生产应急救援勘测队；

（3）国家危险化学品应急救援长庆油田队；

（4）国家危险化学品应急救援新疆油田队；

（5）国家危险化学品应急救援泉州石化队；

（6）国家危险化学品应急救援普光队；
（7）国家危险化学品应急救援云南石化队；
（8）国家危险化学品应急救援镇海炼化队；
（9）国家危险化学品应急救援四川石化队；
（10）国家危险化学品应急救援燕山石化队；
（11）国家危险化学品应急救援武汉石化队；
（12）国家危险化学品应急救援新疆油田队；
（13）国家危险化学品应急救援石家庄炼化队；
（14）国家危险化学品应急救援青岛炼化队；
（15）国家危险化学品应急救援齐鲁石化队；
（16）国家危险化学品应急救援兰州石化队；
（17）国家危险化学品应急救援吉林石化队；
（18）国家危险化学品应急救援海南炼化队；
（19）国家危险化学品应急救援广州石化队；
（20）国家危险化学品应急救援大庆油田队；
（21）国家危险化学品应急救援广西石化队；
（22）国家危险化学品应急救援大庆石化队；
（23）国家危险化学品应急救援抚顺石化队；
（24）国家水上应急救援南京油运队；
（25）国家海上油气应急救援渤海（天津）基地；
（26）国家油气管道应急救援徐州队；
（27）国家油气管道应急救援乌鲁木齐队；
（28）国家油气管道应急救援昆明队；
（29）国家油气管道应急救援深圳队。

二、全国石油石化领域应急救援队伍现状

全国石油石化领域应急救援队伍有高危险、高强度等职业特性，培养成熟一名优秀专职消防队员需要投入大量的时间、财力、物力。队员入职后要经历严格的体能训练，学习各类消防救援器材和防护装备的使用保养。下队后编入战斗序列，履行岗位职责，熟悉掌握集体战术战法。但在企业中往往将消防员列为生产辅助岗或后勤服务岗，各项工资待遇明显低于生产一线员工，基本薪酬、岗位津贴上的差距造成从业人员流动性大，员工心态不稳定等消极现象，部分从业者甚

至将其作为一个暂时的谋生手段或职业过度，这些不利因素在一定程度上阻碍了队伍稳定和灭火救援能力的提升。为提高专职消防员工作积极性，稳定应急救援队伍，一要提高待遇保障，在落实专职队员“五险一金”的基础上增加特殊工种岗位津贴和高危岗位补贴等各项保障机制。定期组织队员参加岗前、在岗、离岗、应急等职业健康检查，开展 EAP 服务，建立职业健康档案记录。对在灭火救援工作中作出突出贡献的集体及队员，给予精神和物质表彰等激励措施。使专职消防员获得归属感、存在感、荣誉感，让有志青年投入消防、扎根消防、建设消防。二是关怀队员职业发展，采取用灵活用工形式，实行人员转岗机制。如队员因年龄、身体等原因不适应消防岗位时调整至其他合适工作岗位。组织队员参加消防特种车辆驾驶培训、消防设施操作员培训等多种职业资格取证，让青春饭变成技术饭、养老饭。三是推行实施高危行业安全生产责任保险，由保险公司承担因发生生产安全事故造成从业人员伤亡赔偿、损失赔偿、事故救援、医疗救护、事故鉴定、法律诉讼等费用，减轻企业负担，消除员工后顾之忧。

三、应急救援队伍救援技能提升，提高队伍战斗力

与生产技术岗位交流试行“岗位交流实践”，有计划、分批次地安排涉及易燃、易爆、高温、高压、易中毒等岗位专业技术人员，充实到专职消防队，利用来自不同工艺岗位技术人员的工作经验优势，以“兼职教师”方式进行内部安全业务培训，提高专职消防员整体的危险化学品安全知识水平。生产岗位技术员交流结束后返回原生产岗位，也可成为企业义务消防队的主要力量，提高了义务消防员处置初期火灾能力。与国家综合队联勤联训加大国家综合性消防救援队与企业专职队的交流融合，定期安排企业专职队员分期到国家应急救援队伍进行培训学习，提升企业专职消防员的业务理论、技战术水平。定期组织企业专职队参加国家应急救援队联合实战演练、比武竞赛，提升企业专职队与国家综合救援队的协同作战能力，进一步推进企业专职救援队伍正规化建设。强化训练，做好执勤战备化工事故现场中，危化品对人体造成的伤害有中毒、窒息、化学灼伤、烧伤、冻伤等，因此要针对不同的危化品，选择不同的处置方案。一要定期开展安全检查、巡查，做到“四掌握六熟悉”。对危化品生产、经营、运输、储存、使用和废弃处置 6 个环节，建立相应的消防业务资料档案，认真开展应对各种灾害事故应急演练。会同生产一线技术专家对演练情况进行现场指导，不断完善和修订应急预案。二是专职队推行军事化管理模式，全年实行不定时、不间断战备值班制，确保接到报警立即出动，迅速、安全地赶赴现场，实施灭火、应急处置和

灾害救援等任务。三是严格组织消防员开展日常业务训练、考核评估，训练内容包括体能训练、灭火器材使用和个人防护装备保管等。每名消防员定期送至上级专业消防培训基地培训，学习消防专业知识，开展消防安全培训，让队员及时了解和掌握消防安全新技术、新知识，提高防火巡查、现场处置和自救、互救技能。

四、应急救援队伍培训新颖化，应急救援专业化

在培训方式上要着重教学与实际结合，聘请大学院校专家教授开展专家指导服务，帮助企业解决管理和技术方面的难题。招聘化工专业大学毕业生充实到企业专职消防队担任技术职务，致力于打造一支集技能培训、考核、演练、竞赛为一体的高素质应急救援队伍。要以“国家危化品应急救援基地”等国家级实训基地为依托和交流平台，利用炼化仿真塔、万方浮顶罐等室外室内模拟真火设施，进行石油化工装置火灾处置、原油储罐火灾处置、油池火灾处置、轻烃储罐区火灾处置等危化品生产装置及罐区真火实战演练。通过实景、实地、实战和 VR 虚拟现实技术等多种应急演练形式，提升队伍灭大火、打硬仗的协同战斗力。

五、应急救援队伍科学运用应急救援装备

先进的应急救援装备是消防员完成救援任务的战斗利器和安全保障。化工装置从使用的原料到生产的产品大多数为易燃易爆物质，为实现工艺流程操作优化，化工装置通常将设备紧密布置，但易产生因安全连锁因素而引发的二次事故，造成更大范围和更为严重灾害事故的多米诺效应。灾害发生后又往往难以近距离灭火，无法准确判断火灾的类型和内部灾情，错失正确制定处置方案的良机。若没有“武装到牙齿”的装备贸然冲进现场，人身安全往往要承担巨大的风险。化工企业专职救援队应及时更新、配备高科技装备，如消防机器人、无人侦察机等代替消防员，进入火灾现场进行火场侦察、危险化学品探测、灭火、冷却、搬移物品、堵漏等作业。提高救援质量、减少人员伤亡，除了向高科技助力，还需要过硬的专业技术素质作支撑。特种消防设备科技含量高，涉及机、电、光、气、液、磁等多种物理、化学原理，对操作程序、维护保养均有详细规范和要求，操作员要有一定的文化知识和技能水准。使用不当甚至野蛮操作，容易造成设备损坏，影响战备执勤和救援任务完成。提高装备器材使用和管理水平，要把好“培训关”和“育人观”，把技术培训与岗位学习有机地结合起来，加强操作学员的考核力度，改善培训学习环境，营造出“白天一身汗，晚上一盏

灯”的工作和学习氛围，促进员工自学成才、岗位成才。还要利用社会技术资源，进行业务技能培训，采用“走出去请进来”的方式邀请设备销售厂家现场操作培训，选拔业务骨干参加地方职业技术院校学习。通过多渠道提高消防员操作特种消防设备的技术水平，尽量减少使用中的损耗，缩短修复周期，从而提高各类消防物资装备的后勤保障效益。

行业展望篇

第一章　全球石油石化行业安全与应急管理前瞻

2022年，受各方面因素的影响，国际石油市场跌宕起伏，追求效益的最大化一直是石油化工企业的发展主旨，因此必须有更加高效和高质量的安全与应急管理工作与之配套，以确保石油化工企业可以在安全生产的同时利益最大化。

OHSMS是职业健康安全管理体系(Occupational Health and Safety Management System)的英文简称，是20世纪80年代后期由国际标准化组织(ISO)发起，得到国际劳工组织(ILO)和世界卫生组织(WHO)支持的现代安全生产管理模式，与ISO 9000、ISO 14000等标准化管理体系一样，被称为后工业时代的管理方法。

OHSMS是以系统安全的思想为基础，把企业中人、物、环境、信息的组合作为一个系统，以整个系统中导致事故的根源——危险源作为管理核心，通过危险辨识、风险评价、风险控制等手段来达到控制事故发生，保障劳动者安全与健康的目的。OHSMS对系统实施全员、全过程、全方位的全面安全管理，并在管理过程中，通过定期审核，持续不断地完善安全管理工作程序，使企业(系统)能够达到最佳安全状态。

进入21世纪，在国际职业安全卫生标准一体化影响下，国际标准化组织(ISO)一直努力使OHSMS发展成为与ISO 9000、ISO 14000类似的规模。从1999年下半年开始，国际标准化组织已经开始制定国际化的OHSMS文件，国际劳工组织也已专门颁布了一个ILO的OHSMS指南，使OHSMS形成了一个国际性的行动。ILO系列标准虽然是非强制性标准，但WTO于1995年1月明确要求各成员国应履行ILO国际标准，因而，ILO标准事实上已经成为衡量国际间技术交流和国际贸易的准则，OHSMS也就必将面临在WTO成员国强制推行的趋势。

一、陶氏化学

陶氏化学EH&S(环境、健康和安全)政策1993年4月确立，并于2019年6月重申。

陶氏化学的EH&S目标体现在对责任关怀的长期承诺和坚决实现2025年可持续发展目标的承诺上，其将安全、员工健康和实现世界领先的环境绩效作为企业文化和工作的核心要求。

陶氏化学致力于消除所有伤害，杜绝对环境和人类健康的不利影响，减少浪费和排放，并在生产经营的各个环节中实现资源保护。为履行公开承诺，该公司的全球业务遵守环境保护和治理相关的法律法规，并制定了明确的政策、要求和管理体系。

陶氏化学采用了一个全面综合的操作纪律管理体系，其中包括EH&S相关的政策、要求、最佳操作流程，以及质量和运营标准等。在该体系内，陶氏化学根据责任关怀倡议的要求确定了危险评估和风险管理的基本要求，以实现以下目标：识别、评估、消除或减轻危害；防止不安全的行为和情况；维护和改善人员健康；促进关于健康和安全问题的沟通。

陶氏化学还制定了“全球健康与安全管理体系”，以美国环境保护署和职业安全与健康管理局的规范为基础，并融合其他国家和地区的管理要求。

二、bp

bp的HSSE目标简单来说就是零事故、零伤害和零环境破坏。

bp的HSSE风险管理框架包括13个要素：领导和问责机制、风险评估和管理、人员配置培训和行为准则、与承包商和其他方面的合作、设备的设计和建造、运行和维护、变更管理、信息和文件、客户和产品、社区意识和股东意识、危机和应急管理、事故分析和预防、评估和改进措施。

三、杜邦公司

杜邦公司承诺通过科学和技术进步不断改进生产方式，以推动环境、健康、安全和安保方面的进步。该公司致力于实现零伤害、零职业病和零事故，预防一切事故；通过推动零浪费和零排放来保护资源；设计、建造、运营和维护设施，有效管理过程安全和其他危险，并将风险降至最低；确保设施和网络的完整性；在产品生命周期内提供有助于实现更安全和更可持续的产品和解决方案；负责任地采取纠正措施；让遵守法律和HSE承诺成为每个员工和承包商的责任。

杜邦公司的环境、健康和安全（EHS）管理体系符合美国化学委员会的责任关怀倡议和ISO 14001标准。2020年，杜邦的EHS管理体系覆盖了100%员工，包括3.4万名雇员和9600个承包商。

杜邦公司通过综合健康服务（IHS）为员工提供工伤或疾病相关的医疗保障，通过职业判断来评估潜在风险，通过分析公司数据记录系统中记录的 EHS 事件来确定需要监控的最高 EHS 风险。

根据杜邦公司 EHS 标准和当地法律法规的要求，员工应了解可能接触到的化学、物理、身体和生物伤害，了解如何识别这些伤害、如何保护自己。各业务部门 EHS 负责人每周和每月对公司范围内的 EHS 绩效进行审查，每季度至少召开一次 EHS 会议，以强化公司的核心价值观，包括培训 EHS 知识。

基于对事故伤害的评估，杜邦公司 EHS 团队还创建了一份高风险活动表，列出可能导致严重伤害或死亡的情况，帮助员工避免工作中的危险。

四、壳牌

壳牌正以对经济、环境和社会负责的方式帮助满足世界不断增长的能源需求。壳牌要实现“零目标”，即零伤害和零泄漏。壳牌致力于实现无人员伤害和保护环境的目标，以符合该目标的方式开发能源和资源，提供产品和服务。

壳牌旗下公司、承包商和合资企业都必须采用系统的方法来管理 HSSE&SP（健康、安全安保、环境和社会绩效），在遵守法律的同时提高绩效，让所有员工和承包商都遵循 HSSE&SP 文化。壳牌旗下公司都应确定 HSSE&SP 改进目标，并衡量、评估和报告绩效水平。

壳牌 HSSE&SP 承诺和政策适用于整个公司，旨在保护人和环境。壳牌承诺追求人员零伤害的目标；保护环境；在产品生产和服务中高效利用材料和能源；生产经营要为社会做贡献；开发符合 HSSE&SP 目标的能源资源、产品和服务；向公众公开壳牌的 HSSE&SP 表现；在行业内带头推广符合 HSSE&SP 目标的经营方式；像管理其他关键业务一样管理 HSSE&SP 事务；推动企业文化建设，使所有员工都认同 HSSE&SP 承诺。

壳牌 HSSE&SP 承诺和政策于 1997 年 3 月发布，2009 年 12 月进行更新。HSSE&SP 管理框架涉及 11 个领域，即承包商 HSSE 管理、环境、健康、HSSE&SP 管理系统、人员安全、过程安全、运输、产品管理、项目、安保和社会绩效。

管理框架适用于壳牌的各个实体，包括所有员工和合同员工，以及壳牌经营的企业。壳牌有专门团队负责过程安全和 HSSE&SP 管理，该团队由董事会层面的安全、环境和可持续发展委员会直接授权。

五、巴斯夫

责任关怀是化工行业发起的全球志愿行动，旨在不断改进环境、健康与安全表现，目前已有 50 多个国家的化工公司和行业协会加入。巴斯夫 1992 年以来始终致力于贯彻责任关怀的原则，责任关怀活动也成为该公司可持续业务管理的核心组成部分。

2007 年，巴斯夫建立了责任关怀管理体系，并将其应用于所属独资和控股公司。巴斯夫通过责任关怀管理体系应对环境、健康和安全风险，希望员工和承包商了解使用产品和设备的风险，并负责任地处理风险。

巴斯夫还积极参与责任关怀倡议，并签署责任关怀全球宪章。其责任关怀管理体系覆盖了 EHS 所有主题，主要涉及产品监管、物流安全、职业安全、职业医疗和健康保护、环境保护、工艺安全、应急响应、沟通、安保、能源和审计等方面。

2008 年，巴斯夫启动了全球安全倡议。在亚洲，该安全倡议的表现形式为 C. A. R. E. 倡议(沟通、意识、责任、卓越)；在南美洲，其表现形式为安全文化；在北美洲，其表现形式为 EHS 卓越之旅；在欧洲，其表现形式为安全冠军倡议。

作为“安全冠军倡议”的一部分，巴斯夫 2010 年在德国路德维希港成立培训中心，为各类安全和安保主题提供指导。2019 年，2. 1 万名员工利用这一机会接受了相关培训。

六、Equinor(挪威国家石油公司)

Equinor(挪威国家石油公司)安全方面的愿景是零伤害，首要任务是保障员工安全和运营的完整性。Equinor 致力于防止人员伤害、工伤和重大事故，零伤害的目标已成为其工作和思维方式的一部分。

在重大事故管理方面，Equinor 要求旗下公司记录和跟进所有事故，调查重大事故并吸取教训，识别和解决根源问题。Equinor 还为员工的有害暴露提供必要的保护和高质量的医疗保障。

在应急响应方面，Equinor 设置随时待命的应急响应机构，如果发生事故，最重要的目标是挽救生命，并将对环境和资产的损害降至最低。

Equinor 强调，安全是每个人的责任，必须了解可能面临的风险，并采取行动确保安全。领导要识别判断风险、采取行动来保护员工和企业；员工要保持警惕，遵守安全要求，报告事故和问题。Equinor 的整体安全管理涵盖 3 个领域，即物理安全、信息安全和人员安全。

作为海上油气供应商和风电供应商，保护海洋环境对 Equinor 尤为重要。需要管理的环境污染因素包括：生产和加工过程中向海洋排放的废水、泄漏、钻井废弃物、噪声，以及工厂、装置、钻井排放的氮氧化物，炼油厂、海上油气装置排放的硫氧化物等。

Equinor 通过以下方式管理生产经营活动对环境造成的风险和影响：规划阶段做好对环境风险和影响的评估；制订环境研究、调查和监测计划；实施科研合作研究项目；采取避免、降低或抵消负面影响的措施。

Equinor 通过定期审查评估环境绩效，并及时改进措施。在环保方面，该公司承诺，防止对环境造成损害，采取风险预防原则并遵守环保法律法规。

七、埃克森美孚

埃克森美孚始终致力于追求卓越的安全、安保、健康和环境(SSH&E)绩效，统称为运营完整性。运营完整性管理体系(OIMS)是该公司致力于管理 SSH&E 风险和实现卓越业绩的基石。OIMS 实行以来，埃克森美孚的 SSH&E 绩效显著提高，误工事故率和环境风险降低，海上泄漏和排放量减少。

埃克森美孚定期对 OIMS 框架进行修订，强化“所有安全、健康和环境事故都可以预防”的信念；营造良好的工作环境，让每个人都对自己和同事的安全承担责任。

埃克森美孚致力于以符合所在地环境和经济发展要求的方式开展业务，并保障员工、参与经营人员、客户和公众的安全和健康。OIMS 框架包括 11 个要素，即领导力和承诺及责任、风险评估和管理、装置设计与施工、信息和文件、人员培训、运营维护、变更管理、第三方服务、事故调查分析、社区意识与应急准备、运营完整性评估与改进。

埃克森美孚旗下公司都需要遵循 OIMS 框架，特别是在设计、施工和运营方面，管理体系实施的范围、优先级和速度应与业务风险等级保持一致。

八、道达尔

道达尔制定了 HSEQ(安全、健康、环境和质量)章程，是其在安全、安保、健康、环境、质量和社会领域的最低要求。

通常采取以下原则：将安全、安保、健康、环保和客户满意度作为首要任务，通过公开方式听取股东意见；遵守所在地区的法律法规，必要时根据法规补充具体要求；倡导的企业文化核心是专业精神、严守法规、技能管理、及时上报事故和持续学习，需要所有员工保持警惕并履行承诺；各级团队成员必须了解需要履行的职责和责任，遵守纪律，防止事故和故意损坏；保障健康、环境、产品和服务质量，满足股东期望，将严谨作为员工绩效考核的重要标准；根据 HSEQ 和社会责任表现选择合作伙伴；在所有业务中实行 HSEQ 管理政策和社会责任承诺政策，定期对相关政策和措施进行风险评估；定期对 HSEQ 和社会承诺管理体系进行评估；实施应急响应和突发事故干预计划，应对可能遇到的不同类型事故；致力于降低能源消耗，减少排放，减少废物，降低对生物多样性的影响，通过开发新工艺、产品和服务，提高能效并减少环境足迹；致力于为所在社区的可持续发展做贡献，重点关注人类、经济和社会问题，按照《安全与人权自愿原则》，以负责任的方式开展业务。

安全是道达尔的核心价值和战略基础，目标是成为行业公认的安全标杆。道达尔致力于主动改进 HSEQ 和可持续发展表现，并开发综合管理体系，帮助公司实现生产优质产品、提供创新服务、全面推行 HSE 文化、将安全作为发展驱动因素、保障健康、减少事故和职业病，以及保护环境的发展目标。

九、雪佛龙

卓越运营（OE）将保护人类和环境的“雪佛龙式”价值观付诸行动，帮助实现该公司的愿景。OE 系统性地管理员工的安全和健康、过程安全、可靠性和完整性、环境、效率、安保和股东事务。

雪佛龙的 OE 目标包括：消除意外死亡、严重伤害和职业病；消除严重的过程安全事故，实现可靠性行业领先；评估和管理重大环境风险；有效利用能源和资源；防范重大安全事故和网络安全事件；通过股东参与问题管理降低风险。

2004 年，雪佛龙推出卓越运营管理体系（OEMS），并建立了 OE 文化，改善健康、环境和安全绩效。2018 年雪佛龙更新了 OEMS，以强调风险、保险和保障措施之间更明显的联系，简化管理风险的方法。这有助于提高对重大事故预防问题的关注。

OEMS 包括的内容有保障措施（OEMS 的核心）、领导力和 OE 文化、OE 展望、管理体系循环、风险管理和执行保证。

雪佛龙和英国劳氏质量认证（LRQA）签订协议以确保 OEMS 符合国际环境和安全管理体系的标准和要求。2019 年，LRQA 确认雪佛龙 OEMS 符合 ISO 14001：

2015 和 OHSAS 18001：2007 的要求。

雪佛龙的员工在工作中需遵循两个核心原则，即要么安全地做，要么干脆不做；总有时间把事情做好。具体工作要求包括：始终在设计和环境限制范围内运行；始终在安全可控的条件下操作；始终确保安全装置到位并发挥作用；始终遵循工作安全规范和程序；始终满足或超越客户要求；始终保持特定系统安全完整性；始终遵守相关规章制度；始终寻求解决异常情况的方式；始终遵循针对高风险或异常情况的书面程序；始终让合适的人参与决策。

十、挪威船级社

挪威船级社(DNV)的健康安全政策和管理体系涵盖了与其产品和服务的管理和交付相关的职能、流程和活动。该管理体系符合其经营所在国家和地区的法律法规，并通过 ISO 45001：2018 标准认证。

DNV 使用公司内部开发的商业 HSE 软件平台 Synergi Life 管理和报告事故及危险，员工通过 Synergi Life 报告与工作相关的事故和险情。担心暴露身份的员工还可匿名报告事故和危险。

DNV 建立了可公开访问的事故险情数据库，各级人员可以了解事故情况并吸取教训。

Synergi Life 是世界范围内最受认可的 QHSE(质量、健康、安全、环境)管理软件之一，包含企业管理中的不合规项、突发事件、风险及风险分析、审核、评估和改进建议所需的所有工具。该软件目前为全球 350 多家公司所用，在全球拥有逾 75 万用户，适用于能源、油气、医疗、运输、政府、建筑等行业，还可以帮助企业用户掌控 QHSE 绩效，管理和报告事故及处理情况。

第二章 全国安全与应急管理体系规划与前瞻

党的十八大以来，以习近平同志为核心的党中央高度重视应急管理体系和能力建设。习近平总书记在主持中央政治局第十九次集体学习时强调，应急管理是国家治理体系和治理能力的重要组成部分，承担防范化解重大安全风险、及时应对处置各类灾害事故的重要职责，担负保护人民群众生命财产安全和维护社会稳定的重要使命。要发挥我国应急管理体系的特色和优势，借鉴国外应急管理有益做法，积极推进我国应急管理体系和能力现代化。

“十三五”时期，在以习近平同志为核心的党中央坚强领导下，各地区、各有关部门认真贯彻落实党中央、国务院决策部署，推动应急管理事业改革发展取得重大进展，应急管理体系不断健全，应急救援效能显著提升，安全生产水平稳步提高，防灾减灾能力明显增强。特别是新组建应急管理部，强化了应急工作的综合管理、全过程管理和力量资源的优化管理，增强了应急管理工作的系统性、整体性、协同性，初步形成了统一指挥、专常兼备、反应灵敏、上下联动的中国特色应急管理体制。到“十三五”收官之年的2020年，全国各类事故、较大事故和重特大事故起数比2015年分别下降43.3%、36.1%和57.9%，死亡人数分别下降38.8%、37.3%和65.9%。“十三五”期间全国自然灾害因灾死亡失踪人数、倒塌房屋数量和直接经济损失占国内生产总值比重分别较“十二五”期间下降37.6%、70.8%和38.9%。

日前，国务院印发《“十四五”国家应急体系规划》(以下简称《规划》)，对“十四五”时期安全生产、防灾减灾救灾等工作进行全面部署，确立了“十四五”时期乃至更长时期的应急管理发展目标：到2025年，形成统一指挥、专常兼备、反应灵敏、上下联动的中国特色应急管理体制。到2035年，全面实现依法应急、科学应急、智慧应急，形成共建共治共享的应急管理新格局。《规划》出台正当其时，具有迫切的现实需要和深远的战略考量。

进入新发展阶段，应急管理所面临的困难和挑战明显增加。看传统领域，煤矿、非煤矿山、道路交通、消防等重点行业领域，重大事故依然时有发生；看新兴领域，新能源、新工艺、新材料广泛应用，新产业、新业态、新模式大量涌现，一些以前“想不到、管得少”的风险逐渐凸显。回顾过去，经过数十年城镇化快速发展，建筑、燃气、工商贸等领域的安全隐患逐渐积累，如今事故开始集中显现；研判眼前，在多年未见的需求收缩、供给冲击、预期转弱三重压力下，事故多发频发的势头有所抬头，防控压力将持续加大。

可见，长期存在的深层次存量问题尚未根本解决，新的增量风险又不断叠加，提升应急能力的需要变得更为突出、越发紧迫。护航经济发展和社会稳定大局，也有必要为保障安全做好长远谋划。

有别于既往，新发展阶段贯彻新发展理念的目标，在更高质量、更有效率、更加公平、更可持续发展的基础上增加了“更为安全”。制定《规划》是统筹发展和安全的具体实践，是以高水平安全保障高质量发展的主动选择，可以为经济发展稳字当头、稳中求进筑牢“稳”的基础。同时，制定《规划》更是落实以人民为中心的发展思想的生动体现。“人命关天，发展决不能以牺牲人的生命为代价。这必须作为一条不可逾越的红线。”《规划》全面、科学、有力部署安全生产、防灾减灾救灾等工作，将有效提升人民群众获得感、幸福感、安全感。

作为应急管理部组建之后，针对应急管理领域编制的第一个五年发展规划，《规划》部署了七方面重点任务及十七项重点工程，既统筹兼顾，又重点发力，为新形势下应急管理体系育新机、开新局起到了指方向、增后劲的作用。

明制度。应急工作涉及经济社会发展方方面面，建设应急体系是一项复杂的系统工程，只有完善体制机制，才能统一各方、团结力量、协同作战，更好激发制度优势。《规划》提出，深化体制机制改革，构建优化协同高效的治理模式，并就“健全领导指挥体制”“完善监管监察体制”等作出具体部署。一系列真招实招，为“统与分”如何合力、“防与救”如何联动等关键改革问题给出了“指南针”“路线图”，将推动完善统一指挥、专常兼备、反应灵敏、上下联动的中国特色应急管理体制。

防风险。“备豫不虞，为国常道。”跑在事故灾害之前，是最有效的安全治本之策。《规划》提出，防范化解重大风险，织密灾害事故的防控网络。在风险源头防范管控上，通过全国自然灾害综合风险普查、火灾风险调查等摸清风险底数、划清约束红线；在安全生产治本攻坚上，严格高危行业领域安全准入、制定隐患排查治理清单。一系列科学布局、硬性举措，减少了风险隐患盲区，降低了事故突发概率，将扎实提升安全预防效果。

补短板。“基础不牢，地动山摇。”在提升应急救援力量专业水平、健全干部队伍、充实基层人员力量、深化应用基础研究、实施应急重大工程等问题上，《规划》着力强弱项补短板，一系列基础性、长期性部署安排，将从根本上巩固“薄弱点”，治理“慢性病”，为应急管理体系和能力现代化强基固本。

“十四五”时期是开启全面建设社会主义现代化国家新征程、向第二个百年奋斗目标进军的第一个五年，为贯彻落实习近平总书记关于应急管理的一系列重要指示精神和党中央、国务院决策部署，认真做好安全生产、防灾减灾救灾等工作，积极推进应急管理体系和能力现代化，应急管理部、国家发展改革委牵头编制了《“十四五”国家应急体系规划》(以下简称《规划》)。

《规划》坚定不移贯彻新发展理念，坚持人民至上、生命至上，坚持总体国家安全观，更好统筹发展和安全，以推动高质量发展为主题，以防范化解重大安全风险为主线，深入推进应急管理体系和能力现代化，聚焦事故灾难和自然灾害两大类突发事件，提出要坚决遏制重特大事故，最大限度降低灾害事故损失，全力保护人民群众生命财产安全和维护社会稳定，为建设更高水平的平安中国和全面建设社会主义现代化国家提供坚实安全保障。到 2025 年，应急管理体系和能力现代化要取得重大进展，形成统一指挥、专常兼备、反应灵敏、上下联动的中国特色应急管理体制，建成统一领导、权责一致、权威高效的国家应急能力体系，安全生产、综合防灾减灾形势趋稳向好，自然灾害防御水平明显提升，全社会防范和应对处置灾害事故能力明显增强。到 2035 年，要建立与基本实现现代化相适应的中国特色大国应急体系，全面实现依法应急、科学应急、智慧应急，形成共建共治共享的应急管理新格局。

第三章　全国石油石化安全与应急产业发展政策环境

安全生产事关人民群众生命财产安全，事关改革发展稳定大局，事关党和政府形象声誉。人的全面发展的基础和前提，就是必须保证其生命安全和身体健康。习近平同志提出的“红线”观点，实质上就是把保护生命放在高于一切的位置，体现了“以人为本、生命至上”的价值取向。这正是安全生产工作的价值追求。我们必须树立关爱生命的情感观、生命至上的价值观、尊重生命的道德观，始终把保护人民生命安全放到首位，作为工作的最高职责，在工作中自觉遵守安全生产的各项规定和操作标准。

一、我国安全生产法律基本体系

安全生产是一个系统工程，需要建立在各种支持基础之上，而安全生产的法规体系尤为重要。按照“安全第一，预防为主，综合治理”的安全生产方针，国家制定了一系列的安全生产、劳动保护的法规。据统计，新中国成立 70 年来，颁布并在用的有关安全生产、劳动保护的主要法律法规 300 多项，内容包括综合类、安全卫生类、三同时类、伤亡事故类、女工和未成年工保护类、职业培训考核类、特种设备类、防护用品类和检测检验类。其中以法的形式出现，对安全生产、劳动保护具有十分重要作用的是《安全生产法》《矿山安全法》《劳动法》《职业病防治法》，与此同时，国家还制订和颁布了超百余项安全卫生方面的国家标准。根据我国立法体系的特点，以及安全生产法规调整的范围不同，安全生产法律法规体系由若干层次构成。

二、安全技术法规

安全技术法规是指国家为搞好安全生产，防止和消除生产中的灾害事故，保障职工人身安全而制定的法律规范。国家规定的安全技术法规，是对一些比较突出或有普遍意义的安全技术问题规定其基本要求，一些比较特殊的安全技术问题，国家有关部门也制定并颁布了专门的安全技术法规。

1. 设计、建设工程安全方面

《安全生产法》(2021 年修订)第三十一条规定：生产经营单位新建、改建、扩建工程项目(以下统称建设项目)的安全设施，必须与主体工程同时设计、同时施工、同时投入生产和使用。安全设施投资应当纳入建设项目概算。1996 年 10 月，原劳动部颁发的《建设项目(工程)职业安全卫生监督规定》中明确要求，“在组织建设项目可行性研究时，应有职业安全卫生的论证内容，并将论证内容作为可行性研究报告的专门章节编入可行性报告”；“在编制(或审批)建设项目计划任务书时，应编制(或审批)职业安全卫生设施所需投资，并纳入投资控制数额内”。《矿山安全法》专门设立一章，对矿山的设计、施工中的安全规程和技术规范提出了具体要求，并规定矿山建设工程的设计文件，必须符合矿山安全规程和行业技术规范，并按照国家规定经管理矿山企业的主管部门批准；不符合矿山安全规程和行业技术规范的，不得批准。

2. 机器设备安全装置方面

《安全生产法》(2021 年修订)第三十六条规定：安全设备的设计、制造、安装、使用、检测、维修、改造和报废，应当符合国家标准或者行业标准。生产经营单位必须对安全设备进行经常性维护、保养，并定期检测，保证正常运转。维护、保养、检测应当作好记录，并由有关人员签字。生产经营单位不得关闭、破坏直接关系生产安全的监控、报警、防护、救生设备、设施，或者篡改、隐瞒、销毁其相关数据、信息。《劳动法》(2007 年 6 月 27 日颁布)第五十三条规定，“职业安全卫生设施必须符合国家规定的标准”。对于机器设备的安全装置，国家职业安全卫生设施标准中有明确要求，如传动带、明齿轮、砂轮、电锯、联轴节、转轴、皮带轮等危险部位和压力机旋转部位有安全防护装置。机器转动部分设自动加油装置。起重机应标明吨位，使用时不准超速、超负荷，不准斜吊、禁止任何人在吊运物品上或者在下面停留或行走等。

3. 特种设备安全措施方面

《安全生产法》(2021 年修订)第三十七条规定：生产经营单位使用的危险物品的容器、运输工具，以及涉及人身安全、危险性较大的海洋石油开采特种设备和矿山井下特种设备，必须按照国家有关规定，由专业生产单位生产，并经具有专业资质的检测、检验机构检测、检验合格，取得安全使用证或者安全标志，方可投入使用。检测、检验机构对检测、检验结果负责。

电气设备、锅炉和压力容器等都属于使用普遍且安全问题突出的特种设备。《工厂安全卫生规程》对电气设备安全使用作了详细、具体的规定。《锅炉、压力容器安全监督暂行条例》规定："锅炉、压力容器制造单位必须按照有关规定，严格执行原材料制度、工艺管理制度和产品质量检验制度，保证产品质量，不合格产品不准出厂。"2003年国务院发布并实施的《特种设备安全监察条例》，将锅炉、压力容器(含气瓶，下同)、压力管道、电梯、起重机械、客运索道、大型游乐设施七大类设施规定为特种设备，并明确了生产(含设计、制造、安装、改造、维修)、使用、检验检测及其监督检查的国家监察范畴。

4. 防火防爆安全规则方面

《矿山安全法实施条例》规定："煤矿和其他有瓦斯爆炸可能性的矿井，应当严格执行瓦斯检查制度，任何人不得携带烟草和点火用具下井。"《消防法》中规定："生产、使用、储存、运输易燃、易爆化学物品的单位，必须执行国务院有关主管部门关于易燃易爆化学品的安全管理规定。""不了解易燃易爆化学物品性能和安全操作的人员，不得从事操作和保管工作。"2002年1月9日国务院第52次常务会议通过，自2002年3月15日起施行的《危险化学品安全管理条例》对易燃易爆化学物品生产和使用、储存、经营以及运输等过程应采取的安全措施提出了具体要求。

5. 工作环境安全条件方面

《安全生产法》(2021年修订)第四十二条规定：生产、经营、储存、使用危险物品的车间、商店、仓库不得与员工宿舍在同一座建筑物内，并应当与员工宿舍保持安全距离。生产经营场所和员工宿舍应当设有符合紧急疏散要求、标志明显、保持畅通的出口、疏散通道。禁止占用、锁闭、封堵生产经营场所或者员工宿舍的出口、疏散通道。《工厂安全卫生规程》中，对工作场所的通道、照明、安全标志、机器和工作台等设备的布置等作了比较全面的规定。《建筑安装安全技术规程》规定："施工现场应合乎安全卫生要求；工地内的沟、坑应填平，或设围栏、盖板；施工现场内一般不许架设高压线。"《矿山安全法》也对矿井的安全出口、出口之间的直线水平距离以及矿山与外界相通的运输和通信设施等作了规定。

6. 个体安全防护方面

《安全生产法》(2021年修订)第四十五条规定：生产经营单位必须为从业人员提供符合国家标准或者行业标准的劳动防护用品，并监督、教育从业人员按照使用规则佩戴、使用。《工厂安全卫生规程》规定："电气操作人员应该由工厂按照需要分别供给绝缘靴、绝缘手套等；高空作业应由企业供给安全帽、安全带；产生大量有毒气体的工厂、车间应备有防毒救护用具。"《劳动法》《煤炭法》《矿山安全法》等国家法律法规也都对企事业单位对劳动者提供必要的防护用品提出了明确要求。

三、职业健康法规

职业健康法规是指国家为了改善劳动条件，保护职工在生产过程中的健康，预防和消除职业病和职业中毒而制定的各种法规规范。这里既包括职业健康保障措施的规定，也包括有关预防医疗保健措施的规定。我国现行职业健康方面的法规主要有：全国人民代表大会颁布的《环境保护法》《乡镇企业法》《煤炭法》等，国务院颁布的《工厂安全卫生规程》《职业病防治法》《放射性同位素与射线装置防护条例》等，有关部门颁布的《工业企业设计卫生标准》《工业企业噪声卫生标准》《微波辐射暂行卫生标准》《防暑降温暂行办法》《化工系统健康监护管理办法》《乡镇企业劳动卫生管理办法》《职业病范围和职业病患者处理办法》等。2002 年 5 月 1 日我国正式实施《职业病防治法》（当前版本 2018 年修订），使我国的职业病防治的法规管理提高到了一个新的高度和层次。

与安全技术法规一样，国家职业健康法规也是对具有共性的工业卫生问题提出具体要求。

1. 工矿企业设计、建设的职业健康方面

2020 年 8 月，卫生部会同全国有关单位对《工业企业设计卫生标准》进行了修订，新的《工业企业设计卫生标准》对工业企业设计过程中尘毒危害治理，对生产过程中不能消除的有害因素以及对现有企业存在的污染问题的预防和综合治理措施等提出了明确要求。对 111 种化学物品和 9 种生产性粉尘的车间空气中最高允许浓度及温度、湿度标准等做了规定。《环境保护法》也规定："散发有害气体、粉尘的单位，要积极采用密闭的生产设备和生产工艺，并安装通风除尘和净化、回收设备。生产及工作环境中的有害气体和粉尘含量，必须符合国家工业企业卫生标准的规定。"《职业病防治法》第十六条规定：建设项目的职业病防护设施所需费用应当纳入建设项目工程预算，并与主体工程同时设计，同时施工，同时投入生产和使用。职业病危害严重的建设项目的防护设施设计，应当经卫生行政部门进行卫生审查，符合国家职业卫生标准和卫生要求的，方可施工。建设项目在竣工验收前，建设单位应当进行职业病危害控制效果评价。建设项目竣工验收时，其职业病防护设施经卫生行政部门验收合格后，方可投入正式生产和使用。

2. 防止粉尘危害方面

1984年《国务院关于加强防尘防毒工作的决定》规定："各经济部门和企业、事业主管部门，对现有企业进行技术改造时，必须同时解决尘毒危害和安全生产问题。"1987年《尘肺病防治条例》中规定："凡有尘作业的企业、事业单位应采取综合防尘措施和无尘或低尘的新技术、新工艺、新设备，使作业场所的粉尘浓度不超过国家标准。"该条例还规定了警告、期限治理、罚款和停产整顿的各项条款。

3. 防止有毒物质危害方面

1956年5月，《工厂安全卫生规程》中对工作场所尘毒危害和危险物品治理提出了要求。如"散放有害健康的蒸气、气体和粉尘的设备要严加密闭，必要时应安装通风、吸尘和净化装置"。《工业企业设计卫生标准》规定了我国各类工业企业设计的工业卫生基本标准，它从工业企业的设计、施工到生产过程，以及"三废"治理等多个环节，提出了劳动卫生学的基本要求，并对111种化学毒物规定了车间空气中允许浓度的最高标准。2013年12月1日，卫生部、劳动人事部、财政部、中华全国总工会在《职业病范围和职业病患者处理办法》的规定中，将51种职业中毒列为法定职业病。《职业病防治法》第二十三条规定：对可能发生急性职业损伤的有毒、有害工作场所，用人单位应当设置报警装置，配置现场急救用品、冲洗设备、应急撤离通道和必要的泄险区。

4. 防止物理危害因素和伤害方面

《工厂安全卫生规程》中对照明、温度、噪声等物理因素的治理作了明确规定。1979年国家颁布的《工业企业噪声卫生标准》规定，"新企业的噪声不得超过85dB(A)，现有企业最高不得超过90dB(A)"。《微波辐射暂行卫生标准》对微波设备的出厂性能鉴定要求进行了严格的规定。《矿山安全条例》规定："开采放射性矿物的矿井，应当有效措施减少氡气析出量。"《放射性同位素工卫生防护管理办法》中规定："放射性同位素应用单位开展工作前，要向所在省、市、自治区卫生部门申请许可，并向公安申请登记。"《职业病防治法》第二十三条规定：对放射工作场所和放射性同位素的运输、储存，用人单位必须配置防护设备和报警装置，保证接触放射线的工作人员佩带个人剂量计。对职业病防护设备、应急救援设施和个人使用的职业病防护用品，用人单位应当进行经常性的维护、检修，定期检测其性能和效果，确保其处于正常状态，不得擅自拆除或者停止使用。第二十六条规定：向用人单位提供可能产生职业病危害的化学品、放射性同位素和含有放射性物质的材料的，应当提供中文说明书。说明书应当载明产品特性、主要成分、存在的有害因素、可能产生的危害后果、安全使用注意事项、职业病防护以及应急救治措施等内容。产品包装应当有醒目的警示标识和中文警示说明。储存上述材料的场所应当在规定的部位设置危险物品标识或者放射性警示标识。

5. 劳动卫生个体防护方面

《工厂安全卫生规程》中对不同工种应发放的劳动防护用品做了具体规定。《国营企业职工个人防护用品发放标准》对发放防护用品的原则和范围、不同行业同类工种发放防护服的标准、行业性的主要工种发放防护服的标准、发放防寒服的标准以及其他防护用品的发放标准等做了具体规定。2000 年国家经贸委发布了《劳动防护用品配备标准(试行)》，对工业企业各种工种工人的劳动保护用品配备标准做出了明确、具体的规定。《职业病防治法》第二十条规定：用人单位必须采用有效的职业病防护设施，并为劳动者提供个人使用的职业病防护用品。用人单位为劳动者个人提供的职业病防护用品必须符合防治职业病的要求；不符合要求的，不得使用。第二十三条规定：对可能发生急性职业损伤的有毒、有害工作场所，用人单位应当设置报警装置，配置现场急救用品、冲洗设备、应急撤离通道和必要的泄险区。对放射工作场所和放射性同位素的运输、储存，用人单位必须配置防护设备和报警装置，保证接触放射线的工作人员佩带个人剂量计。对职业病防护设备、应急救援设施和个人使用的职业病防护用品，用人单位应当进行经常性的维护、检修，定期检测其性能和效果，确保其处于正常状态，不得擅自拆除或者停止使用。

6. 工业卫生辅助设施方面

《工厂安全卫生规程》规定：“工厂应根据需要，设置浴室、厕所、更衣室、休息室、妇女卫生室等辅助设施。”《工业企业设计卫生标准》也专门设立一章，对辅助用室作出一般规定，对生产卫生用室、生活用室、妇女卫生用室的劳动卫生要求进行了规定。《职业病防治法》第十三条要求工作场所应当符合下列职业卫生要求：有与职业病危害防护相适应的设施；有配套的更衣间、洗浴间、孕妇休息间等卫生设施等。

7. 女职工劳动卫生特殊保护方面

国家根据女职工的生理机能和身体特点，以妇女劳动卫生学为科学依据，先后制定了《女职工保健工作暂行规定(试行草案)》《女职工劳动保护规定》《女职工禁忌劳动范围的规定》《妇女权益保障法》等法律、法规和规章，对女工的劳动卫生特殊保护作出了明确规定。特别是《女职工劳动保护规定》是新中国成立以来女职工特殊劳动保护的重要法规，它全面系统地规定了女职工各项劳动保护。1994 年 7 月，我国制定的第一部劳动基本法《劳动法》(2018 年修订)也设专门一章规定对女职工的特殊劳动保护。此外，通风、照明、防暑降温、防冻取暖和职工健康检查、建档、职业病预防保健等也属于劳动卫生内容，并且也有一系列法规规定。《职业病防治法》第三十五条规定：用人单位不得安排未成年工从事接触职业病危害的作业；不得安排孕期、哺乳期的女职工从事对本人和胎儿、婴儿有危害的作业。

8. 未成年工的特殊劳动保护方面

未成年工是指年满 16 周岁、未满 18 周岁的劳动者。未成年工正处于身体和智力的发育期，还在接受义务教育的年龄段，文化、技能和自我保护的能力还比较低，本不适合参加正式的劳动。为了未成年工的特殊劳动保护，我国颁布了相关的法规，如 1991 年 9 月 4 日发布的《未成年人保护法》(2020 年修订)、原劳动部 1994 年 12 月 9 日颁发了《未成年工特殊保护规定》、国务院 2002 年 10 月 1 日发布了《禁止使用童工规定》等。特别是人大常委会 1995 年发布《劳动法》(2018 年修订)对未成年工的劳动保护作出了明确的规定，第六十四条规定，不得安排未成年工从事矿山井下、有毒有害、国家规定的第四级体力劳动强度的劳动和其他禁忌从事的劳动；《未成年的特殊保护规定》第二条第 2 款规定，未成年工的特殊保护是针对未成年工处于生长发育期的特点，以及接受义务教育的需要、采取的特殊劳动保护措施；第三条规定，用人单位不得安排未成年工从事矿山井下及矿山地面采石作业，使用凿岩机、捣固机、铆钉机、电锤的作业。

四、安全管理法规

安全管理法规，是指国家为了搞好安全生产、加强安全生产和劳动保护工作，保护职工的安全健康所制定的管理规范。从广义来讲，国家的立法、监督、监督检查和教育等方面都属于管理范畴。安全生产管理是企业经营管理的重要内容之一，因此，管生产的必须管安全。《宪法》规定，加强劳动保护，改善劳动条件，是国家和企业管理劳动保护工作的基本原则。劳动保护管理制度是各类工矿企业为了保护劳动者在生产过程中的安全、健康，根据生产实践的客观规律总结和制定的各种规章。概括地讲，这些规章制度一方面是属于生产行政管理制度，另一方面是属于生产技术管理制度。这两类规章制度经常是密切联系、互相补充的。

重视和加强安全生产的制度建设，是安全生产和劳动保护法制的重要内容。《劳动法》第五十二条规定："用人单位必须建立、健全职业安全卫生制度。"《企业法》第四十一条规定："企业必须贯彻安全生产制度，改善劳动条件，做好劳动保护和环境保护工作，做到安全生产和文明生产。"此外，在《矿山安全法》《乡镇企业法》《煤炭法》《职业病防治法》《全民所有制工业交通企业设备管理条例》《危险化学品管理条例》等多部法律法规中，都对不断完善劳动保护管理制度提出了要求。

1. 安全生产责任制

在《国务院关于加强企业生产中安全工作的几项规定》中，对安全生产责任制的内容及实施方法做了比较全面的规定。经过多年的劳动保护工作实践，这一制度得到了进一步的完善和补充，在国家相继颁布的《企业法》《环境保护法》《矿山安全法》《煤炭法》《职业病防治法》等多项法律、法规中，安全生产责任制都被列为重要条款，成为国家安全生产管理工作的基本内容。

2. 安全教育制度

新中国成立以来，各级人民政府和各产业部门为加强企业的安全生产教育工作陆续颁发了一些法规和规定。《劳动法》不仅规定了用人单位开展职业培训的义务和职责，同时规定了"从事技术工种的劳动者，上岗前必须经过培训"。《企业法》把"企业应当加强思想政治教育、法制教育、国防教育、科学文化教育和技术业务培训，提高职工队伍素质"作为企业必须履行的义务之一。《矿山安全法》规定："矿山企业必须对职工进行教育、培训；未经安全教育、培训的，不得上岗作业""矿山企业安全生产的特种作业人员必须接受专门培训，经考核合格取得操作资格证书的，方可上岗作业"。《煤炭法》《乡镇企业法》《职业病防治法》等其他法律法规中，也都对劳动保护教育制度予以规定。为了贯彻国家法规的规定，原劳动部于 1995 年颁布了《企业职工职业安全卫生教育管理规定》；2001 年 6 月颁发了《锅炉司炉工人安全技术考核管理办法》，2010 年 7 月颁发了《特种作业人员安全技术培训考核管理规定》。1999 年 7 月，国家经贸委颁布了《特种作业人员安全技术培训考核管理办法》(2015 年修订)。

3. 安全生产检查制度

多年的安全生产工作实践，使群众性的安全生产检查逐步成为劳动保护管理的重要制度之一，在《国务院关于加强企业生产中安全工作的几项规定》中，对安全生产检查工作提出了明确要求。1980 年 4 月，经国务院批准，把每年五月份定为"安全月"，以推动安全生产和文明生产，并使之经常化、制度化。

4. 伤亡事故报告处理制度

1956 年国务院发布了《工人职员伤亡事故报告规程》。1991 年 2 月 22 日，国务院发布了《企业职工伤亡事故报告和处理规定》的第 75 号令，对企业职工伤亡事故的报告、调查、处理等提出了具体要求。为了保证特别重大事故调查工作的顺利进行，1989 年 3 月国务院发布了《特别重大事故调查程序暂行规定》(2007 年修订)。原劳动部依据国家法律法规的有关规定，对职工伤亡事故的统计、报告、调查和处理等程序进行了规定。为履行安全生产群众监督检查职责，全国总工会对各级工会组织进行职工伤亡事故的统计、报告、调查和处理等也做出了规定。

5. 劳动保护措施计划

1978 年国务院重申的《关于加强企业生产中安全工作的几项规定》中明确要求“企业单位必须在编制生产、技术、财务计划的同时，必须编制安全生产技术措施计划”。1976 年，国家计委、经委、建委又联合发出了《关于安排落实劳动保护措施经费的通知》，同年，国务院发出了第 100 号文件，重申“每年在固定资产更新和技术改造资金中提取 10%～20%(矿山、化工、金属冶炼企业应大于 20%)用于改善劳动条件，不得挪用”。为了加快我国矿山企业设备的更新和改造，《矿山安全法》规定，“矿山企业安全技术措施专项费用必须全部用于改善矿山安全生产条件，不得挪作他用”。同时规定了对“未按照规定提取或使用安全技术措施专项经费”的罚则。

6. 建设工程项目的安全卫生规范

“三同时”是保证建设工程项目落实“安全第一，预防为主，综合治理”安全生产方针最有力措施。

“三同时”是指生产性基本建设和技术改造项目中的职业安全卫生设施，应与主体工程同时设计、同时施工、同时验收和投产使用。有关“三同时”监督的法规有：

1977 年 8 月 24 日〔77〕劳护字 105 号联合发布的《关于加强有计划改善劳动条件工作的联合通知》，第 4 条提出：“在新建、扩建、改建企业时，必须按照《工业企业设计卫生标准》的要求进行设计和施工，一定要做到主体工程和防尘防毒技措同时设计、同时施工、同时投产。”

1978 年国发第 100 号文《关于加强厂矿企业防尘防毒工作的报告》明确规定，“新的建设项目，要认真做到劳动保护设施主体工程同时设计、同时施工、同时投产”以及“设计、制造新的生产设备，要有符合要求的安全卫生防护设施”。

国家计委于1990年9月发布了《建设项目(工程)竣工验收办法》，对竣工验收的范围、依据、要求、程序等进行了全面规定。1996年10月4日，原劳动部重新发布了《建设项目(工程)职业安全卫生监督规定》，对各级劳动行政部门、经济管理部门、行业管理部门和建设单位做好这项工作提出了明确要求。此外，建筑陶瓷、冶金、水泥、机械、有色金属等工业部门也各自制订了本行业企业的生产性建设工程项目劳动安全、卫生设计规定。

1978年《中共中央关于认真做好劳动保护工作的通知》，第三点指出：“今后，凡是新建、改建、扩建的工矿企业和革新挖潜的工程项目，都必须有保证安全生产和消除有毒有害物质的设施。这些设施要与主体工程同时设计、同时施工、同时投产，不得削减。正在建设的项目，没有采取相应设施的，一律要补上，所需资金由原批准部门解决；谁不执行，要追究谁的责任。劳动、卫生、环保部门要参加设计审查和竣工验收工作，凡不符合安全卫生规定的，有权制止施工和投产。”

1988年5月27日原劳动部劳字〔1988〕48号《关于生产性建设工程项目职业安全卫生监督的暂行规定》，共12条25款另3个附件，是“三同时”监督方面最正规、最完整的法规。

1996年原劳动部第3号令发布了《建设项目(工程)职业安全卫生监督规定》，1998年2月原劳动部第10号令发布了《建设项目(工程)职业安全卫生预评价管理办法》。这两种规定和办法，对工程建设项目的职业安全卫生的监督和预评价做出了具体的规定和要求。

7. 安全生产监督制

安全生产监督是国家授权特定行政机关设立的专门监督机构，以国家名义并利用国家行政权力，对各行业安全生产工作实行统一监督。在我国，国家授权行政主管部门(国家安全生产监督管理局)行使国家安全生产监督权。国家安全生产监督制度，由国家安全生产监督法规制度、监督组织机构和监督工作实践构成体系。这一体系还与企业、事业单位及其主管部门的内部监督、工会组织的群众监督相结合。1978年至1979年，国务院责成有关部门着手进行锅炉、矿山安全的立法和监督工作，并于1982年2月颁布了《锅炉压力容器安全监察暂行条例》(2003 年修订)，同年国务院发布了《矿山安全监察条例》。1983 年 5 月，国务院批转劳动人事部、国家经委、全国总工会《关于加强安全生产和劳动保护安全监督工作的报告》同意对其他行业全面实行国家劳动安全监督制度和违章经济处罚办法。1997 年 1 月，原劳动部发布了《建设项目(工程)职业安全卫生监督规定》，明确了任何建设项目(工程)必须接受职业安全卫生监督和验收。

8. 工伤保险制度

1993 年，党的十四届三中全会通过《中共中央关于建立社会主义市场经济体制若干问题的决定》提出了“普遍建立企业工伤保险制度”的要求。1996 年 10 月原劳动部颁发了《企业职工工伤保险试行办法》(劳部发〔1996〕266 号)，2003 年国务院发布了《工伤保险条例》(2011 年修订)，标志着我国探索建立符合社会保险通行原则的工伤保险工作进入了新阶段。2006 年国家发布了 GB/T 16180—2006《劳动能力鉴定 职工工伤与职业病致残等级》、2014 年国家发布了 GB/T 16180—2014《劳动能力鉴定 职工工伤与职业病致残等级》等鉴定标准，为工伤的鉴定提供了技术规范。目前我国的工伤保险制度，贯彻了工伤保险与事故预防相结合的指导思想和改革思路，把过去企业自管的被动的工伤补偿制度改革成社会化管理的工伤预防、工伤补偿、职业康复三项任务有机结合的新型工伤保险制度。

9. 注册安全工程师执业资格制度

2002 年国家人事部、国家安全生产监督管理局发布了《注册安全工程师执业资格制度暂行规定》和《注册安全工程师执业资格认定办法》，从而推行了我国的注册安全工程师执业资格制度，这一制度的实施将对提高我国安全专业人员的专业素质水平发挥重要的作用。

五、国家安全生产的标准规范体系

2017 年 4 月 1 日实施的 GB/T 33000—2016《企业安全生产标准化基本规范》(以下简称新版《基本规范》)，在总结企业安全生产标准化建设工作实践经验的基础上，突出体现三个特点：

一是突出了企业安全管理系统化要求。新版《基本规范》贯彻落实国家法律法规、标准规范的有关要求，进一步规范从业人员的作业行为，提升设备现场本质安全水平，促进风险管理和隐患排查治理工作，有效夯实企业安全基础，提升企业安全管理水平。更加注重安全管理系统的建立、有效运行并持续改进，引导企业自主进行安全管理。

二是调整了企业安全生产标准化管理体系的核心要素。为使一级要素的逻辑结构更具系统性，新版《基本规范》将原 13 个一级要素梳理为 8 个：目标职责、制度化管理、教育培训、现场管理、安全风险管控及隐患排查治理、应急管理、事故管理和持续改进。强调了落实企业领导层责任、全员参与、构建双重预防机制等安全管理核心要素，指导企业实现安全健康管理系统化、岗位操作行为规范化、设备设施本质安全化、作业环境器具定置化，并持续改进。

三是提出安全生产与职业健康管理并重的要求。《中共中央 国务院关于推进安全生产领域改革发展的意见》中要求，企业对本单位安全生产和职业健康工作负全面责任，要严格履行安全生产法定责任，建立健全自我约束、持续改进的内生机制。建立企业全过程安全生产和职业健康管理制度，坚持管安全生产必须管职业健康。新版《基本规范》将安全生产与职业健康要求一体化，强化企业职业健康主体责任的落实。同时，实行了企业安全生产标准化体系与国际通行的职业健康管理体系的对接。

新版《基本规范》作为企业安全生产管理体系建立的重要依据，以国家标准发布实施，将在企业安全生产标准化实践中发挥积极的推动作用，指导和规范广大企业自主进行安全管理，深化企业安全生产标准化建设成效，引导企业科学发展、安全发展，做到安全不是“投入”而是“投资”，实现企业生产质量、效益和安全的有机统一，能够产生广泛而实际的社会效益和经济效益。

第四章　全国石油石化安全与应急管理技术发展

信息化是构建新时代大国应急管理体系的基础工程，也是提升应急保障能力的必由之路。全国石油石化企业始终把信息化工作当作一项全局性、系统性、战略性的工作来抓，坚持把信息化与应急管理事业发展一体规划、同步推进。

“十四五”时期，全国石油石化企业持续推进信息技术与应急管理业务的有效融合、深度应用，形成规模，以信息化推进应急管理能力现代化，应该从技术领域与技术方向两个维度对石油石化安全与应急技术发展情况进行分析。技术领域主要包括勘探开发、炼油化工、销售业务、天然气与管道及其他；技术方向主要包括安全风险评估与规划、安全检测检验、安全监测监控、安全预测预警、应急指挥决策、应急救援及其他。

一、国家重点研发计划——公共安全风险防控与应急技术装备

重点专项面向公共安全保障的国家重大战略需求，重点围绕公共安全共性基础科学问题、国家公共安全综合保障、社会安全监测预警与控制、生产安全保障与重大事故防控、国家重大基础设施安全保障、城镇公共安全风险防控与治理、综合应急技术装备等重点方向不同重点任务的关键科技瓶颈问题，开展基础理论研究、技术攻关、装备研制和应用示范，旨在大力提升我国公共安全预防准备、监测预警、态势研判、救援处置、综合保障等关键技术水平，为健全我国公共安全体系、全面提升我国公共安全保障能力提供有力的科技支撑。

其中，围绕石油石化行业安全与应急开展的项目涉及41项，项目经费共计128317万元。见表4-1。

表4-1　2016—2020年项目(石油石化安全与应急方向，不完全统计)

年度	项目方向	项目名称	承担单位	项目经费/万元
2016	1. 共性基础科学问题	1.1 重大事故灾难次生衍生与多灾种耦合致灾机理与规律	中国科学技术大学	2900
		1.2 承载载体灾变机理、风险评估与监测预警原理与方法	浙江工业大学	3200

续表

年度	项目方向	项目名称	承担单位	项目经费/万元
2016	2. 社会安全监测预警与控制	2.2 重要场所安全保卫关键技术研究	北京航空航天大学	4000
		2.4 城市重特大火灾防控与治理关键技术研究	公安部上海消防研究所	4000
	3. 生产安全保障与重大事故防控	3.1 典型危险化学品储存设施安全预警与防护一体化关键技术研究与应用示范	中国石油集团安全环保技术研究院	2600
		3.2 易燃易爆危险化学品灾害事故应急处置技术装备研发应用示范	中国石油化工股份有限公司青岛安全工程研究院	2600
		3.4 化工园区耦合事故区域防控技术研究与应用示范	中国安全生产科学研究院	4300
		3.8 高参数承压特种设备风险防控与治理关键技术研究	中国特种设备检测研究院	4000
	4. 国家重大基础设施安全保障	4.1 油气长输管道及储运设施检验评价与安全保障技术	中国石油天然气股份有限公司管道分公司	2000
		4.3 临海油气管道和陆上终端设施检验评价与安全保障技术	中石化胜利石油工程有限公司	1700
	6. 综合应急技术装备	6.3 灾害环境下人体损伤机理研究与救援防护技术装备研发及应用示范	清华大学	5800
		6.4 高机动多功能应急救援车辆关键技术研究与应用示范	徐州工程机械集团有限公司	3900
		6.5 灾害现场信息获取技术研究与应用示范	长春光机所	3000
		6.6 一体化综合减灾智能服务研究及应用示范	中国测绘科学研究院	3800
		6.7 应急物流关键技术研究及应用示范	普天物流技术有限公司	4700
2017	1. 国家公共安全综合保障	1.1 重大综合灾害耦合实验和模拟技术与装备	清华大学	5000

续表

年度	项目方向	项目名称	承担单位	项目经费/万元
2017	3. 生产安全保障与重大事故防控	3.6 海洋石油天然气开采事故防控技术研究及工程示范	中海石油(中国)有限公司	3390
		3.8 典型危险化学品爆炸机理及事故防控关键技术研究及示范	北京理工大学	4330
		3.9 危险品运输过程安全保障技术研究及示范	交通运输部公路科学研究院	2683
		3.10 典型重大生产安全事故人员安全保护技术与装备研发	中国安全生产科学研究院	3100
		3.11 城市地下综合管廊安全防控技术研究及示范	中国市政工程华北设计研究总院有限公司	2987
		3.12 高温熔融金属作业事故预防与控制技术研究	中国安全生产科学研究院	5171
		3.17 移动式承压类特种设备风险防控与治理关键技术研究	中国特种设备检测研究院	1692
	4. 国家重大基础设施安全保障	4.1 国家石油及天然气储备库安全保障技术与装备研发	中国石油大学(北京)	1419
	6. 综合应急技术装备	6.1 融合应急通信关键技术研究与应用示范	青岛海尔多媒体有限公司	3091
		6.2 高原高寒地区灾害现场安置装备关键技术与装备研究与应用示范	中国人民解放军后勤工程学院	3800
		6.4 主动防控型警用机器人关键技术研究与应用示范	公安部第一研究所	3097
		6.5 特种消防产品关键技术研究及应用示范	公安部上海消防研究所	4250
		6.6 无人应急救援装备关键技术研究与应用示范	沈阳新松机器人自动化股份有限公司	3500

续表

年度	项目方向	项目名称	承担单位	项目经费/万元
2018	1. 国家公共安全综合保障	1.1 国家安全风险管理关键技术研究与应用	清华大学	2707
		1.2 国家公共安全应急平台	清华大学	2715
	2. 社会安全监测预警与控制	2.6 特殊结构建筑防火灭火关键技术装备研发与应用示范	公安部天津消防研究所	2950
	3. 生产安全保障与重大事故防控	3.9 典型石化过程安全保障关键技术及装备研发	天津大学	2474
		3.11 严苛环境下典型承压类特种设备结构安全性评价及失效预防技术	华东理工大学	1945
		3.12 特种设备安全防护系统功能安全保障关键技术研究	中国特种设备检测研究院	1576
		3.13 基于大数据的特种设备事故预测预防技术研究	中国特种设备检测研究院	1906
		3.16 国家危险化学品风险预警与信息共享服务关键技术研究与示范	国家安全生产监督管理总局化学品登记中心	2861
	5. 城镇公共安全风险防控与治理	5.2 安全韧性城市构建与防灾技术研究与示范	清华大学	1868
	6. 综合应急技术装备	6.4 应急救援特种防护材料关键技术研究与应用示范	际华集团股份有限公司	2461
		6.5 水上应急救援关键技术研究及应用示范	烟台打捞局	2464
		6.6 复杂环境工程抢险关键技术研究及应用示范	新兴重工集团有限公司	2380
2019—2020	无相关课题立项			
合计经费：128317				

二、各省部级、协会奖励统计分析

为掌握近年来石油石化安全与应急方向重点科学技术成果研发情况，对2016—2020年国家、中国石油和化学工业联合会、中国职业健康协会以及中国安全生产协会科学技术奖励情况进行统计。

1. 国家科学技术奖励

2016—2021年，共有8项与石油石化安全应急相关的项目获得国家科学技术奖励，其中国家技术发明奖3项，国家科技进步奖5项；一等奖1项，二等奖7项，如表4-2和图4-1所示。

表4-2　2016—2020年国家科学技术奖励情况

序号	奖励类别	年份	获奖项目名称	获奖单位	获奖等级
1	国家技术发明奖	2016	混合式光纤传感技术及其在工程安全监测领域中的应用	天津大学、北京品傲光电科技有限公司等	二等奖
2		2018	油气管道系统完整性关键技术与工业化应用	中国石油大学(北京)、中油管道检测技术有限责任公司等	二等奖
3		2020	海洋深水钻探井控关键技术与装备	中国石油大学(华东)、中海油研究总院有限责任公司等	二等奖
4	国家科技进步奖	2018	水中典型污染物健康风险识别关键技术及应用	华中科技大学、中国疾病预防控制中心环境与健康相关产品安全所等	二等奖
5		2019	工业园区有毒有害气体光学监测技术及应用	中科院合肥物质科学研究院、中国科学技术大学等	二等奖
6		2019	炼化含硫废气超低硫排放及资源化利用成套技术开发与应用	中国石油化工股份有限公司齐鲁分公司、中原油田普光分公司等	二等奖
7		2019	易燃易爆危险物质爆炸防控关键技术与装备	北京理工大学、中煤科工集团重庆研究院有限公司等	二等奖
8		2020	工业烟气多污染物协同深度治理技术及应用	清华大学、中冶长天国际工程有限责任公司等	一等奖

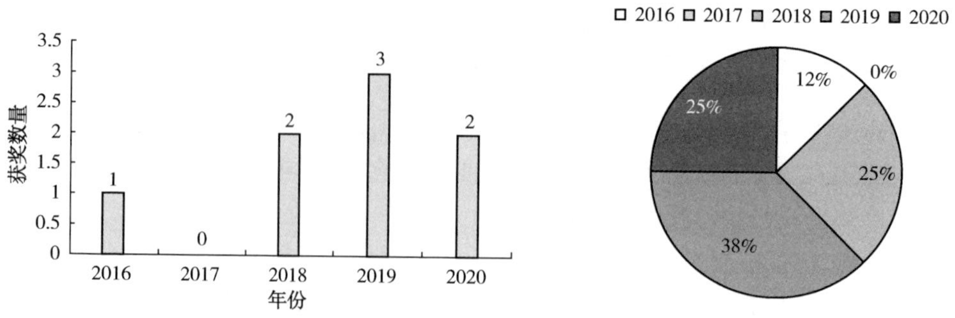

图 4-1　2016—2020 年获奖情况（1）

2. 中国石油和化学工业联合会科学技术奖励

2016—2021 年，共有 17 项与石油石化安全应急相关的项目获得中国石油和化学工业联合会科学技术奖励，其中国家技术发明奖 1 项，国家科技进步奖 16 项；一等奖 6 项，二等奖 10 项，如表 4-3 和图 4-2 所示。

表 4-3　2016—2020 年中国石油和化学工业联合会科学技术奖励情况

序号	奖励类别	年份	获奖项目名称	获奖单位	获奖等级
1	科技进步奖	2016	石化装置故障诊断与网络化在线安全运行监测平台研发	中国石化青岛安工院、青岛科技大学等	二等奖
2		2017	涉硫石化装置运行风险评估与预警技术及其应用	南京工业大学、中国特种设备检测研究院等	一等奖
3		2017	石油化工行业安全施工风险管控技术及应用	中国石化青岛安工院、中国科学院软件研究所等	二等奖
4		2018	化工安全技术与工程及其在绿色制造中的应用	沈阳化工研究院有限公司、沈阳科创化学品有限公司等	一等奖
5		2018	石化企业安全水平量化评估和风险动态只能管控技术	中国石化青岛安工院	二等奖
6		2018	典型石化过程工艺异常诊断及安全优化运行关键技术	中国石化青岛安工院、华东理工大学等	二等奖
7		2018	高含硫气田净化装置腐蚀与监测关键技术研究与应用	中国石化中原油田普光分公司、甘肃蓝科石化高新装备股份有限公司等	二等奖
8		2019	危险化学品泄漏源定位技术与系统	清华大学、北京化工大学等	一等奖

续表

序号	奖励类别	年份	获奖项目名称	获奖单位	获奖等级
9	科技进步奖	2019	深水钻井隔水管系统安全高效作业关键技术及其工业化应用	中国石油大学(华东)、中海油深海开发有限公司	一等奖
10		2019	危险化学品输送管道健康诊断及事故预警关键技术研究及应用	常州大学、南京工业大学等	二等奖
11		2019	进口原油质量与安全关键技术研究及标准体系的建立	农博出入境检验检疫局检验检疫技术中心等	二等奖
12		2019	海上油田安全高效井筒故障处理关键技术研究与应用	中国石油大学(北京)、中海油田服务股份有限公司	二等奖
13		2020	典型危险化工过程本质安全关键技术体系创建及应用	南京工业大学，中国石化青岛安工院等	一等奖
14		2020	炼油装置腐蚀预测与监测控制一体化技术及应用	西安交通大学、中国石油兰州石油化工有限公司研究院等	一等奖
15		2020	油气开采业危险废物分类豁免与污染防治技术研究及应用	中国石油安全环保院、中国石油勘探与生产分公司等	二等奖
16		2020	石油钻机安全评价体系建立及关键技术研究	中国石油川庆钻探工程有限公司安全环保质量监督检测研究院、西南石油大学等	二等奖
17	技术发明奖	2020	海上钻井井筒压力精细控制关键技术与装备	中国石油集团工程技术研究院有限公司，中国石油大学(华东)	二等奖

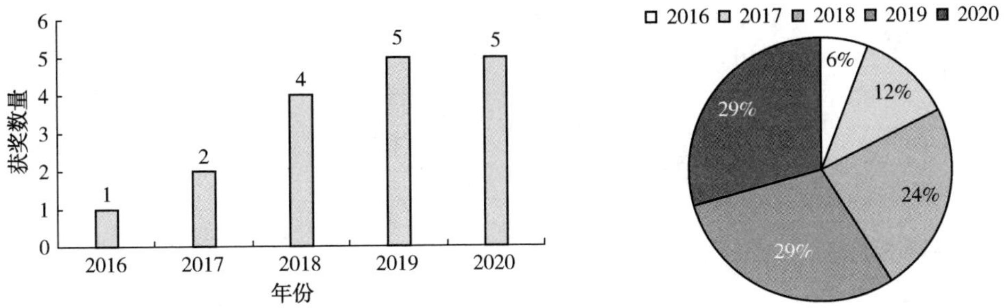

图 4-2　2016—2020 年获奖情况(2)

3. 中国职业健康协会科学技术奖励

2016—2021 年，共有 26 项与石油石化安全应急相关的项目获得中国职业健康协会科学技术奖励一等奖和二等奖，其中一等奖 10 项，二等奖 16 项，如表 4-4、图 4-3 所示。

表 4-4　2016—2020 年中国职业健康协会科学技术奖励情况

序号	年份	获奖项目名称	获奖单位	获奖等级
1	2016	油罐区重大燃爆事故防范关键技术	中国石化青岛安工院、清华大学等	一等奖
2	2016	井喷(失控)有毒气体扩散情景构建研究	中国石油安全环保技术研究院	二等奖
3	2016	原油储罐雷电静电着火防护及罐区安全综合技术研究	中国石油安全环保技术研究院	二等奖
4	2016	大型 LNG 接收站风险评估技术研究	中国石化青岛安工院、中国石油天然气分公司	二等奖
5	2016	化工园区事故预警与现场动态监测关键技术及成套装备开发	中国安全生产科学研究院、北京市劳动保护科学研究所等	二等奖
6	2017	石化工程建设及大检修施工风险管控关键技术	中国石化青岛安工院、青岛诺诚化学品安全科技有限公司	一等奖
7	2017	危险化学品安全管理量化评估系统开发及应用	中国化学品安全协会	二等奖
8	2017	复杂油气井压井与井控风险评估技术研究	中国石油集团安全环保技术研究院	二等奖
9	2017	基于重大突发事件情景构建的应急准备能力研究	中国安全生产科学研究院、广州地铁集团有限公司等	二等奖
10	2017	石化企业重大事故情景构建及应急辅助决策技术研究与应用	中国石化青岛安工院	二等奖
11	2018	城市燃气管网及其相邻空间燃爆风险监测预警技术研究与应用	清华大学合肥公共安全研究院、北京理工大学等	一等奖

续表

序号	年份	获奖项目名称	获奖单位	获奖等级
12	2018	受限空间危化品泄漏负压处置技术装备	中国石化青岛安工院、国家安全生产监督管理总局化学登记中心等	一等奖
13	2018	石化企业安全水平定量诊断和风险动态预警与管控技术	中国石化青岛安工院、国家安全生产监督管理总局化学登记中心等	一等奖
14	2018	基于VR技术的安全生产典型场景隐患排查实训系统研发及应用	北京市安全生产科学技术研究院、中华安邦(北京)安全生产技术研究院股份有限公司	二等奖
15	2018	炼化企业粉尘作业岗位职业病危害风险控制研究	中国石化青岛安工院	二等奖
16	2018	用于应急救援的钢结构安全防护技术	四川川交路桥有限责任公司	二等奖
17	2019	管道腐蚀阵列超声导波无损检测关键技术及仪器研发	中国特种设备检测研究院、中北大学等	一等奖
18	2019	河流溢油应急处置技术及应用	中国石油安全环保技术研究院、中国石油管道分公司等	一等奖
19	2019	高风险油气管道安全保障磁测关键技术与装备	中国特种设备检测研究院、合肥中大科技有限公司等	一等奖
20	2019	输油管道环境敏感区风险评估关键技术及应用	中国石油安全环保技术研究院、中国石油管道有限责任公司西部分公司等	二等奖
21	2019	压力管道风险识别与评价关键技术研究	中国特种设备检测研究院、江苏省特种设备安全监督检验研究院等	二等奖
22	2020	职业健康风险评估理论与方法研究及应用	中国矿业大学(北京)、清华大学等	一等奖
23	2020	外浮顶储罐密封圈主动安全防护技术及应用	威特龙消防安全集团股份有限公司、中国石油安全环保技术研究院	一等奖

续表

序号	年份	获奖项目名称	获奖单位	获奖等级
24	2020	基于城镇脆弱性的油气管道风险评估技术研究及应用	中国安全生产科学研究院、东北大学等	二等奖
25	2020	城市底下燃气管网泄漏事故风险防控技术研究与应用	重庆科技学院、中国人民解放军陆军勤务学院等	二等奖
26	2020	化工园区大型油气火灾灭火技术及装备研发	中国石化青岛安工院、新兴重工湖北三六意义机械有限公司等	二等奖

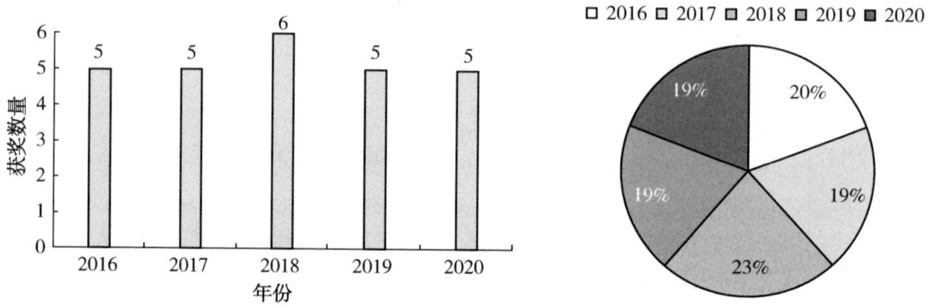

图 4-3　2016—2020 年获奖情况(3)

4. 中国安全生产协会科学技术奖励

2020—2021 年(2020 年首次组织评奖)，共有 25 项与石油石化安全应急相关的项目获得中国安全生产协会科技进步奖一等奖和二等奖，其中一等奖 6 项，二等奖 19 项，如表 4-5 所示。

表 4-5　2019—2020 年中国安全生产协会科学技术奖励(科技进步奖)情况

序号	年份	获奖项目名称	获奖单位	获奖等级
1	2020	油品静电在线监测与智能消除技术及装备	中国石油化工股份有限公司青岛安全工程研究院、中国石化销售有限公司山东石油分公司等	一等奖
2	2020	深海钻井井喷重大安全事故预防技术研究及应	中海油研究总院有限责任公司、中海石油(中国)有限公司等	二等奖

续表

序号	年份	获奖项目名称	获奖单位	获奖等级
3	2020	在役油气管道及压力容器监(检)测评估关键技术应用研究	中国石油化工股份有限公司胜利油田分公司、清华大学等	二等奖
4	2020	LNG 低温储罐制造、检验、风险评估及 LNG 储罐站应急处置关键技术	上海市安装工程集团有限公司、上海市特种设备监督检验技术研究院等	二等奖
5	2020	石油化工装置建筑物抗爆设计研究	中国石化工程建设有限公司、中国石油化工股份有限公司北京燕山分公司等	二等奖
6	2020	危化品重大事故演化过程动态研判及辅助决策关键技术	中国石油化工股份有限公司青岛安全工程研究院、应急管理部化学品登记中心	二等奖
7	2020	基于物联网的重大危险源智能风险感知与监测预警技术研究及应用	成都鼎安华智慧物联网股份有限公司	二等奖
8	2020	智慧化工园区安全风险防控及应急辅助决策关键技术研究及应用	江苏海内软件科技有限公司、南京邮电大学等	二等奖
9	2020	发电企业典型安全事故情景构建与应急能力建设关键技术研究及应用	中国华能集团有限公司、华能长春热电厂	二等奖
10	2021	新型阻燃剂研制及其阻燃电缆安全评测技术	中国安全生产科学研究院、中国地质大学(武汉)等	一等奖
11	2021	典型有毒气体泄漏处置关键技术与装备研发	北京邮电大学、北京市劳动保护科学研究院等	一等奖
12	2021	基于机器视觉与大数据分析的安全生产风险管控关键技术研究及应用	国家电网有限公司、南瑞集团有限公司等	一等奖

续表

序号	年份	获奖项目名称	获奖单位	获奖等级
13	2021	危险化学品生产、储存装置外部安全防护距离确定方法制定及应用研究	中国安全生产科学研究院	一等奖
14	2021	国家危险化学品安全生产风险监测预警体系构建与关键技术	中国石化青岛安工院、应急管理部化学品登记中心	一等奖
15	2021	油气输送管道泄漏综合监测及定位系统研发及应用	中国安全生产科学研究院、中国石油大学(北京)	二等奖
16	2021	基于风险管理的隐患排查治理研究与应用	北京华科合创科技发展有限公司、中国石油辽河油田油气集输公司	二等奖
17	2021	危险化学品道路运输动态风险评估预警技术与安全防护装备研究与应用	中安广源检测评价技术服务股份有限公司、南京工业大学等	二等奖
18	2021	安全生产预警系统安开发与应用	中国化学品安全协会	二等奖
19	2021	复杂因素下埋地油气管道腐蚀致因、致灾评估与防控关键技术	中国石油大学(北京)、国家管网集团西南管道有限责任公司	二等奖
20	2021	城镇油气管道泄漏风险防控一体化技术	中国安全生产科学研究院、中国石化大连石油化工研究院	二等奖
21	2021	石化企业重特大安全生产事故应急处置辅助决策系统关键技术及装备	中国矿业大学、北京凌天智能装备集团股份有限公司等	二等奖
22	2021	安全生产风险监测预警关键技术研究与示范应用	江苏省安全生产科学研究院	二等奖
23	2021	海上应急救援装备体系研究	中国船舶重工集团公司第七一四研究所	二等奖

续表

序号	年份	获奖项目名称	获奖单位	获奖等级
24	2021	原油储罐腐蚀技术评估技术研究与应用	中国石油集团安全环保技术研究院	二等奖
25	2021	化工装置泄漏次生衍生重大火灾爆炸 事故链风险防控关键技术及应用	南京工业大学、常州大学	二等奖

三、SCI、EI、中文核心期刊技术分析

1. SCI 期刊文章技术分析

(1) 检索关键词(主题)：petrochemical，safety，emergency

检索 2010 年以来相关 SCI 文章 92 篇，按照主题、发表年度、学科数据及文献来源以四个要素，分析文章的发表情况，如图 4-4 所示。

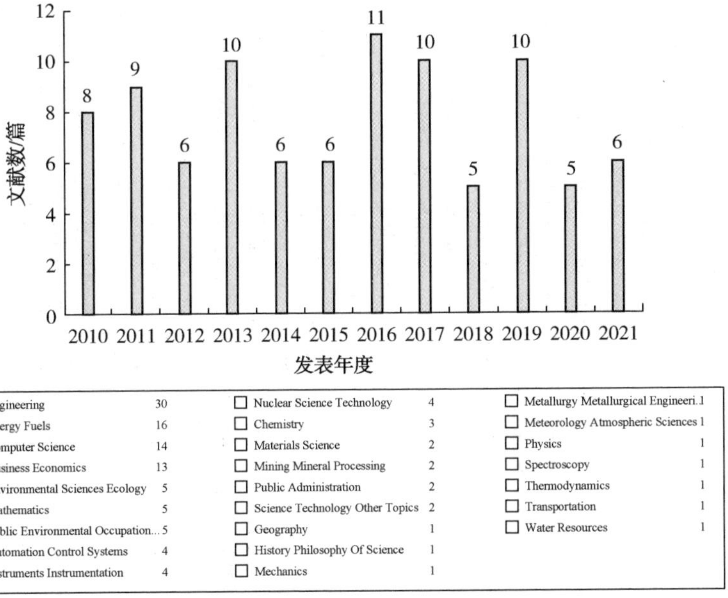

图 4-4 不同年度文献数(检索主题)

充分考虑“相关性”“引用频次”“发表时间”和“影响因子”四个因素，检索综合排名前 10 的 SCI 期刊文章，如表 4-6 所示。

表 4-6 “petrochemical safety emergency”重要 SCI 期刊文章

序号	题名	刊物	摘要
1	LPG leakage and explosion accident analysis based on a new SAA method (2021)	JOURNAL OF LOSS PREVENTION IN THE PROCESS INDUSTRIES (3.66)	The petrochemical industry has inherently high safety risks. On 5th June 2017, a liquefied petroleum gas tanker in the storage and transportation department of Linyi Jinyu Petrochemical Co., Ltd. leaked during unloading, causing a major explosion and fire. Ten people were killed and nine were injured. To prevent the recurrence of similar accidents, a retrospective accident analysis was conducted using the system accident analysis method known as 24Model. This analysis proved the coupling relationship between accident causes involving multiple organisations and multiple factors. The analysis results show that the five modules of maintenance and design, that is, loading and unloading valves, emergency training, management of subsidiaries and contractors, multilevel supervision, and task arrangement need to be checked from top to bottom by relevant organisations. In order to verify the reliability of 24Model analysis results, three SAA methods, namely STAMP, FRAM, AcciMap, were used to analyse the accident, and results obtained by the four methods were evaluated qualitatively and quantitatively. The results show that the output of 24Model is reliable and has a more understandable framework, which can be used as reference for the development of other linear accident cause models and application of system accident analysis methods to real applications
2	Hazards of toluene storage tanks in a petrochemical plant: modeling effects, consequence analysis, and comparison of two modeling programs (2021)	ENVIRONMENTAL SCIENCE AND POLLUTION RESEARCH (4.223)	The leakage of toluene from damaged tanks can threaten both workers and the environment; ergo, the effects and consequences of toluene leaks can be modeled and quantified to aid in emergency planning and response management. This study modeled the effects and consequences on various scenarios of toluene release via the ALOHA and PHAST programs: evaporation puddle formation, dispersion of toxic and flammable vapor clouds, the distribution of lethal concentrations, and the probability of death from a toluene leak from a height of 6 m of the tank wall. The outputs of the two modeling programs were analyzed and compared. The results showed that the maximum threat zone distances associated with high hazards of toxicity, flammability, and thermal radiation of toluene were respectively 736, 132, and 52 m in ALOHA and 1626, no result, and 239 m for PHAST from the accident point in the downwind. The highest probability of death was 92%, which occurred at a distance of 1 m in the cold seasons. The output values for the PHAST program were higher than those for ALOHA. The results also showed that the survival zone in which the probability of death was low could be determined from a distance of 51 m onwards. Although the assessment of the results indicated no matching between the results obtained by ALOHA and PHAST, the program outputs could still help decision-makers in emergency response planning and the allocation of medical and support services during emergencies

续表

序号	题名	刊物	摘要
3	Smokeless flare tips failure investigation: case study (2020)	MATERIALS AT HIGH TEMPERATURES (1.632)	lare tip is an important safety feature of most oil and gas producing and processing facilities. They are used extensively in the hydrocarbon and petrochemical industries as a system to achieve safe and reliable gas release during a plant upset or emergency situation. In this study, a detailed metallurgical investigation of failed smokeless flare tip stack drums at natural gas liquid fractionation plant was performed. Environmental scanning electron microscopy coupled with energy-dispersive X-ray microanalysis and Vicker's microhardness measurement analysis showed severe intergranular cracking damage initiated from the edge of the barrel. Formation of non-protective oxide and Ni-rich sulphide was detected along with the formation of corrosion products and scale primarily at cracks. These findings suggested that the flare tip stack drums have experienced frequent flame impingement or internal burning which promoted microstructural changes in the material and high-temperature corrosion, leading to crack initiation and growth and subsequently resulted in failure
4	Prevention of an atmospheric storage tank bund failure (2020)	JOURNAL OF LOSS PREVENTION IN THE PROCESS INDUSTRIES (3.66)	Secondary containment (bunds, drip trays, interceptors/sumps) is an integral part of many chemical, petrochemical, as well as agricultural, food and pharmaceutical facilities. Bunds are the built-in cases for accidental liquid substance spillage where there is a hazard that a substance could leak into the surroundings and the potential of health or environmental damage. The authors focus on the cases installed in large-volume atmospheric tanks storing hazardous chemicals in liquid form, where the bund failure occurred. In the first part of the study, a database of these accidents was created, numbering a total of 15 items. Attention was paid to the course of the accident, its causes and consequences. Several basic representative scenarios of bund failure have also been developed. The second part of the study is devoted mainly to the measures against the bund failure, such as risk assessment, technical and organizational measures. The aim of this study is to provide readers (including experts in the field of safety engineering, maintenance experts and building designers) with the information that can subsequently be used in the risk assessment of bund failure, possibly also for planning the construction of new bunds, or revitalization and maintenance of the existing ones

续表

序号	题名	刊物	摘要
5	A mathematical programming approach for the optimal placement of flame detectors in petrochemical facilities(2019)	PROCESS SAFETY AND ENVIRONMENTAL PROTECTION（6.158）	Flame detectors provide an important layer of protection for personnel in petrochemical plants，but effective placement can be challenging. A mixed-integer nonlinear programming formulation is proposed for optimal placement of flame detectors while considering non-uniform probabilities of detection failure. We show that this approach allows for the placement of fire detectors using a fixed sensor budget and outperforms models that do not account for imperfect detection. We develop a linear relaxation to the formulation and an efficient solution algorithm that achieves global optimality with reasonable computational effort. We integrate this problem formulation into the Python package，Chama，and demonstrate the effectiveness of this formulation on a small test case and on two real-world case studies using the fire and gas mapping software，Kenexis Effigy.（C）2019 Published by Elsevier B. V. on behalf of Institution of Chemical Engineers
6	Domino effects in chemical factories and clusters：An historical perspective and discussion（2019）	PROCESS SAFETY AND ENVIRONMENTAL PROTECTION（6.158）	Major accidents in Western countries，receiving a lot of media attention in the 1970s，are starting point for research into internal and external domino effects in the chemical and petrochemical sectors and clusters. Initially，these reports are published by government institutions and government-related research centres. With the upcoming quantitative risk analyses in the 1970s and 1980s，the so-called ocoloured books'，published in the Netherlands，play a prominent role in quantifying these domino effects. Since the mid 1990s，the second European Seveso Directive encourages scientific research on domino effects，shown in substantially growth of academic publications on the topic. Research in Western countries is dominated by risk assessments，probabilities，and failure mechanisms are calculated for the complex phenomenon of domino effects and its consequences. Previous works are closely related to political，official and private decision-making. A transition towards risk management is still in its infancy. A future transition is necessary to understand initial scenarios as starting points for domino effects. In India a wake-up call for domino effects occurs in the mid-1990s. Chinese publications on domino effects in the international scientific press appear from the mid-2000s onwards. Due to a rapid industrial isation，the numbers in China country are overwhelming，versus chemical companies，as versus of many major accidents in this sector. This article will discuss results of research on domino effects，conducted in the period 1966-2018，as well as major determinants of these accident processes. Also present，and future transition in this research domain will be discussed.（C）2019 Institution of Chemical Engineers. Published by Elsevier B. V. All rights reserved

续表

序号	题名	刊物	摘要
7	A framework based on location hazard index for optimizing operational performance of emergency response strategies: The case of petrochemical industrial cities (2019)	SAFETY SCIENCE (4.877)	Emergency response operations are very important activities in the industrial areas. As an incident in an industrial area can have considerable economic and social impact, response to such an incident has to be provided in a very short time. Decisions for such responses should consider the available emergency resources, and other factors such as humidity, wind speed, wind direction, population, chemicals, and materials handling, and the characteristics of surrounding affected industrial facilities. In this paper, an index-based emergency response management system (IERMS) is proposed by integrating the location hazard index (LHI) and the response time optimization model. The LHI prioritizes the hazard potential of a location. The response time optimization model provides minimum response time and resource allocations in response to an emergency situation. The use of the framework is illustrated in an industrial city case study by considering petrochemical fire as a demonstration example. The results obtained from the analysis show that the framework is applicable to design the response to incident conditions. It is expected that the framework would help in better resource allocation and efficient response to incidents in industrial areas
8	Decision support system for urban major hazard installations management based on 3DGIS(2019)	PHYSICS AND CHEMISTRY OF THE EARTH (2.712)	The management of urban major hazard installations (UMHI) is important for the public safety and the surrounding ecological environment. The safety managers will have great challenges due to the rapid urbanization and industrialization. In this paper, we developed a 3DGIS-based tool for decision support of UMHI management. The methods of UMHI management are respectively established for real-time risk early warning and consequence assessment. These methods are then integrated into the 3DGIS tool. Finally, the tool is applied to a petrochemical enterprise in urban areas to demonstrate its workflow and functions. The tool successfully simulates the virtual environment of accident scenes, evaluate the real-time risk and accident consequences, and vividly display the analysis results in the form of 3D visualization. The application results show that the tool is of high efficiency, real-time and immersive sense, which can provide decision support for disaster prevention, emergency response and safety planning in urban areas

续表

序号	题名	刊物	摘要
9	An Early-Warning Service for Emerging Communication Problems in Security and Safety Applications(2013)	IEEE COMMUNICATIONS MAGAZINE (9.619)	Experience has shown that unpredictable disruption of communications during emergency operations can have severe consequences both for personal safety and for the ability to conduct a successful operation. An early-warning service for emerging communication disruption due to both unintentional interference and jamming, would therefore be a significant contribution for increased safety and security in such operations. We propose a solution for such an early-warning service both on the terminal and on higher system level. The solution is based on historical recorded data of both local and global information such as signal-to-interference ratio, interference classification, and position. We show by an example that with this service implemented, the operator will have increased time to take actions before a disruption occurs on a specific terminal
10	Safety analysis approach based on thermodynamic and chemical reactions modelling (2012)	JOURNAL OF LOSS PREVENTION IN THE PROCESS INDUSTRIES (3.66)	Safety analysis of nuclear and chemical/petrochemical facilities is the systematic process that is carried out throughout the design process to ensure that all the relevant safety requirements are met by the proposed design of the plant. Safety analysis should incorporate both deterministic and probabilistic approaches. These approaches have been shown to complement each other and both should be used in the decision making process on the safety and ability of the plant to be licensed. This paper deals with the deterministic safety approach in order to distill the experience of nuclear and chemical/petrochemical protection engineering through a safety analysis approach aiming at analysis of chemically reacting processes including thermodynamic and chemical reactions modelling that are present in both industries. For instance, there are some similarities between the Bhopal disaster and Three Mile Island-Fukushima-like H-2 deflagration-detonation scenarios in nuclear containments. The phenomenology is similar in that the temperature and the pressure caused by exothermic reactions had increased dramatically leading to a loss of containment. The study aims to translate and adapt to general chemically reacting modelling, major features of the equivalent analysis inside the nuclear containments. Compartment containment for H-2 deflagrations has been translated and adapted, with fixed tools, to the methyl-isocyanate storage tank 610 of the Bhopal plant. (c) 2011 Elsevier Ltd. All rights reserved

(2)检索关键词(标题):Chemical Industry, Safety, Emergency

检索 2010 年以来相关 SCI 文章 134 篇,按照主题、发表年度、学科数据及文献来源以四个要素,分析文章的发表情况,如图 4-5 所示。

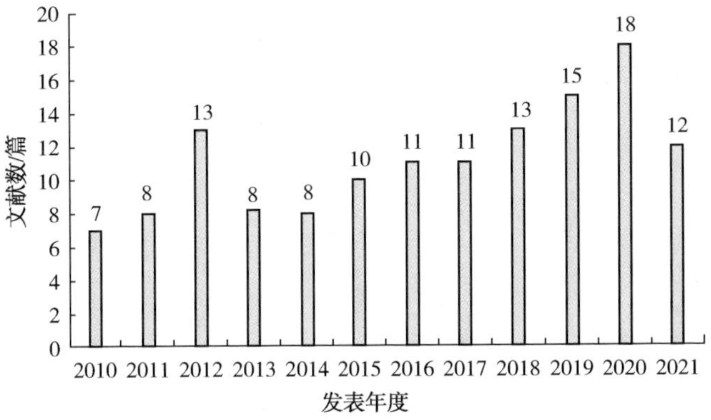

☐ Engineering	90	☐ Social Issues	5	☐ Respiratory System	2
☐ Computer Science	66	☐ Immunology	4	☐ Social Sciences Other Topics	2
☐ Business Economics	60	☐ Nuclear Science Technology	4	☐ Sociology	2
☐ Chemistry	41	☐ Research Experimental Medicine	4	☐ Spectroscopy	2
☐ Environmental Sciences Ecology	40	☐ Biochemistry Molecular Biology	3	☐ Water Resources	2
☐ Mathematics	27	☐ Geography	3	☐ Allergy	1
☐ Public Environmental Occupational Health	27	☐ Microbiology	3	☐ Anesthesiology	1
☐ Energy Fuels	26	☐ Physiology	3	☐ Biodiversity Conservation	1
☐ Toxicology	16	☐ Thermodynamics	3	☐ Dermatology	1
☐ Operations Research Management Science	11	☐ Transportation	3	☐ Emergency Medicine	1
☐ Science Technology Other Topics	11	☐ Veterinary Sciences	3	☐ Fisheries	1
☐ Instruments Instrumentation	8	☐ Virology	3	☐ General Internal Medicine	1
☐ Materials Science	8	☐ Zoology	3	☐ Genetics Heredity	1
☐ Physics	8	☐ Biophysics	2	☐ Geochemistry Geophysics	1
☐ Health Care Sciences Services	7	☐ Biotechnology Applied Microbiology	2	☐ Geriatrics Gerontology	1
☐ Mining Mineral Processing	7	☐ Cell Biology	2	☐ Imaging Science Photographic Technology	1
☐ Education Educational Research	6	☐ Communication	2	☐ Life Sciences Biomedicine Other Topics	1
☐ Government Law	6	☐ Construction Building Technology	2	☐ Mathematical Methods In Social Sciences	1
☐ Infectious Diseases	6	☐ Food Science Technology	2	☐ Neurosciences Neurology	1
☐ Mathematical Computational Biology	6	☐ Geology	2	☐ Nutrition Dietetics	1
☐ Pharmacology Pharmacy	6	☐ Mechanics	2	☐ Oceanography	1
☐ Agriculture	5	☐ MedicalLaboratory Technology	2	☐ Philosophy	1
☐ Automation Control Systems	5	☐ Physical Sciences Other Topics	2	☐ Plant Sciences	1
☐ Meteorology Atmospheric Sciences	5	☐ Public Administration	2	☐ Psychology	1
☐ Pathology	5	☐ Radiology Nuclear Medicine Medical Imaging	2	☐ Telecommunications	1

图 4-5 不同年度的文献数(检索标题)

检索综合排名前 10 的 SCI 期刊文章,如表 4-7 所示。

表 4-7 "Chemical Industry, Safety, Emergency Response"重要 SCI 期刊文章

序号	题名	刊物	摘要
1	Hazardous chemical leakage accidents and emergency evacuation response from 2009 to 2018 in China: A review	SAFETY SCIENCE (4.877)	According to accident data obtained from the China Chemical Information Net, relevant information was extracted from the 5,207 hazardous chemical leakage accidents (HCLAs) and evacuations caused by some HCLAs (1 57) in China from 2009 to 2018. After conducting statistical analysis, the characteristics and the trend of development of the current HCLAs in China were obtained, and so as the emergency evacuation level. According to the results, a regional imbalance still exists in China's HCLAs and more cases of hazardous chemical leakage accidents are occurring in the coastal areas. HCLAs that take place in factories (industrial parks) and civilian residences have the highest mortality. Analyzing emergency evacuations caused by the hazardous chemical leaks, it can be seen that HCLAs in the pipeline transportation are most likely to cause regional evacuations, most of the evacuations take place in rural areas, and fuel gas and ammonia leaks are the main hazardous chemicals that lead to evacuations. In order to improve the safety status of hazardous chemicals industry, combined with the current problems faced by enterprises, governments and society, we discussed and analyzed the framework of integrated management of hazardous chemicals from two aspects: safety management system and emergency protection actions for hazardous chemicals leakage accidents
2	Assessment on thermal hazards of reactive chemicals in industry: State of the Art and perspectives (2020)	PROGRESS IN ENERGY AND COMBUSTION SCIENCE (29.394)	Thermal hazards of reactive chemicals have been a major concern due to the unceasing occurrences of fire and explosion accidents in industry. Understanding thermal threats of these chemicals not only contributes to the process safety and sustainability in the research and development (R&D) level, but promotes the efficiency of loss prevention, firefighting and emergency responses. Numerous studies have been conducted towards the comprehensive assessment of thermal hazards of reactive chemicals. The chemicals and methods varied in these studies, and yet some topics were commonly concerned by researchers in relevant fields. Further to say, these topics should also be targeted at when dealing with thermal hazards of new chemicals in future. This article provides an up-to-date overview of the common ground regarding the comprehensive understanding of thermal hazards of reactive chemicals in industry level; whereby, the main limitations and challenges to be faced are explored. The discussed key points include, the classification and reactivity of typical reactive chemicals, the fundamental steps towards the comprehensive understanding of their thermal hazards (including the identification of reaction mechanisms, the calculation of reaction kinetics and thermodynamics, and the characterization of thermal safety properties), and the applicable theoretical, experimental and engineering approaches in each step. The primary goal of this review is to lay out the essential basics that should be focused in every trial to comprehensively understand the thermal hazards of reactive chemicals. The further research directions are also presented based on the current research gaps and the context of Industry 4.0. (C) 2020 Elsevier Ltd. All rights reserved

续表

序号	题名	刊物	摘要
3	Time dynamics of emergency response network for hazardous chemical accidents: A case study in China(2020)	JOURNAL OF CLEANER PRODUCTION (9.297)	Since currently hazardous chemical accidents occur frequently around the world, how to build up an effective emergency response network (ERN) for hazardous chemical accidents become an urgent issue. Given the truth that previous static ERN research could not reflect the dynamic interaction patterns among actors in emergency response process, this paper studied the emergency response network for hazardous chemical accidents from the perspective of temporal dynamics. Jiangsu Xiangshui 3.21 chemical plant explosion accident, a major hazardous chemical accident just happened in March 2019, was selected as a case in this paper. Based on the time slices of the accident emergency response process, the dynamic evolution of emergency response network, organization functions, and organization positions over time were analyzed by social network analysis (SNA). The results revealed the dynamics of emergency response network in the context of centralized administrative systems. Emergency response network became more decentralized over time, rather than centralized; central organization functions varied depending on the response needs in each period; and positions of participants in network changed as time passed. The results also showed that under the centralized administrative systems, public-sector organizations were the core of emergency response network; whilst non-profit organizations and private organizations were largely marginalized. A hybrid network with centralization and decentralization complement each other may be more effective. ERN for hazardous chemical accidents should be considered in a time-dynamic way and collaborations among public sector organizations, NPOs and private organizations should be paid more attention to improve the emergency response efficiency. These findings may expand knowledge for researchers and practitioners to understand emergency response network of hazardous chemical accidents from dynamic perspectives, having an important significance for reducing and controlling economic losses, social risks and environmental damage caused by hazardous chemical accidents. (c) 2019 Elsevier Ltd. All rights reserved

续表

序号	题名	刊物	摘要
4	Guidance to improve the effectiveness of process safety management systems in operating facilities (2020)	JOURNAL OF LOSS PREVENTION IN THE PROCESS INDUSTRIES (3.66)	The Process Safety Management (PSM) systems at the operating facilities in the Oil & Gas and in Chemical manufacturing industries have matured over the years and have become, at most facilities, very robust and sophisticated. These programs are administrated by Process Safety (PS) teams at both the corporate business units and plant levels and have been effective in reducing the number and severity of PS events across the industries over the past 25 years or so. Incidents however are occurring at a regular interval and in recent times several noteworthy PS events have occurred in the United States which have brought into question the effectiveness of the PSM programs at play. These facilities have been applying their PSM programs with the expectation that the number and severity of PS events would decrease over time. The expected result has not been realized, especially in context to those facilities that have undergone the recent incidents. Current paper reviews a few publicly available PS performance reports of Oil & Gas and Chemical manufacturing industries. The authors identified a few factors at play that have led to these PS events based on their experience, literature review, and incident investigation reports. Most of the factors are intertwined with multiple PSM elements and it requires a holistic approach to address them. Each of the factors is described and the path forward is proposed to improve the effectiveness of PSM programs
5	Designing an effective mitigation system based on the physical barrier for hazardous chemical leakage accidents (2019)	JOURNAL OF INDUSTRIAL AND ENGINEERING CHEMISTRY (6.064)	An evaluation module based on the liquid discharge trajectory equation was developed to improve the safety as a result of chemical leakage accidents. An evaluation was performed on leakage based on changes in the vessel pressure and discharge height during a leakage accident involving a vertical storage tank containing 35% hydrochloric acid (HCI). In addition, areal locations of hazardous atmospheres (ALOHA) and the Phast program were used to evaluate the impact and dispersion range of the discharged hazardous chemicals. The evaluation results showed that installing the mitigation system resulted in a maximum 72. 8% reduction in the damage impact range in the emergency response planning guideline (ERPG)-2 distance. It was also confirmed by the Phast analysis that the dispersion range and pattern were changed according to the presence of a dike. The dispersion range decreased by up to 40% depending on the presence of the dike. It was concluded that the dispersion range is related to the physical and chemical characteristics of hazardous chemicals. (C) 2019 Published by Elsevier B. V. on behalf of The Korean Society of Industrial and Engineering Chemistry

续表

序号	题名	刊物	摘要
6	A framework based on location hazard index for optimizing operational performance of emergency response strategies: The case of petrochemical industrial cities (2019)	SAFETY SCIENCE (4.877)	Emergency response operations are very important activities in the industrial areas. As an incident in an industrial area can have considerable economic and social impact, response to such an incident has to be provided in a very short time. Decisions for such responses should consider the available emergency resources, and other factors such as humidity, wind speed, wind direction, population, chemicals, and materials handling, and the characteristics of surrounding affected industrial facilities. In this paper, an index-based emergency response management system (IERMS) is proposed by integrating the location hazard index (LHI) and the response time optimization model. The LHI prioritizes the hazard potential of a location. The response time optimization model provides minimum response time and resource allocations in response to an emergency situation. The use of the framework is illustrated in an industrial city case study by considering petrochemical fire as a demonstration example. The results obtained from the analysis show that the framework is applicable to design the response to incident conditions. It is expected that the framework would help in better resource allocation and efficient response to incidents in industrial areas
7	Comprehensive risk assessment of deepwater drilling riser using fuzzy Petri net model (2018)	PROCESS SAFETY AND ENVIRONMENTAL PROTECTION (6.158)	Drilling risers are the critical connection of subsea wellhead and the floating drilling unit. With exploration and development of oil and gas resources moving into deepwater, drilling riser operations have been characterized with high safety risk and occurrence rate of accidents causing high drilling downtime and drilling cost. In the present study, a Fuzzy Petri Net (FPN) methodology is proposed to evaluate the comprehensive risk of deepwater drilling risers. A risk index evaluation system was established based on analyses of drilling riser accidents and identification of risk factors, and the AHP-EM method was used to determine the weights of them. A 9-tuple set was defined to model drilling riser risks according to the FPN theories, and by using the fuzzy reasoning algorithm, risk values of risk factors at different levels and the integrated system were gained by iteration of state matrix. A specific case study of deepwater drilling risers of NANHAI-8 drilling unit in Liuhua oilfield in South China Sea is presented to illustrate the application of proposed approach, and some suggestions drawn from the investigation are presented to further mitigate the risk of drilling riser operations. The case study showed that FPN is a practical and reliable method in comprehensive risk evaluation of deepwater drilling riser system. (C) 2018 Institution of Chemical Engineers. Published by Elsevier B. V. All rights reserved

续表

序号	题名	刊物	摘要
8	Assessment of safety barriers for the prevention of cascading events in oil and gas offshore installations operating in harsh environment(2018)	OCEAN ENGINEERING (3.795)	Fire in the topside production area of offshore Oil and Gas (O&G) platforms has the potential to trigger cascading events and may lead to catastrophic consequences for operators, environment and asset. Safety barriers, such as hardware systems and emergency response, are critical elements aimed at preventing the propagation of this type of scenarios. Harsh environmental conditions may strongly affect the integrity of protective equipment and significantly hinder an effective and timely emergency response, with a consequent increase in the risk level. The present study is aimed at developing a structured methodology to the quantitative performance assessment of safety barriers, specifically addressing the analysis of offshore facilities operating in harsh and sensitive environment. An expert judgment elicitation procedure is adopted to score external factors associated with harsh environmental conditions. Simplified relationships are established for availability and effectiveness evaluation of safety barriers in offshore O&G platforms. A dedicated framework is developed for the analysis of emergency response. The approach is tested through the application to a case study, aimed at the assessment of the influence of harsh environmental conditions on the risk due to cascading events in a reference offshore installation
9	Multi-plant emergency response for tackling major accidents in chemical industrial areas(2017)	SAFETY SCIENCE (4.877)	Emergency response planning for major accidents in the chemical industry is essential to protect the public and workers' health and safety, to reduce the environmental impacts, and to accelerate the resumption of normal operations. So far, much attention has been given to developing and implementing emergency planning in single chemical plants. However in chemical industrial areas – also known as chemical clusters – which consist of a number of different plants, less attention has been given to multi-plant emergency response planning. This paper is aimed at developing a multi-plant emergency response decision tool for chemical clusters in case of major accidents so that not only plant emergency levels but also respective response strategies can be determined. This way, a crisis situation within the chemical cluster can be handled in a much faster way than is the case today
10	Analysis of emergency response actions for preventing fire-induced domino effects based on an approach of reversed fuzzy Petri-net(2017)	JOURNAL OF LOSS PREVENTION IN THE PROCESS INDUSTRIES (3.66)	In the chemical process industry, large quantities of different flammable substances are stored in tank farms. Due to potential mutual impacts among the tanks, severe domino accidents may occur after a tank catches fire. The emergency response to a tank fire may influence the development of the accident and impact the occurring of escalating events or so-called domino effects. In this paper, a fuzzy Petri-net (FPN) based reversed reasoning approach is proposed to analyze emergency response actions impacting domino effects. FPN is utilized to deduce the consequence-antecedent relationship between an accident and the emergency response actions. To analyze and compare the impacts of the actions on a domino effect, the backward reasoning is of special interest and often preferable when the occurrence probability of domino effects is known. As a tank fire accident in an oil depot usually lasts for a certain period of time, and as it may be greatly influenced by emergency response actions, it is taken as an example to illustrate the proposed approach. (C) 2017 Published by Elsevier Ltd

2. 中文核心期刊文章技术分析

（1）关键词检索：安全应急

检索2005年以来相关中文文章8379篇，中文学术期刊5120，按照主题、发表年度、学科数据及文献来源以四个要素，分析文章的发表情况，如图4-6~图4-9所示。

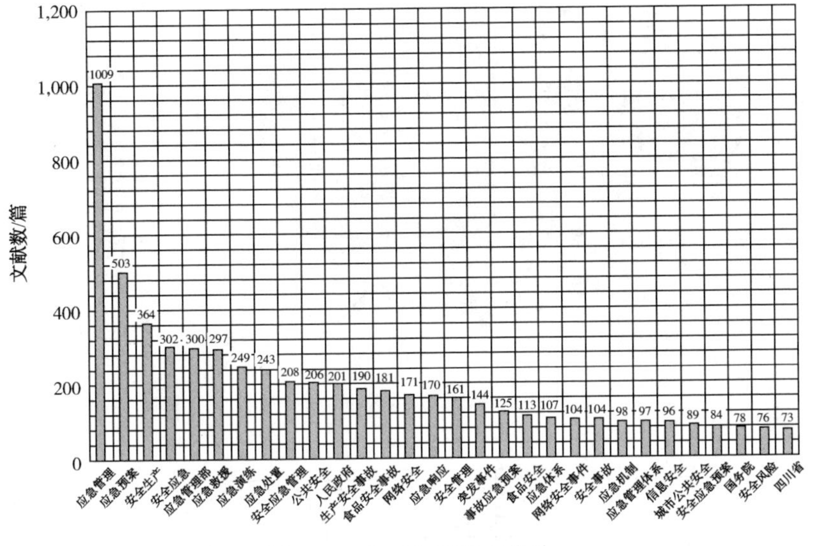

图4-6　文章主题分布统计

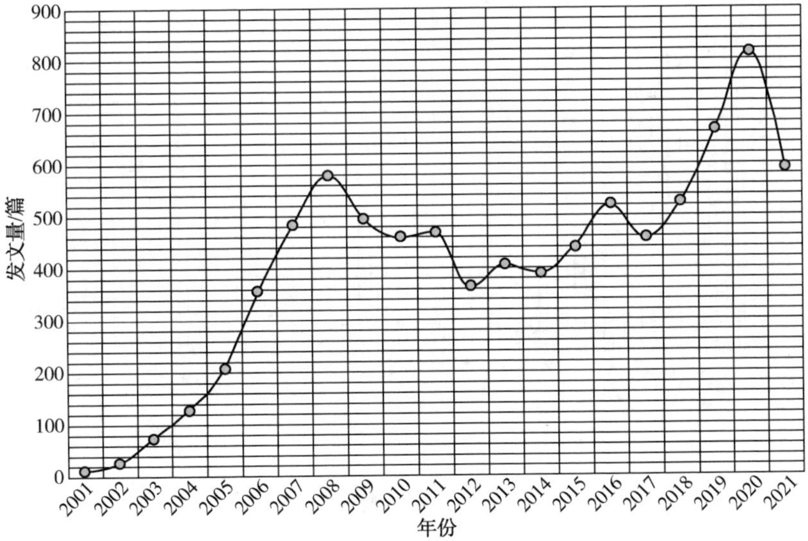

图4-7　文章发表年份分布统计

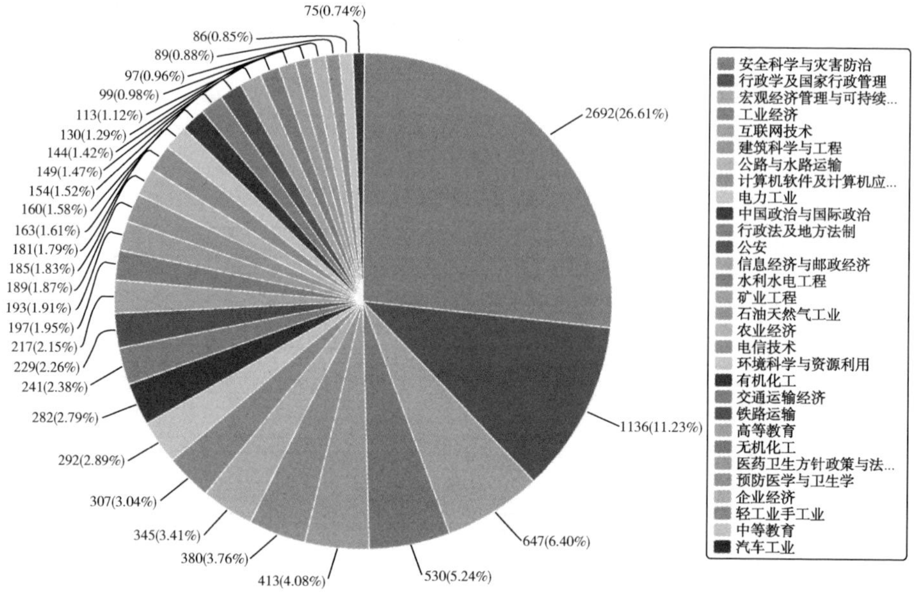

图 4-8　文章学科数据分布统计

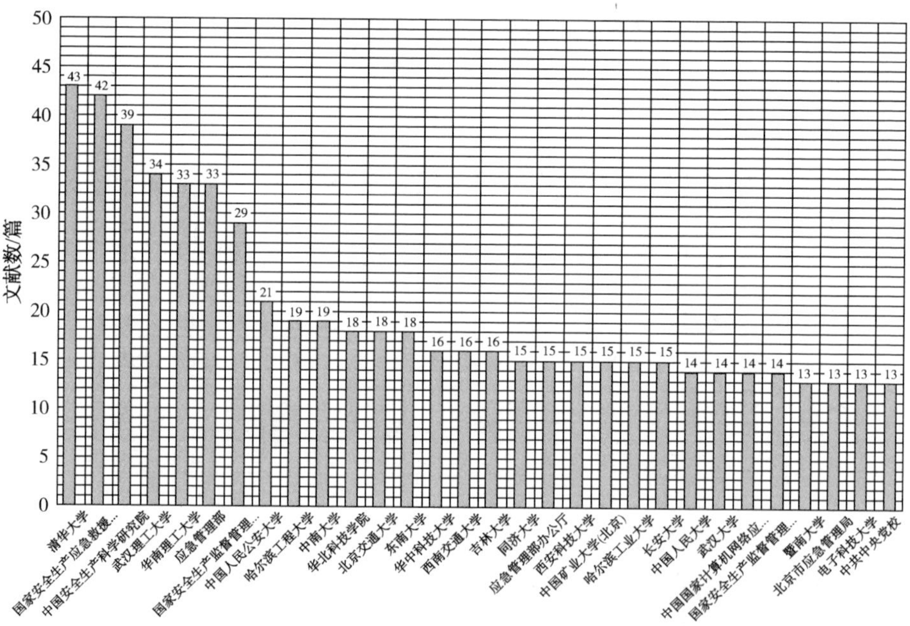

图 4-9　文章来源分布统计

充分考虑“相关性”“引用频次”和“发表时间”三个因素，检索综合排名前10的中文核心期刊文章，如表4-8所示。

表4-8 “安全应急”重要中文核心期刊

序号	题名	刊物	摘要
1	城市公共安全应急响应动态地理模拟研究（2015）	中国科学，地球科学	在复杂性科学研究的启示下，将用于复杂地理空间系统建模与仿真的地理模拟系统（GSS）理论引入城市公共安全应急领域，研究了大范围城市公共安全应急响应模拟的技术方法，提出了基于第二代地理模拟系统——多智能体系统（MAS）和地理信息系统（GIS）的城市公共安全应急响应模型框架，完成应急响应多智能模型体系架构、应急智能体个体结构、应急环境描述方法、多智能体模拟环境工作原理和多智能体模型在计算机上实现的关键技术研究，构建了模拟系统平台原型。采集北京市原城八区基础地理数据为实验数据，以假想的突发事件为背景进行了城市公共安全应急响应的复杂过程模拟实验，验证了运用地理模拟系统的空间动态建模方法构建城市公共安全应急响应系统的可操作性和技术体系的可行性。文章认为：复杂系统理论和复杂适应性系统理论可以为城市公共安全应急响应的复杂动态过程研究提供理论框架，复杂系统动态仿真方法和现代空间信息技术可以成为城市公共安全应急响应系统构建的方法论和技术支持，基于多智能体和GIS的应急响应模型是城市公共安全应急响应研究的关键技术，在实际的城市公共安全应急响应模拟时，基于Repast和Geotools实现多智能体系统与GIS系统的紧密集成，基于JTS实现空间数据分析，以及基于Terracotta集群技术解决大运算量数据处理至关重要
2	大坝群安全应急协同度的动态综合评价（2015）	中国安全科学学报	为准确评价大坝群安全应急协同水平，有必要研究大坝群的协同应急运作机理和动态综合评价方法。构建大坝群安全应急协同度评价指标体系，分析各大坝之间的协同应急运作机理。利用网络层次分析法（ANP）确定不同时段安全应急指标的权重，进而采用线性加权法实施静态评价。通过时序加权平均（TOWA）-时序加权几何平均（TOWGA）混合算子集结应急预防和响应2个时段的评价值，得到大坝群安全应急协同度的动态综合评价值，同时计算不同时段各大坝的安全应急协同有序度，从而判断大坝群整体的协同应急状况。用所建评价方法，对某一典型的梯级水电站大坝群进行评价。结果表明，乙大坝的安全应急协同水平最高；加强资源共享和救援队伍的演练将有助于提高甲和丙大坝的应急协同水平

续表

序号	题名	刊物	摘要
3	公共卫生与安全应急视角下人群动态的观测思考与挑战(2020)	武汉大学学报(信息科学版)	公共卫生事件和公共安全应急事件凸显了人群动态的观测重要性，人群动态的观测是对人观测的重要组成部分，也是构建“空-天-地-海-人”全球观测体系的重要环节。首先介绍人群动态的观测概念、内涵和边界，以及该方面理论的作用与意义；接着，基于公共卫生与安全应急的视野，重点分析人群动态的精准性、科学性和按需性等观测需求，以及人群动态的数据感知、人群规模的采样扩样、人群动态的定量建模、人群动态研究领域等现状；然后，从4个重要方面思考人群动态的观测任务，包括个体与群体的严谨区分、以时空过程为中心的非常态观测、数据缺失下的观测思维突破、特定情景推演下的人群动态科学预测等；最后，结合公共卫生与安全应急任务，总结3个重要的研究挑战，包括观测能力的提升挑战、对人与对地观测的融合观测挑战、对人观测的研究伦理挑战等。该研究所提出的概念、思考维度与挑战方向，对应对公共卫生与安全应急重大事件、弄清城市多类空间发展规律、掌握空间演进分异机制、掌控城市空间发展路径等提供基础理论与方法，具有重要的前沿探索意义
4	河流洪涝对城市公共安全应急响应能力的影响研究——以上海市外环以内中心城区为例(2018)	地理科学	以上海市外环以内中心城区作为研究区域，采用洪涝情景模拟与GIS网络分析相结合的研究方法，评估了当前以及未来不同重现期河流洪涝情景下城市公共安全(110)应急响应能力。研究结果表明：在洪涝情景下，部分城市路网瘫痪、交通中断，应急车辆无法通行，公安应急服务空间可达性范围较正常情况明显变小，应急响应能力降低；由于高脆弱性区域(棚户区)主要位于黄浦江沿岸地区，江水漫溢导致淹没路段较多，因此部分棚户区的救援时间会出现延迟甚至失去应急救援服务。通过对河流洪涝情景下城市公共安全(110)应急响应能力的评估研究，可为城市洪涝灾害应急响应部门制定预防与应对措施提供理论和科学依据，具有重要的现实意义

续表

序号	题名	刊物	摘要
5	南水北调中线干线水质安全应急调控与处置关键技术研究(2016)	四川大学学报	为应对南水北调中线干线工程可能存在的突发水污染事故，加强突发水污染事故的应急防治和管理，建立“数值模拟—评价诊断—溯源预测—应急调控—污染处置”5大环节于一体的突发水污染应急调控与处置技术体系，包括闸泵群控制下水量水质模拟技术、水质安全评价诊断技术、突发水污染溯源预测技术、水污染应急调控技术和水污染应急处置技术等关键技术。研究成果应用于示范工程和系统平台，适用性强，可保障南水北调中线干线输水水量水质安全，实现“一渠清水北送”的目标
6	基于J2EE架构的信息安全应急预案管理系统研究与实现(2013)	计算机与设计	针对信息安全应急预案管理中存在的分散管理、查询修改不易、资源共享性较差等问题，设计并开发了采用Web服务技术、工作流技术和基于XML的统一数据交换接口规范技术的信息安全应急预案管理系统，阐述了系统的功能模块、结构、设计和实现技术。系统基于J2EE架构，采用功能引擎的技术框架，不再关心业务单元和流程的变更，保证了软件系统架构的稳定，增强了整个系统程序的可靠性、可管理性和可移植性，提高了系统开发效率
7	大数据背景下的智慧安全应急管理创新若干关键科学问题(2018)	现代管理科学	大数据驱动的智慧安全管理是一个紧随大数据方法而兴起的一个相对新的研究领域。文章从大数据背景下传统应急管理所面临的问题和挑战出发，从技术层、方法层和理论应用层分析了大数据背景下我国实现应急管理创新所需研究的内容和要解决的关键科学问题

续表

序号	题名	刊物	摘要
8	安全与应急的关系：基于产研学分域的分析(2019)	情报杂志	随着国家应急管理部的组建，学界关于“安全”与“应急”之间关系的争论也一度趋热；究竟如何区别两者的关系，该文拟从生产实践、科学研究与专业教育建设的不同领域视角，对之展开分析，从而澄清两者在实务工作中的冲突。基于产、研、学不同领域视角的分析认为，安全与应急密切联系，一脉相承，安全包含应急与灾害应对，应急(管理)是安全的重要组成部分和必不可少的具体手段。但两者也有各自环节的偏重不同，安全偏重日常安全预防和常态基础性建设，保障“不出事”；应急偏重“出事时”的紧急处置与应对，是为了减少损害的安全保障。鉴于此，机构实务、学科创建研究与教育方面很难将两者完全截然分开对立，可以在安全科学技术一级学科体系下，单列应急科学技术、灾害科学技术等为二级学科，或并列为一级学科；同时合力组建安全、应急大学等院校，加强人才培养和专家培育；并要考虑总体国家安全观背景下国家安全学学科体系构建同安全科学技术体系的关系，可设安全学学科门类来统帅相关学科
9	利用大数据等信息技术完善公共安全应急体系(2020)	科技导报	从古至今，各种灾难一直伴随着人类历史的发展，地震、海啸、火山、洪涝、干旱、瘟疫、战乱等始终是人类社会发展的巨大威胁，可以说，人类文明史既是一部灾难史，也是一部与灾难抗争的历史。自 20 世纪 70 年代新技术革命以来，以微电子技术、生物工程技术、新型材料技术为标志的高新技术逐渐被应用到各类风险防控中，有力推动了世界各国应急处置模式优化和实践创新
10	应对城市重大安全事件的应急资源联动研究(2010)	中国安全科学学报	对应对重大安全事件应急资源联动进行界定，从横向和纵向两个角度进行分析，在此基础上提出两种应急资源联动的实现方式，即城市内的“基于 Multi-Agent 系统城市应急资源联动网络方式”以及城际间的“基于 Multi-Hub 的都市圈应急资源联动网络方式”；同时探讨实现应急资源联动的基础保障，并提出应对城市重大安全事件的应急资源联动机制；通过良好的机制保障，实现应急资源的联动，有效提高资源的利用率和政府应对重大突发事件的能力，从而创造安全稳定的城市环境

（2）关键词检索：石油石化安全

检索相关文章 1426 篇，按照主题、发表年度、文献来源以及学科数据四个要素，分析文章的发表情况，如图 4-10~图 4-13 所示。

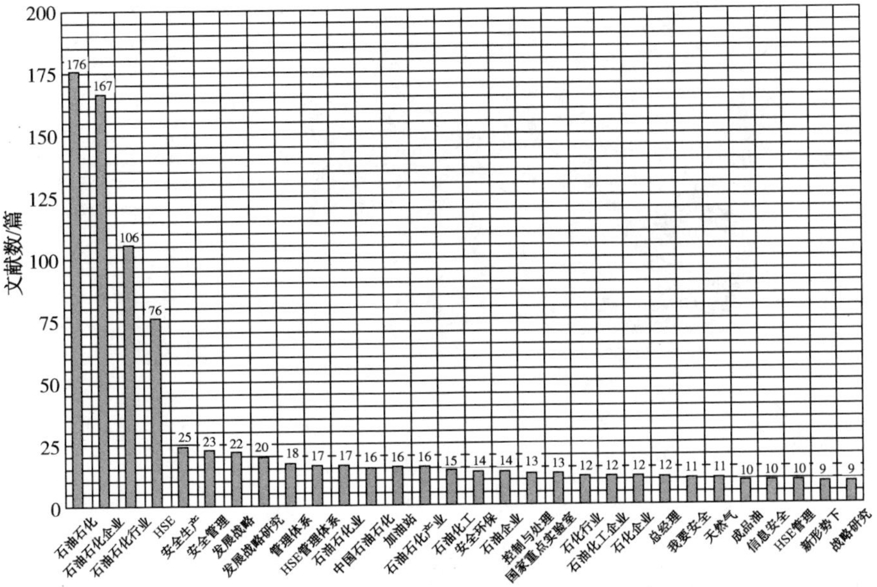

图 4-10　文章主题分布统计

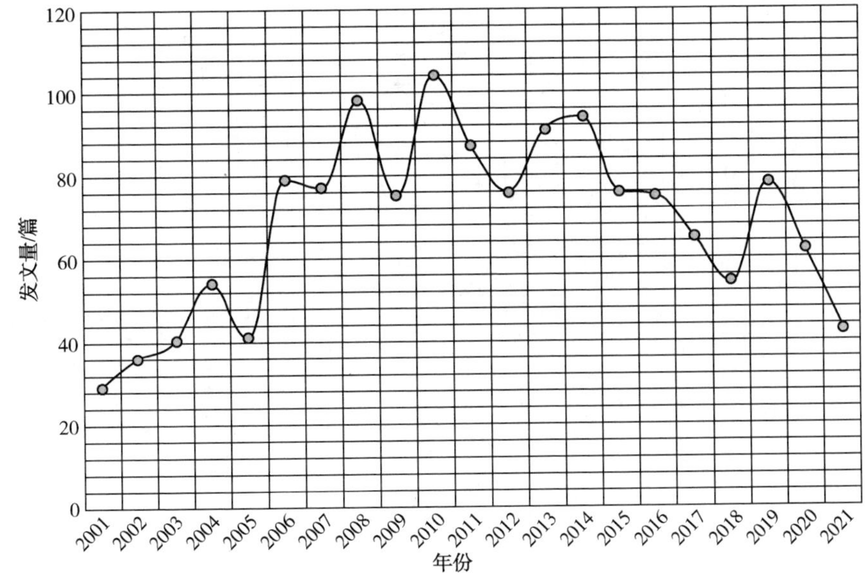

图 4-11　文章发表年份分布统计

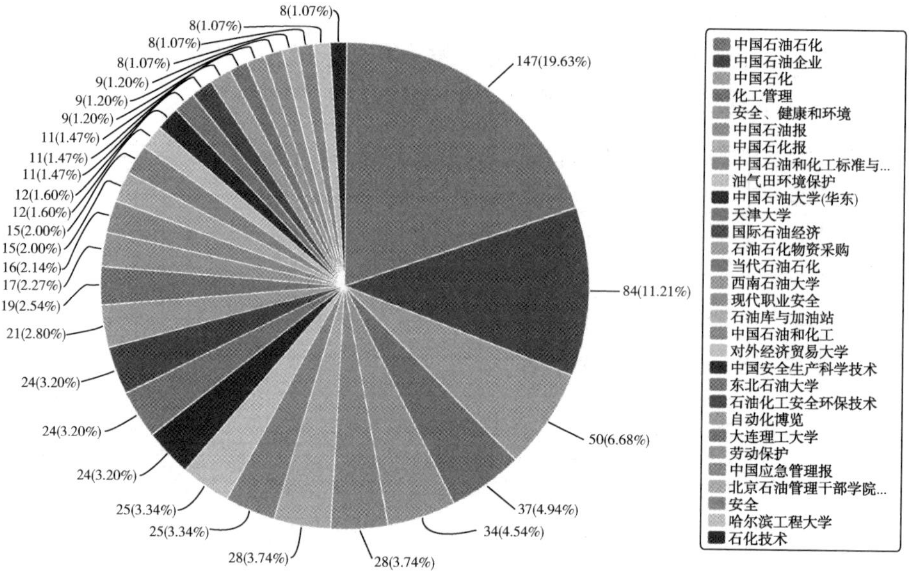

图 4-12　文章学科数据分布统计

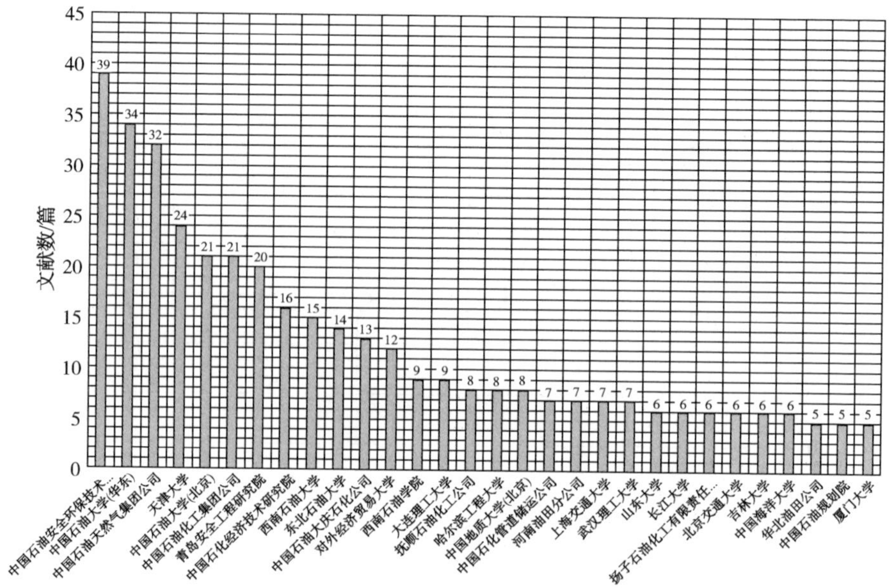

图 4-13　文章来源分布统计

充分考虑“相关性”“引用频次”和“发表时间”三个因素，检索综合排名前 10 的中文核心期刊文章，如表 4-9 所示。

表 4-9 “石油石化安全”重要中文核心期刊

序号	题名	刊物	摘要
1	HSE 管理体系在石油石化行业的推广和应用(2020)	化工管理	新时期下，随着我国改革开放政策的持续深入，工业化发展与生态环境的矛盾日益凸显，人们的环保意识和健康意识不断增加，石油石化行业需要承担相关义务和责任，在石油石化行业中应用 HSE 管理体系可以促进企业的良性发展，对企业有序开展环保管理和安全管理具有积极意义和重要价值。文章主要针对 HSE 管理体系在石油石化行业的推广和应用进行分析和探究，希望给予我国相关行业以些许参考和借鉴
2	煤炭地下气化及对中国天然气发展的战略意义(2019)	石油勘探开发	基于国内外煤炭地下气化技术发展现状与趋势，提出了煤炭地下气化基本概念、机理与模式，指出目前面临的挑战、发展潜力与发展路径。煤炭地下气化这一革命性技术能够实现“人工制气”，且符合煤炭清洁利用方向，在新能源达到规模化供应之前，可开辟中国特色的有效供甲烷与氢气战略新途径。中国含油气盆地煤系发育，仅超出煤炭企业井工开采深度、埋深 1000~3000m 的煤炭资源量即为 3.77×10^{12} t，初步预计可气化煤炭折合天然气资源量为 $(272\sim332)\times10^{12}$ m^3，是常规天然气资源量的 3 倍，与非常规天然气资源量的总和基本相当。根据煤炭地下气化反应机理和产物组分的差别，初步将煤炭地下气化分为“浅层富氢、中深层富甲烷、深层超临界极富氢”3 种开发模式。石油石化企业可在煤炭企业井工开采范围之外，发挥自身技术、管道、市场等一体化优势，根据不同需求和相应技术成熟度，优选路径发展煤炭地下气化业务，可将大量煤炭资源进行有效清洁开发利用，缓解天然气供应紧张局面，还可结合产出氢气就近利用以及在邻近油区开展 CO_2 驱油与埋存，打造石油石化循环经济净零排放示范区，为“氢经济”时代到来储备资源和技术，更为中国“清洁、低碳、安全、高效”的现代能源体系建设开辟新的途径
3	浅析石油石化企业无人机安全风险防控(2019)	中国安全生产科学技术	为防范油气区遭遇无人机袭击的风险，本文分析石油石化企业遭遇无人机袭击的威胁，使用社会安全风险评估方法，对常见无人机反制和防控技术措施进行了探索。研究结果表明：油气区防范无人机袭击需要因地制宜开展无人机风险分析与防控措施，通过不断完善风险防控管理机制，探索将新的社会安全风险防患于未然

续表

序号	题名	刊物	摘要
4	海外石油石化企业 HSE 风险分级防控的实践与探讨(2017)	中国安全生产科学技术	为进一步提高海外石油石化企业的 HSE 管理水平，考虑到海外石油石化企业所处的环境以及面临的风险与国内企业有所不同，需要一套适合于海外项目特点的 HSE 风险分级防控管理模式和技术工具。因此从构建海外石油石化企业 HSE 风险分级防控方法入手，对提升海外石油石化 HSE 管理水平的方法和工具进行了研究，而后通过整理分析近两年的实践成果和经验，对方法的可行性和有效性进行探讨，并指出海外石油石化企业在 HSE 风险分级防控工作中，需要不断加强和持续提升的方面，结果表明：海外石油石化企业 HSE 风险分级防控方法和工具是科学合理的，能够有效提升 HSE 管理水平
5	石油石化企业危险化学品安全管理探讨(2015)	化工管理	在石油化工企业中，由于石油化工的特点需要用到多种危险化学品，这些化学品有很多种类，用途各异，性质各异，这种情况下如何安全的使用并且保存这些危险化学品是一个非常重要的工作，本文将就石油石化企业的特点为基本出发点，对危险化学品安全管理进行相关讨论
6	EVA 业绩评价体系在石油石化企业中的应用研究——以 JX 公司为例(2014)	经济管理	石油、石化企业是我国国有企业的重要组成部分，其业绩考核方法和内容随着内外在环境的变化而不断演变，考核重点从 20 世纪 50 年代创立初期的“产量管理”逐渐发展到今天的“价值管理”。在价值管理活动中，EVA 理念和方法发挥着越来越重要的作用。本文在剖析石油、石化企业传统业绩评价体系存在的不足及引入 EVA 评价指标意义的基础上，结合国资委在中央企业推行 EVA 核算方法的具体要求，初步设计了一套更能体现石油、石化企业特征及价值创造能力的以 EVA 为核心的综合业绩评价指标体系。在强调股东利润目标的同时，增加了体现客户、员工及受企业影响的社区、社会等利益相关者价值的相关指标，引导激励企业经营者重视安全管理、环境保护及员工成长等要素对企业的价值贡献及长远发展的影响，实现“企业价值最大化”和可持续发展的经营目标

续表

序号	题名	刊物	摘要
7	新形势下石油石化企业安全管理分析(2013)	化工管理	当前国际油价波动幅度较大，处于国际金融风暴宏观条件下的新形势，石油石化企业在安全管理方面要采取新举措，以确保企业经济效益的持续增长。本论文就新形势下的石油石化企业安全管理观念以及举措进行详细解析，为石油石化企业坚持走可持续发展道路打下坚定基石
8	石油石化系统信息安全态势评估指标体系研究(2012)	信息网络安全	文章阐述了石油石化系统信息安全态势评估指标体系的研究意义，提出了指标体系的研究思路，分析了指标体系的基本构成，说明了指标体系的总体框架，并对指标体系的数据获取和应用前景作了介绍。对于丰富和完善国家信息安全态势评估指标体系，是一个有意义的探索
9	论油气储运设施安全的重要性(2012)	油气储运	油气储运设施是连接石油工业产、运、销各环节的纽带，其安全重要性日益凸显。介绍了油气储存和运输设施的分类依据及主要类型；从储运介质的易燃易爆和毒害性、油气储运设施易构成重大危险源两个方面论述了油气储运设施安全的重要性；通过总结近年发生的大连“7·16”爆炸事故、大型储罐火灾事故及油气管道泄漏事故的教训，指出第三方破坏是导致管道发生泄漏事故的主要原因，而打孔盗油又是其中的重要因素；提出了在工程立项、设计、施工及运行管理的各个阶段加强安全管理的具体措施
10	我国石油石化产业发展战略研究(2009)	工业技术经济	随着我国经济的高速增长，我国石油石化产业不断发展壮大，石油石化产业国际竞争力不断提高。在肯定成绩的同时，我国石油石化业揖让面临很多问题：石油业发展越来越受到石油资源瓶颈的制约；我国石油安全形势日益严峻；石油石化产业规模竞争力低下，产业布局分散且小型化；石油石化产业布局不合理；石油业技术装备水平差，装置结构不合理严重制约着产品结构和质量的提高；石油业研究开发投入少，科技创新能力弱；我国石油企业与国外一体化跨国石油企业相比还有显著差距。为此，要逐步推进正确的油气导向战略、规模化一体化发展战略、炼油布局调整战略、科技创新和人才发展战略、国家石油储备战略和节约替代战略，不断提高我国石油石化产业整体竞争力

（3）关键词检索：石油石化应急

检索相关文章 169 篇。按照主题、发表年度、文献来源以及学科数据四个要素，分析文章的发表情况，如图 4-14～图 4-17 所示。

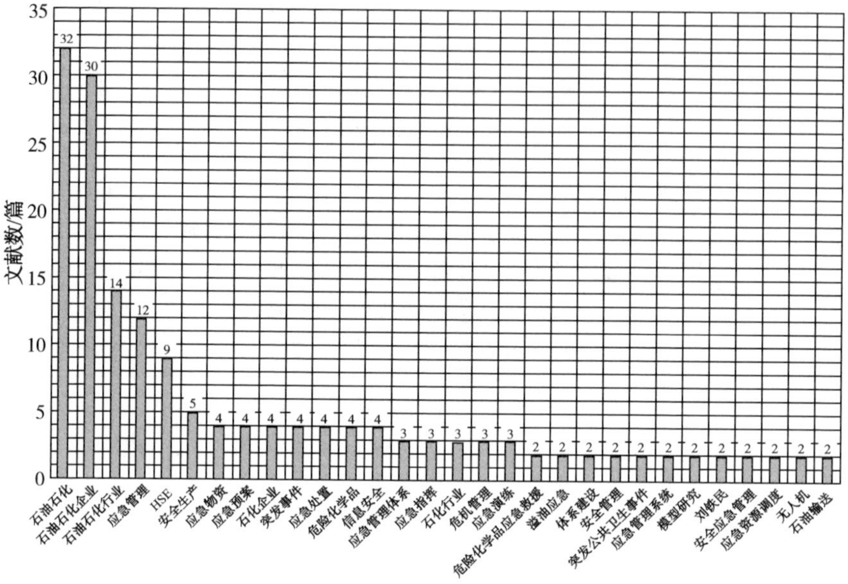

图 4-14　文章主题分布统计

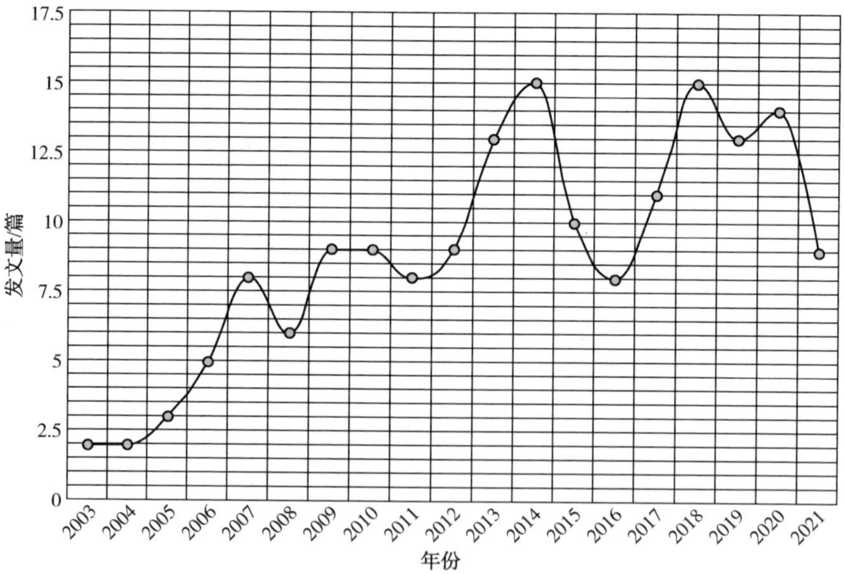

图 4-15　文章发表年份分布统计

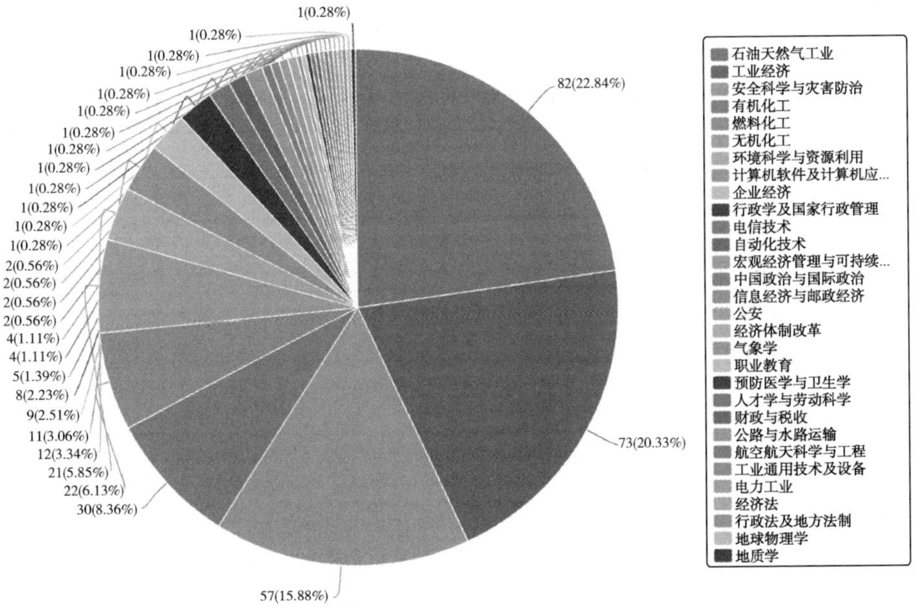

图 4-16　文章学科数据分布统计

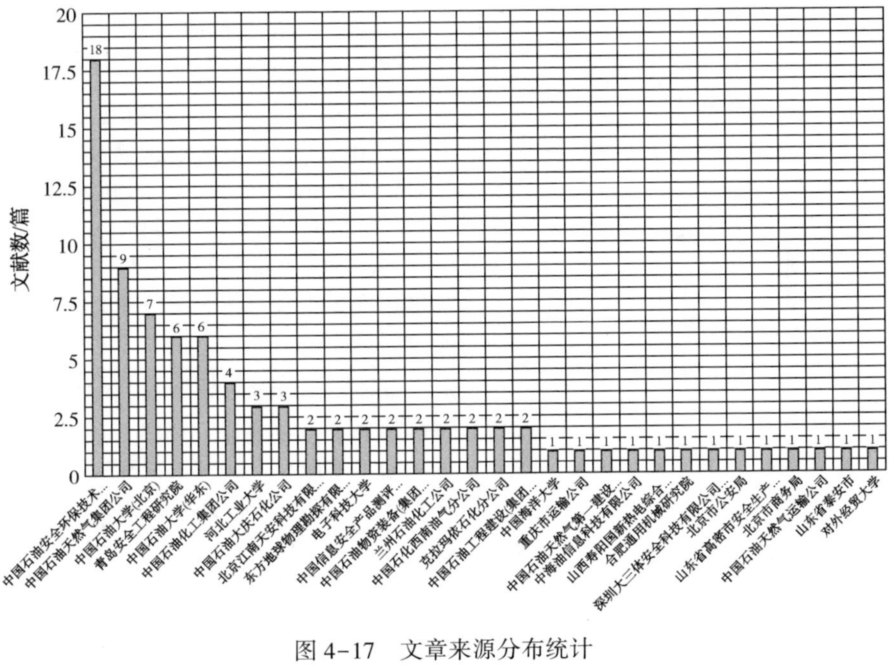

图 4-17　文章来源分布统计

充分考虑“相关性”“引用频次”和“发表时间”三个因素，检索综合排名前10的中文核心期刊文章，如表4-10所示。

表4-10 “石油石化应急”重要中文核心期刊文章

序号	题名	刊物	摘要
1	石油化工企业环境安全应急监控和预警管理系统的设计(2020)	石油化工自动化	为了保护企业内部以及周边环境，有效降低环境安全事故所造成的社会、经济等各种损失，建立了环境安全应急与预警管理系统。详细阐述了系统的硬件设计、软件架构以及系统软件的主要功能，该系统的建立，为石化企业提供全面实时的安全数据，为预警和处理环境突发事件提供有力技术支持和保障
2	溢油监测技术在石油石化企业环境风险防控中的应用(2019)	化工环保	针对石油石化企业的溢油风险，提出企业在厂区雨水系统、外排口、涉水生产设施、环境敏感受体、溢油事故应急处置5类场景下的溢油监测需求，总结了溢油监测技术的类型和特点，介绍了可见光、红外、紫外、荧光、高光谱、微波辐射、雷达、电磁能量吸收等溢油监测技术的应用现状和优缺点。提出：企业溢油监测系统可分为企业内部溢油风险分级管控监测、企业边界的溢油风险报警监测、敏感环境监视的风险预警监测、溢油事故应急救援的溢油处置监测4个层次的运行模式
3	大型石油石化企业应急管理信息化研究(2018)	现代化工	聚焦于应急管理信息化，对应急管理信息化的意义和定位做了分析，对应急管理信息化实施的基本原则进行了研究。对我国大型石油石化企业的应急管理信息化从主体模块及关联模块两方面进行了探讨。在阐述观点的过程中，以国内合资公司和大型炼厂为例进行佐证，对于建设简明、实用的应急管理信息化体系，构筑企业应急管理一体化平台具有重要意义
4	基于物联网的石化工业监控预警与安全应急系统(2016)	现代化工	针对当前石化企业监控不全面、事故预警不及时、应急救援效率低以及多元监控系统、数据源不兼容等问题，设计了一套基于物联网的石化工业监控预警与安全应急系统，实现对动静设备生产运行参数的实时监控、危险源自动识别和自动风险分析，事故的及时预警和应急救援智能决策和调度，解决多元监控系统和数据库的兼容性和共享问题，提高石化企业安全生产管理和应急指挥调度自动化和智能化水平

续表

序号	题名	刊物	摘要
5	石油石化重大工艺安全事故应急机制浅析(2014)	中国安全生产科学技术	石油石化生产关键工艺设备或流程蕴藏的风险能量巨大，一旦发生事故，后果往往极其严重。分析了石油石化重大工艺安全事故专业性强、事故规模大、易形成连锁反应和诱发环境污染事件等 3 个典型特征。通过事故应急经验分析，研究提出了石油石化重大工艺安全事故应急工作需要遵循的风险辨识充分到位、专业应急保障有力、应急资源保障充足、企地联动迅速高效、社会舆论引导得力等 5 方面的重点应急策略。设计了工艺安全事故风险辨识与评估、专业应急队伍建设与能力提升、应急资源联合储备、区域应急联动和公共危机公关等 5 项石油石化企业重大工艺安全事故应急重点工作机制内容和建设要点。石油石化企业需要不断建立和完善 5 项应急工作机制，才能为重大工艺安全事故应急工作提供可靠保障
6	石油石化企业应急资源调度决策支持系统设计(2013)	中国安全生产科学技术	我国石油石化行业的事故应急体制并不完善，在石油石化行业至今尚未见到应急物资调度决策支持系统的研究，管理者难以制定有效的决策来防止事故危害的蔓延。针对大型石油石化企业集团应急资源调度特点，分析了应急资源调度决策支持系统的基本设计要求，进而对系统的框架结构、业务流程和功能模块进行了全面分析和总体设计。旨在研究和探索石油石化企业应急资源调度决策支持技术，依托企业应急平台系统进一步丰富应急决策支持手段，提高应急资源调度效率和临机决策水平，从而全面提高石油石化企业突发事件应对能力
7	石油石化企业环境预警系统研究(2011)	中国安全生产科学技术	通过对石油石化企业环境突发事件风险分析，提出建设环境预警系统的必要性，再对国内外常见的地表水环境预警系统构成、环境质量预测模拟软件以及环境预警决策支持系统进行总结，提出符合石油石化行业污染特征的环境预警系统的基本框架

续表

序号	题名	刊物	摘要
8	石油石化行业危害与事故监测预警技术探讨(2008)	中国安全生产科学技术	针对石油石化行业危害与事故的监测与预警系统的现状，提出了危害与事故的监测预警计算机应急管理系统是今后石油石化行业重大事故预防的发展方向，并指出现有监测预警系统向计算机应急管理系统方向转化和改造的技术难点及应采取的相应措施
9	加强石油石化企业 HSE 管理体系建设的若干思考(2007)	中国安全生产科学技术	简要阐述了 HSE 管理体系的形成、发展历程和取得的业绩，总结了 HSE 管理体系注重系统管理和过程控制相结合、文化引导和制度规范相结合、风险防范和应急处理相结合、业绩评估和持续改进相结合四个突出特点。分析了石油石化企业 HSE 管理体系建设在体系策划、体系运行、改进机制方面存在的问题和主要原因，从统一规范体系建设、重点环节的改进方面，探讨了进一步加强 HSE 管理体系建设的工作思路

第五章 全国石油石化行业安全与应急装备发展

应急救援装备是构成救援队伍战斗力的基本要素之一，装备的科学管理是应急救援队伍完成应急救援任务的基础。针对我国应急救援装备管理现状，分析存在的不足，提出加强装备管理的五项措施，即完善装备标准体系，科学配备装备，加强装备的专业化、规范化和常态化维护保养，利用物联网等先进的技术手段开展数字化、智能化、动态化装备管理、健全培养、训练机制。

随着应急管理部的成立，我国将逐步克服过去部门分割、力量分散的弊端，形成统一指挥、专常兼备、反应灵敏、上下联动、平战结合的应急管理体制，应急救援属于应急管理中减灾救灾的重要部分，作为应急救援行动的物质基础，应急救援装备是指用于应急管理与应急救援的工具、器材、服装、技术力量等资源，如消防车、监测仪、防化服、隔热服、应急救援专用数据库、GPS 全球定位系统技术、GIS 地理信息系统技术等各种各样的物资装备与技术装备，应急救援装备是构成救援队伍战斗力的基本要素之一。

应急救援装备管理是按国家有关法律法规和技术标准，遵循装备的技术性能和使用规程，对装备的研发、推广、采购、仓储、配备、使用、维护、维修、退役、报废等进行全系统、全寿命的管理活动。应急救援装备(以下简称救援装备或装备)的科学管理是应急救援队伍完成应急救援任务的基础，对提高队伍战斗力，有效履行职能使命，具有十分重要的意义，因此，应强化装备的科学化管理。本章从全灾种的宏观角度研究当前我国应急救援队伍装备管理现状，提出具有针对性的建议。

一、我国应急救援装备管理现状

我国幅员辽阔、人口众多、灾害事故种类繁多。目前我国针对各种灾种主要建立了消防(城市)、森林消防、地震救援、矿山救援、危化品救援、海上救捞、隧道坍塌救援等专业救援队伍。目前消防(城市)队伍由于其承担任务的多样性，除灭火之外还要承担城市常见灾害事故的抢险救援，因此消防(城市)所配备的应急救援装备几乎包含了地震救援队、危化品救援队配备的所有装备。森林消防的灭火装备与城市消防队伍的灭火救援装备有相同之处，如灭火用水泵、水带等器材，但又因为森林火灾的特殊性而有所区别。

1. 缺乏装备标准及装备配备标准

装备标准是进行装备管理的技术基础，但目前我国的应急救援装备普遍缺乏标准。以消防部门为例，目前消防车辆和防护装备已经建立了较为完善的标准体系，但绝大部分抢险救援器材尚无国家或行业标准，即便是已有的标准也存在更新慢，不能满足实际需要的问题。其他灾种救援队伍的装备标准更是稀少，如森林消防目前只针对森林灭火防护服制定了标准，地震、矿山和危化品救援队则是参考消防行业的部分装备标准。

关于装备配备标准，消防部门制定有建设标准《城市消防站建设标准》和行业标准《消防特勤队（站）装备配备》及《消防员个人防护装备配备》。国家地震救援队主要参考国际搜索与营救咨询团（INSARAG）发布的《国际搜索与营救指南》进行装备配备和人员组成，但尚没有符合我们实际国情的地震救援队建设标准。其他类型的专业救援队伍，如国家矿山救援队、国家危险化学品救援队，均缺乏相应的装备配备标准及队伍建设标准。

2. 装备配备结构不科学

首先是没有根据自身实际科学配备装备。部分救援队伍装备配备理念不正确、概念不清晰、针对性不强、结构层级不合理。设计人员对本地区实际情况掌握不到位，未能及时根据当地的经济发展水平、灾害事故特点、地质地理气候进行科学分析，合理采购所需的装备，盲目追求“高精尖”，采购一些平时基本不用的装备，或者采购大量重复的装备而对急需的装备无动于衷，造成严重的资源浪费。

其次是装备的配备配套性差。与军事装备不同，应急救援装备未纳入定型列装范畴，无法进行标准化统配，导致应急救援装备的种类多、型号繁杂，在使用、训练、维护时，一旦出现故障，不能互享互通，无法相互更换，售后维护保养一旦断挡，严重影响装备效能的发挥。比如，在抢险救援中多次出现当一台液压泵损坏后，所配液压扩张器不能与另一台液压泵相连接，一辆消防车的吸水管接口与另一辆消防车水泵无法连接的情况，这种配套互补性差的现状已经严重影响应急救援队伍战斗力的发挥。

3. 装备维护保养不到位，装备效能无法充分发挥

目前，一些救援队的装备维护保养仅停留在保持外观整洁的层面，往往忽视

内部油液的更换、关键零件的清洗和关键性能的检测，这种表层的保养和维护，造成很多装备使用一段时间后快速老化生锈；一些技术含量高的侦检仪器如气体探测仪、生命探测仪等使用频率较低，往往被遗忘，忽视对其维护保养，造成仪器的损坏。

4. 缺乏高素质的装备管理人才，装备科学化管理意识淡薄

装备的管理，是一项专业性、技术性很强的工作，目前装备人才培养机制与装备的使用管理不相适应。装备管理人员缺乏专业的管理技术培训，没有形成科学化管理意识，很多管理人员还处于过去简单机械的单一管理模式的阶段，没有根据装备的技术含量、用途等实行分区、分层次地科学管理，没有利用现代化的技术手段开展智能化、动态化的装备管理。

5. 缺乏系统化的装备培训，装备训练重理论轻操作

目前的部分应急救援队伍中，比较缺乏系统性的装备培训。以消防部门为例，每年的装备技师培训和装备助理员培训，也只能从全国各地选择少数的一百多人，而大多数基层的灭火救援队员则缺乏对装备的系统性学习；目前的训练机制较为强调体能和技能，而对于装备操作则重视不够，这也造成指挥员在日常的训练中忽视对装备操作的训练；对现有装备，特别是技术含量高、价格昂贵的特种装备，舍不得拿出来进行应用性训练，担心损坏。装备训练只是停留在背说明书、背操作方法、背注意事项等纸上熟悉阶段，实际操作不熟练、甚至不会使用，这样终究难以发挥装备的最大效能。

二、加强装备管理的措施

应急救援装备种类繁多且不同灾种的专业救援队所配备的装备类型不一，但总体来看，装备的管理应着重做到以下几点：

1. 完善装备标准体系

应完善装备标准体系。加大装备标准化建设步伐，尽快完善装备产品技术标准体系及装备配备标准，解决技术需求问题。首先，应尽快更新已不能满足新形势下技术要求的装备产品标准；其次，各行业应尽快制定装备配备标准；最后，应完善相关法律法规，尝试对进入市场的关键应急救援产品进行技术鉴定和强制认证。同时，不同灾种的主管部门应加强沟通和协调，在国家应急救援力量体系的大框架下，协同配合。加强不同灾种装备标准体系之间的互通，对同一种装备，采用相同的专业术语，不重复制定类似的标准。

2. 科学配备装备

首先，应加强装备的统型，逐步为应急救援队伍配备标准化、系列化、通用化的装备。其次，根据当地地理条件、气候环境等因素科学配备装备。如消防队伍，辖区内的若存在大型建筑或高层建筑，则应考虑配备具有一定跨距的举高消防车；若辖区内化工企业较多，则应配备化学灾害事故特种车辆和个人防护装备，储存充足的泡沫等灭火剂；对于缺水地区，应配备大功率大容量水罐车，保证供水不间断；对于高寒地区，应考虑配备防寒防冻装备，做到人要防寒、器材要防冻、车辆要防滑、水源要保暖，以确保装备的高效可用。

3. 加强装备的维护保养，实现专业化、规范化和常态化

新形势下随着装备器材的科技化、复杂化的提高，对装备器材的维护保养尤为重要。良好的装备维护保养机制是装备管理的重要组成部分，也是装备效能最大化的基本保障。只有做到队伍专业化、制度规范化、机制常态化，加强装备器材管理和维护保养，才能保证装备器材始终处于最佳战备状态。首先是建立专业化的维保队伍，充分利用社会技术资源，采取经常性培训等形式提高维保队伍专业技能，通过录制视频、制定标准等形式开发各类装备器材的维护保养指南；其次是维保制度规范化，规范装备维护保养业务流程，全程录入装备信息管理系统；最后要做到维保机制常态化，根据装备性能特点，制定针对性的保养计划，采用定期实施和不定期检查相结合的方式使装备器材持久保持应有的性能，为应急救援提供可靠保障。

第六章　安全与应急装备主要生产企业

第一节　浙江责联科技有限公司

浙江责联科技有限公司研发了责联网平台，该平台可以在以下三方面提供独到的解决方案：

① 为全员安全生产责任制提供了更完善的方法论、软件平台和管理抓手工具，可以在现有的信息化数据基础上提升管理机制，促进主体责任层层落实。

② 为数字化转型提供更好的方法论，有助于提升团队综合素质，提升企业竞争力，为数字化转型成功提供认知创新、业务有效创新的管理机制。

③ 为智能化提升提供独到的方法论，为人工智能应用提供负责任的数理化基础和软件框架，可以实现无人化之后的有效问责机制，形成人机智能协同提供有效的管理抓手。

具体见图 6-1～图 6-6。

（1）知识管理的过去、现在和未来

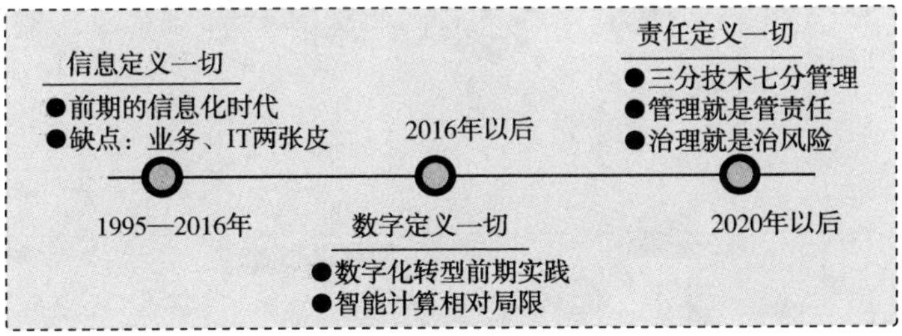

图 6-1　责联时代（责任定义一切）

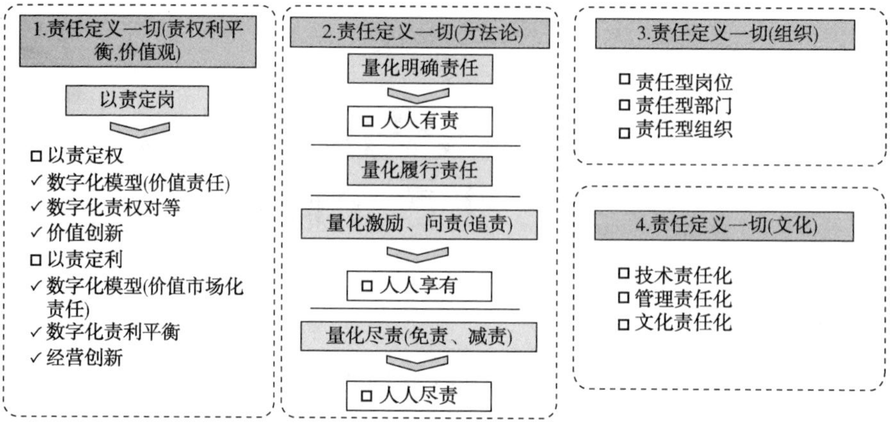

图 6-2　责任定义一切的展开

（2）可以看成是物联网的升级版

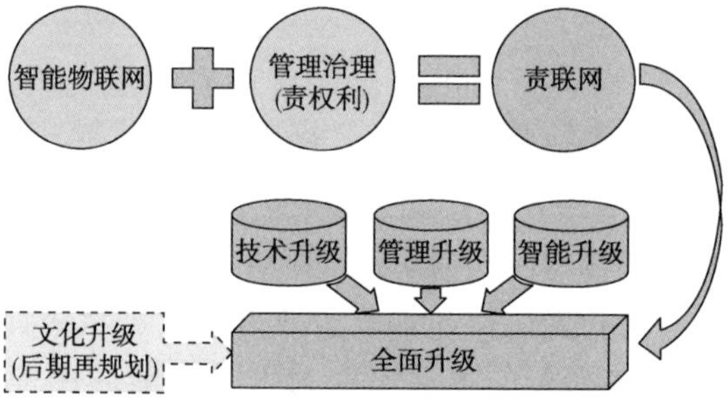

图 6-3　物联时代到责联时代的升级

（3）技术升级（从物联信息驱动到责任知识驱动）

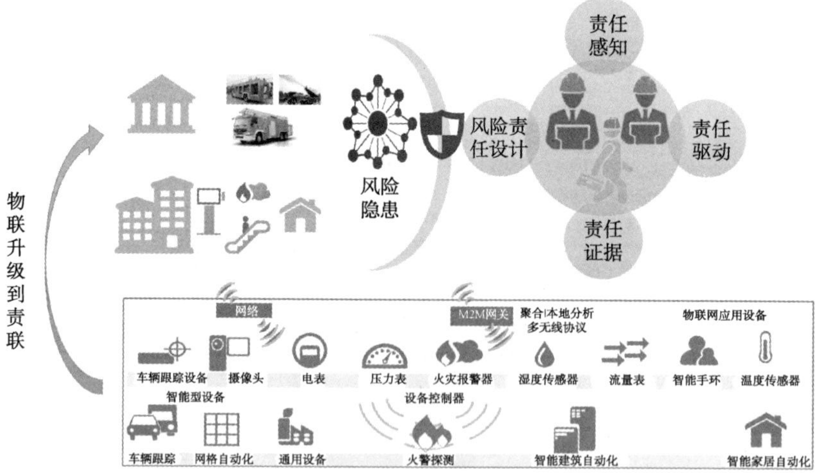

图 6-4　物联时代到责联时代的技术升级

(4) 管理升级(从信息管控到责权利管控、风险治理)

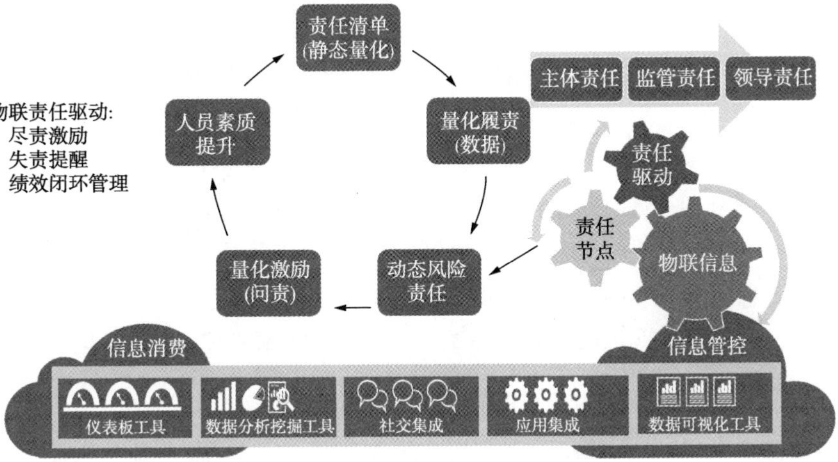

图 6-5　物联时代到责联时代的管理升级

(5) 智能升级(从物联智能到责任智能)

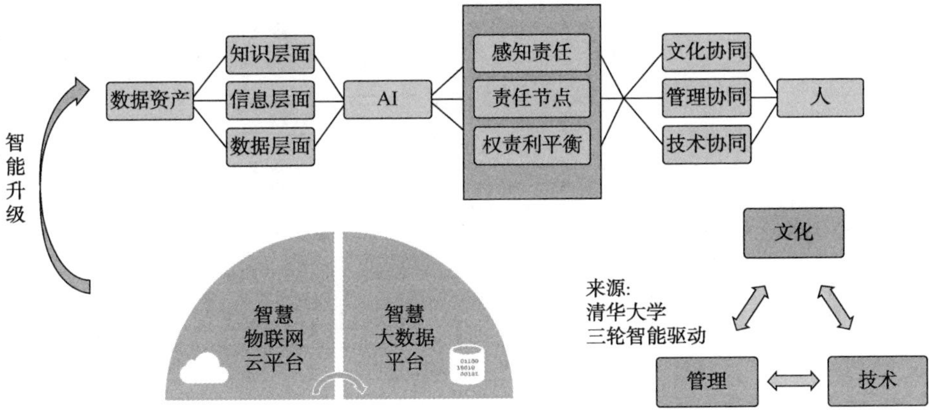

图 6-6　物联时代到责联时代的智能升级

1. 责联网平台

做数智时代的管理智能机体系，是在改进物联网问题的基础上，实现信息基础上的"责权利"大数据管理平台。岗位量化明确责任、量化履责、量化问责，真正实现目标"人人有责、人人担责、人人尽责"的管理方式。

如图 6-7 所示，责联网平台分为以下几层：责联网层、IaaS 层、PaaS 层和

SaaS 层，责联网硬件是在已有的硬件基础进行改造，实现责任感知、责任事件触发等；IaaS 层主要用于责任消息的管理、责任大数据的存储、优化等；PaaS 层用于形成责任市场机制，从而为应用层提供共同的资源和 SDK 等；SaaS 层则用于各类客户，实现责任追溯体系、责任监管体系和责任监测体系的建立和应用。

在安全生产领域有《安全生产法》要求的全员安全生产责任制，责联网平台提供了全员安全生产责任制的信息化管理机制，以全员安全生产责任制为依托，实现了三管三必须、双重预防机制、风险防范等要求，实现了全员安全生产责任的信息化标准机制，为实现 HSE 体系提供了更到位的信息化支撑，并为目前已有信息化平台实现责任整合，提供了技术、管理和文化上的信息化平台。

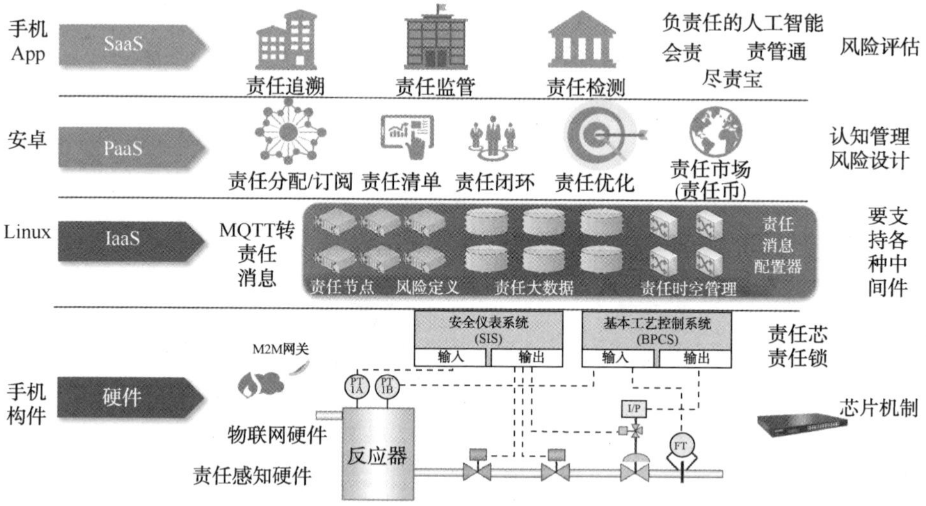

图 6-7　管理的智能机模型

2. 责联网工具

严格来说，责联网工具应该包括在平台 SaaS 中的，但是为了更好地体现工具的作用，所以单独进行梳理。

会责：用于智能会议系统，通过会议可以快速地存取和控制各种信息，如年度目标、月度目标、各种风险的 PDCA，从会议计划到计划执行进度跟踪、会议检查以及后期的反馈，都通过会责来实现。

责管通：快速对责任任务进行“尽责激励、失责提醒”，可以快速进行问责、激励等机制，便于动态任务的责任化变更管理。

尽责宝：用于主体责任人主动知晓当前的责任清单、动态变化的任务情况，便于优化任务执行次序，以及当前履责的打分、履责排名等，以更好地促进自我尽职尽责管理。

3. 物联网产品

在原先消防物联网的产品有消防可视化产品涉及消巡通、消控集成平台和消防水压远程监测系统等。消防可视化产品能帮助客户进行现场监测，起到消防危险预警的作用，有效避免了财产和人员伤亡等事故损失。消防可视化产品目前成功案例累计上百所高校客户。

第二节　三一汽车制造有限公司

三一汽车制造有限公司（三一应急装备有限公司）依托三一集团全球领先的工程机械产业、雄厚的工程装备技术积累，在高速发展的同时，三一始终秉持“国家之责大于企业之利”的价值观，自 2019 年起先后已与 25 个省市签订战略合作协议或共同组建重型工程机械救援大队，积极参与终端救援，成为灾害事故时值得信赖的坚强力量；依托云计算、人工智能、大数据分析等数字化技术，可快速调度资源赶赴救援现场，为应急救援提供高效专业服务。

目前，该公司已形成了消防、救援、无人三大装备系列，以及大跨度高喷、强力破拆和登高平台三大王牌产品，以及大跨度高喷、强力破拆、重型抢险救援及自动沙石装袋模块车等一系列全球首创型产品，可销售产品达 56 款。

一、大跨度举高喷射消防车系列

大跨度举高喷射消防车是与北京消防总队联合开发的专利首创产品，填补了行业空白，可有效用于大跨空间建筑［如大型城市综合体、机场高铁候机（车）厅、仓库厂房、文体场馆及石化储罐等］火灾事故处置，目前已形成 32m、38m、41m、48m、56m 及 62m、65m 全系列产品。同时，该系列产品荣获中国消防行业最高科技奖项——“第八届中国消防协会科学技术创新奖一等奖”，以及“中国首届创新方法大赛一等奖”，被行业专家称赞为“最灵活的、在三维空间具有多自由度的第三代高喷消防车”。见图 6-8、表 6-1。

图 6-8　大跨度举高喷射消防车

表 6-1　大跨度举高喷射消防车系列

60m 级大跨度参数		
整车	外形尺寸/m	15. 6×2. 55×4
	比功率/(kW/t)	7. 91
	离去角	7°
	爬坡性能	30%
底盘参数	底盘型号	沃尔沃 FM540 104RB
	功率/kW	406
臂架系统	臂架型式	6 节折叠+末节伸缩
	末节臂架工作角度范围	六臂可倒勾，可伸缩
	最大作业高度/幅度/m	65/57
	最小跨距下最大作业幅度/m	35
	臂架展开时间/s	≤230

二、强力破拆消防车系列

28m 强力破拆举高喷射消防车作为“十三五”国家重点研发计划子课题，首创全折叠破拆臂，以臂架工作范围最大、最灵活、破拆速度最快、能力最强、功能最多、工具更换速度最快，改变了消防行业对破拆消防车的认知，重新定义该产品的标准，树立破拆救援消防车的市场领导地位。该产品主要用于商场、仓库、厂房、带防盗网居民楼等的破拆，迅速打开救援通道，以进行救人、排烟以及射水灭火。见图 6-9、表 6-2。

图 6-9　28m 强力破拆举高喷射消防车

表 6-2　28m 强力破拆消防车

底盘型号	沃尔沃 FM500(国Ⅵ)
发动机最大净功率/kW	375
外形尺寸/mm	12040×2520×3970
满载质量/kg	40750
工作高度/幅度/m	28/23
臂架形式	四节折叠+伸缩水炮(顶部破拆+越障破拆)
支腿跨距(前宽×后宽)/mm	8000×8000
支腿任意支撑	打水任意支撑/最小 3. 3m
属具：锤	冲击功 1200J
属具：剪	剪切力 120t
属具：抓	抓取力 2t
属具：铲斗	0. 38m^3，挖掘力 5t
属具：卷扬	起吊力矩 30t · m
单次破拆时间/s	6
水炮射程/m	75

三、55m 登高平台消防车

55m 登高平台消防车是针对城市高空救援及消防灭火任务而开发的，主要满足于城市 18 层居民住宅的消防救援需求，是城市消防的主力产品。本产品为三桥 55m，桥长比行业最高，机动型好，比功率≥9. 7，行业领先。见图 6-10、表 6-3。

图 6-10　55m 登高平台消防车

表 6-3　55m 登高平台消防车

基本配置	产品型号	XDGV55F		
	底盘型号	沃尔沃 FMX460 6×4(欧Ⅵ)		
	消防泵	希尔 RSD100		
	消防炮	Akron 3482		
行驶性能	发动机功率	338kW		
	总质量	33. 9t		
	轴距	4900+1350		
	转弯直径	21. 3m		
	比功率	10		
	外形尺寸	12000×2550×3990		
救援性能	最大工作高度	55m(500kg)		
	最大工作幅度	23m	25m	27m
	平台载荷	500kg	320kg	130kg
	支腿跨距	7720×7820		
	上车动作时间	≤160s		
	下车动作时间	≤30s		
消防性能	消防泵流量	70L/s		
	消防炮流量	80L/s		
	消防炮射程	≥70m		

四、26m 大罐举高喷射消防车

26m 大罐消防车主要用于城镇、工矿企业等低层建筑以及石油化工企业、油罐、仓库等中低高度建筑物的火灾扑救。集举升灭火、近攻灭火、大流量供水、立体灭火等多种功能于一身。见图 6-11、表 6-4。

图 6-11　26m 大罐举高喷射消防车

表 6-4　26m 大罐举高喷射消防车

底盘参数	底盘型号	VOLVO FM500(国Ⅵ)
	最大功率	370kW
	比功率	8.6
	取力器	断轴取力器
	乘员数	6 选配 9 人
臂架支撑	臂架节数	3 折叠+1 伸缩
	回转角度	360°无限回转
	工作高度	26m
	工作幅度	15m
	支撑方式	H 型原地支撑
	调平方式	自动调平
消防系统	罐体	18T
	罐体材质	不锈钢
	额定流量	100L/s
	水泵流量	170L/s(美国希尔)
	炮有效流量	100L/s

第三节　南京安元科技有限公司

安元科技有限公司成立于2003年，是一家依托于南京工业大学的产学研一体化的高新技术企业和软件企业，专业服务于国内外化工安全事业，致力于国内领先的工业互联网、工业物联网、工业大数据等产品技术研发及产业化。

公司拥有国家应急管理部高危行业安全物联网技术创新中心、国家应急管理部化工过程安全生产重点实验室、江苏省城市与工业安全重点实验室、南京工业大学公共安全研究院和江苏省企业研究生工作站等多个国家、省级产学研协同创新载体。

安元科技主营业务是工业互联网、大数据服务、软硬件研发及产业化服务等，是国内最早专业从事安全生产领域的软件和专业设备研发与服务的专业科技公司。围绕工业互联网垂直领域打造“1+5+N”业务体系，即1个工业互联网底座平台；“工业互联网+安全生产”“工业互联网+智能工厂”“工业互联网+化工(工业)园区”“工业互联网+行业数字化”和“工业互联网+应急管理”5大业务领域；智能物联设备、工业级巡查机器人、工业级防爆消防灭火机器人、工业级无人机等N个智能设备。

安元科技深耕城市与工业安全领域近二十载，已形成了我国自主可控的“基础平台+机理模型+物联设备+行业软件”体系化的“工业互联网+安全生产”关键技术与系列成果，具有强大的数字化平台底座、工业机理模型体系和化工本质安全技术体系三大的核心技术优势。公司凭借“工业互联网+化工+安全”的综合能力，全力打造易部署、易维护的新一代工业互联网底座平台、专业可靠的一站式“工业互联网+安全生产”整体解决方案以及全周期项目保障等全方位的综合服务，获得客户一致好评。安元科技将坚定“让城市与工业更安全、更智慧”的信念，不断开拓创新，加速推动国家工业互联网建设应用，促进行业实现数字化、网络化、智能化转型升级。

安元科技作为多个国家级科技支撑平台承担单位，提供智慧城市、智慧园区、智慧企业、智能工厂的整体解决方案。通过不断的战略创新、组织创新、技术创新、模式创新、服务创新，打造百亿级集团公司，成为国内领先的工业互联网全要素能力提供商。

第四节　梅思安(中国)安全设备有限公司

梅思安(MSA)公司成立于1914年，公司总部位于美国宾夕法尼亚州的匹兹堡市。梅思安(MSA)目前已经发展成为行业内个人防护装备及火气监测仪表的最大制造商之一，拥有世界一流的实验室，是纽约证券交易所上市公司。

1989年，MSA在中国设立合资公司——无锡梅思安安全设备有限公司，2009年再次重金投入成立了梅思安(中国)安全设备有限公司和梅思安(苏州)安全设备研发有限公司，并不断为中国引进全球先进的安全与应急救援防护产品和科技。秉承公司百年始终的使命和愿景，积极推进中国安全防护科技和理念不断进步。

梅思安公司主要产品包括呼吸防护、头眼脸耳防护、坠落防护、便携式气体检测仪表、固定式气体监测仪表、消防员装备6大类全线的安全与应急装备。该公司建立了完善的销售与服务网络，以北京、上海、深圳、成都、西安为中心覆盖整个中国，业务涉及石油、化工、天然气、消防、应急救援、冶金、电力、核电、建筑、一般工业应用等多个领域。

第五节　梅卡曼德(北京)机器人科技有限公司

梅卡曼德(北京)机器人科技有限公司研发的AI智能读表系统，致力于用业内领先的工业AI视觉技术与一流的服务，助力工业企业实现数字化转型，让企业又快又省地将传统仪表改造为智能仪表，无需停产停工、无需触动管线、无需改换整表，将巡检真正落地到“毛细血管”。有效解决海量存量仪表需要定期人工巡检，仪表种类繁多、位置分散、工况恶劣、巡检工作繁重等痛点问题。

一、仪表巡检痛点(图6-12)

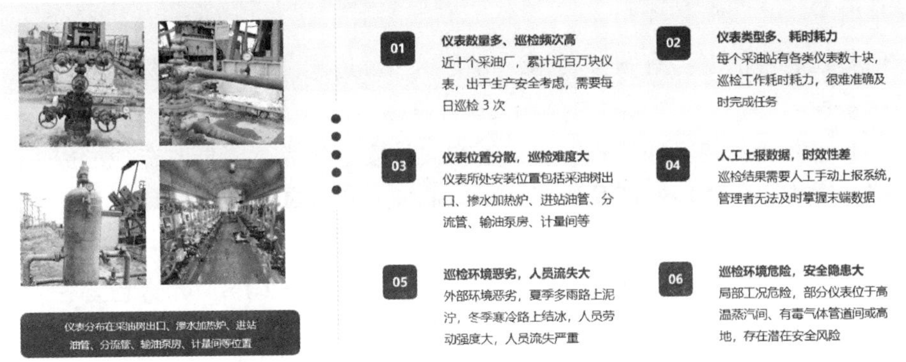

图6-12　仪表巡检痛点

二、解决方案

（1）在各种电水油气等仪表上加装 EvaRead 智能采集终端；

（2）终端定时启动拍照，连接网络(NB-IoT 或 Lte-Cat1)，联网成功后将照片数据传输到云平台；

（3）云平台接收照片数据并合成为图像，进行图像识别分析，AI 弘擎自动分析出仪表读数和图像状态；

（4）用户登录 Web 端或手机端，查看仪表照片、读数结果，实现远程仪表抄表巡检工作。见图 6-13。

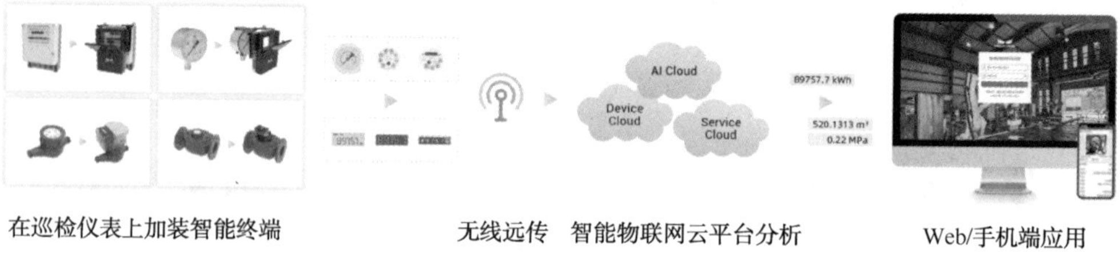

图 6-13　方案应用示意

三、方案亮点

（1）全品类仪表通用：适用于各类型号仪表，无需协议对接，实现同一平台统一管理。

（2）超长续航能力：基于超低功耗和图像压缩技术，每日读取 1 次数据，可用 6 年以上。

（3）超高可信度：有图有真相，历史图片可追溯。读数与现场示数一致，无电子误差。

（4）超便捷安装：外挂式安装、解耦设计安全可靠、降低改造隐形成本。

（5）适应恶劣环境：产品满足 IP68 标准，可适应恶劣现场环境，防水防潮防盗，抗冻耐热。

（6）超多功能应用：远程巡检，能耗计量，点位；GPS，异常告警，设备管理，报表导出，API 数据对接等。

四、技术优势(图 6-14)

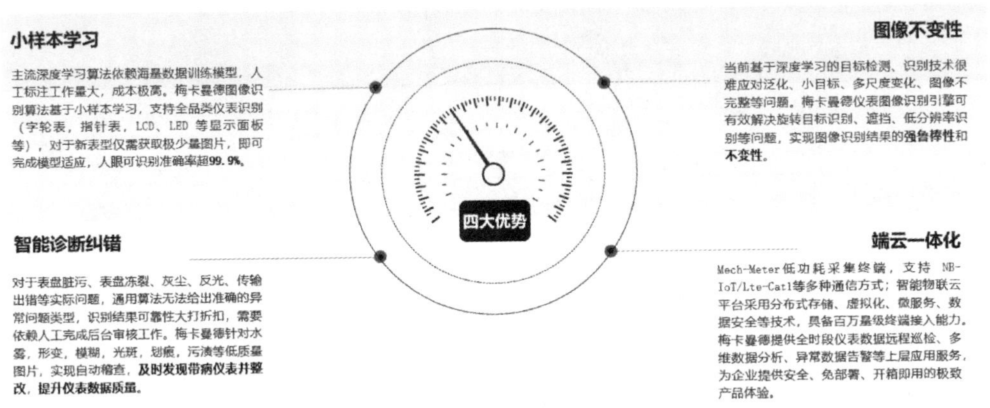

图 6-14　技术优势

五、改造前后效果对比(图 6-15)

改造前
Before

- 每 8 小时需巡检一次，每日 3 班倒，投入大
- 仪表巡检频次低，覆盖点位不全，经常存在漏检、错报等问题
- 需一只只按顺序巡检，80% 时间浪费在路上
- 数据准确性难以核实，仪表数据汇总难，数据上报延迟明显
- 许多异常问题往往只能在现场巡检时发现

改造后
After

- 按需设置巡检频次，小时级上报，巡检频次提升 50% 以上
- 全仪表全量上报，AI 协助智能读数，巡检结果可信可追溯
- 大幅减轻现场工作量、减少巡检时间
- 实现并行巡检，数据同一时刻统一上报，及时完成数据分析
- 自定义报警规则，实时通知上下限阈值超限

图 6-15　改造前后效果对比

附　录

附录Ⅰ　“十四五”国家应急体系规划

附录Ⅱ　全国应急管理系统法治宣传教育第八个五年规划（2021—2025年）

附录Ⅲ　GB/T 33000—2016《企业安全生产标准化基本规范》八要素详解

附录Ⅰ “十四五”国家应急体系规划

为全面贯彻落实习近平总书记关于应急管理工作的一系列重要指示和党中央、国务院决策部署，扎实做好安全生产、防灾减灾救灾等工作，积极推进应急管理体系和能力现代化，根据《中华人民共和国国民经济和社会发展第十四个五年规划和2035年远景目标纲要》，制定本规划。

一、规划背景

（一）“十三五”时期取得的工作进展。

“十三五”时期，各地区、各有关部门以习近平新时代中国特色社会主义思想为指导，认真贯彻落实党中央、国务院决策部署，推动应急管理事业改革发展取得重大进展，防范化解重大安全风险能力明显提升，各项目标任务如期实现。

应急管理体系不断健全。改革完善应急管理体制，组建应急管理部，强化了应急工作的综合管理、全过程管理和力量资源的优化管理，增强了应急管理工作的系统性、整体性、协同性，初步形成统一指挥、专常兼备、反应灵敏、上下联动的中国特色应急管理体制。深化应急管理综合行政执法改革，组建国家矿山安全监察局，加强危险化学品安全监管力量。建立完善风险联合会商研判机制、防范救援救灾一体化机制、救援队伍预置机制、扁平化指挥机制等，推动制修订一批应急管理法律法规和应急预案，全灾种、大应急工作格局基本形成。

应急救援效能显著提升。稳步推进公安消防部队、武警森林部队转制，组建国家综合性消防救援队伍，支持各类救援队伍发展，加快构建以国家综合性消防救援队伍为主力、专业救援队伍为协同、军队应急力量为突击、社会力量为辅助的中国特色应急救援力量体系。对标全灾种、大应急任务需要，加大先进、特种、专用救援装备配备力度，基本建成中央、省、市、县、乡五级救灾物资储备体系，完善全国统一报灾系统，加强监测预警、应急通信、紧急运输等保障能力建设，灾害事故综合应急能力大幅提高，成功应对了多次重特大事故灾害，经受住了一系列严峻考验。

安全生产水平稳步提高。不断强化党政同责、一岗双责、齐抓共管、失职追责的安全生产责任制，严格省级人民政府安全生产和消防工作考核，开展国务院安全生产委员会成员单位年度安全生产工作考核，完善激励约束机制。持续开展以危险化学品、矿山、消防、交通运输、城市建设、工业园区、危险废物等为重点的安全生产专项整治。逐步建立安全风险分级管控和隐患排查治理双重预防工作机制，科技强安专项行动初见成效。按可比口径计算，2020 年全国各类事故、较大事故和重特大事故起数比 2015 年分别下降 43.3%、36.1%和 57.9%，死亡人数分别下降 38.8%、37.3%和 65.9%。

防灾减灾能力明显增强。建立自然灾害防治工作部际联席会议制度，实施自然灾害防治九项重点工程，启动第一次全国自然灾害综合风险普查，推进大江大河和中小河流治理，实施全国地质灾害防治、山洪灾害防治、重点火险区综合治理、平安公路建设、农村危房改造、地震易发区房屋加固等一批重点工程，城乡灾害设防水平和综合防灾减灾能力明显提升。与“十二五”时期相比，“十三五”期间全国自然灾害因灾死亡失踪人数、倒塌房屋数量和直接经济损失占国内生产总值比重分别下降 37.6%、70.8%和 38.9%。

（二）面临的形势。

“十四五”时期，我国发展仍然处于重要战略机遇期。以习近平同志为核心的党中央着眼党和国家事业发展全局，坚持以人民为中心的发展思想，统筹发展和安全两件大事，把安全摆到了前所未有的高度，对全面提高公共安全保障能力、提高安全生产水平、完善国家应急管理体系等作出全面部署，为解决长期以来应急管理工作存在的突出问题、推进应急管理体系和能力现代化提供了重大机遇。但同时也要看到，我国是世界上自然灾害最为严重的国家之一，灾害种类多、分布地域广、发生频率高、造成损失重，安全生产仍处于爬坡过坎期，各类安全风险隐患交织叠加，生产安全事故仍然易发多发。

风险隐患仍然突出。我国安全生产基础薄弱的现状短期内难以根本改变，危险化学品、矿山、交通运输、建筑施工等传统高危行业和消防领域安全风险隐患仍然突出，各种公共服务设施、超大规模城市综合体、人员密集场所、高层建筑、地下空间、地下管网等大量建设，导致城市内涝、火灾、燃气泄漏爆炸、拥挤踩踏等安全风险隐患日益凸显，重特大事故在地区和行业间呈现波动反弹态势。随着全球气候变暖，我国自然灾害风险进一步加剧，极端天气趋强趋重趋频，台风登陆更加频繁、强度更大，降水分布不均衡、气温异常变化等因素导致发生洪涝、干旱、高温热浪、低温雨雪冰冻、森林草原火灾的可能性增大，重特大地震灾害风险形势严峻复杂，灾害的突发性和异常性愈发明显。

防控难度不断加大。随着工业化、城镇化持续推进，我国中心城市、城市群迅猛发展，人口、生产要素更加集聚，产业链、供应链、价值链日趋复杂，生产生活空间高度关联，各类承灾体暴露度、集中度、脆弱性大幅增加。新能源、新工艺、新材料广泛应用，新产业、新业态、新模式大量涌现，引发新问题，形成新隐患，一些“想不到、管得少”的领域风险逐渐凸显。同时，灾害事故发生的隐蔽性、复杂性、耦合性进一步增加，重特大灾害事故往往引发一系列次生、衍生灾害事故和生态环境破坏，形成复杂多样的灾害链、事故链，进一步增加风险防控和应急处置的复杂性及难度。全球化、信息化、网络化的快速发展，也使灾害事故影响的广度和深度持续增加。

应急管理基础薄弱。应急管理体制改革还处于深化过程中，一些地方改革还处于磨合期，亟待构建优化协同高效的格局。防汛抗旱、抗震救灾、森林草原防灭火、综合减灾等工作机制还需进一步完善，安全生产综合监管和行业监管职责需要进一步理顺。应急救援力量不足特别是国家综合性消防救援队伍力量短缺问题突出，应急管理专业人才培养滞后，专业队伍、社会力量建设有待加强。科技信息化水平总体较低，风险隐患早期感知、早期识别、早期预警、早期发布能力欠缺，应急物资、应急通信、指挥平台、装备配备、紧急运输、远程投送等保障尚不完善。基层应急能力薄弱，公众风险防范意识、自救互救能力不足等问题比较突出，应急管理体系和能力与国家治理体系和治理能力现代化的要求存在很大差距。

二、总体要求

(一) 指导思想。

以习近平新时代中国特色社会主义思想为指导，全面贯彻落实党的十九大和十九届历次全会精神，增强“四个意识”、坚定“四个自信”、做到“两个维护”，坚持系统观念，统筹推进“五位一体”总体布局，协调推进“四个全面”战略布局，坚定不移贯彻新发展理念，坚持稳中求进工作总基调，坚持人民至上、生命至上，坚持总体国家安全观，更好统筹发展和安全，以推动高质量发展为主题，以防范化解重大安全风险为主线，深入推进应急管理体系和能力现代化，坚决遏制重特大事故，最大限度降低灾害事故损失，全力保护人民群众生命财产安全和维护社会稳定，为建设更高水平的平安中国和全面建设社会主义现代化强国提供坚实安全保障。

（二）基本原则。

坚持党的领导。加强党对应急管理工作的集中统一领导，全面贯彻党的基本理论、基本路线、基本方略，把党的政治优势、组织优势、密切联系群众优势和社会主义集中力量办大事的制度优势转化为应急管理事业发展的强大动力和坚强保障。

坚持以人为本。坚持以人民为中心的发展思想，始终做到发展为了人民、发展依靠人民、发展成果由人民共享，始终把保护人民群众生命财产安全和身体健康放在第一位，全面提升国民安全素质和应急意识，促进人与自然和谐共生。

坚持预防为主。健全风险防范化解机制，做到关口前移、重心下移，加强源头管控，夯实安全基础，强化灾害事故风险评估、隐患排查、监测预警，综合运用人防物防技防等手段，真正把问题解决在萌芽之时、成灾之前。

坚持依法治理。运用法治思维和法治方式，加快构建适应应急管理体制的法律法规和标准体系，坚持权责法定、依法应急，增强全社会法治意识，实现应急管理的制度化、法治化、规范化。

坚持精准治理。科学认识和系统把握灾害事故致灾规律，统筹事前、事中、事后各环节，差异化管理、精细化施策，做到预警发布精准、抢险救援精准、恢复重建精准、监管执法精准。

坚持社会共治。把群众观点和群众路线贯穿工作始终，加强和创新社会治理，发挥市场机制作用，强化联防联控、群防群治，普及安全知识，培育安全文化，不断提高全社会安全意识，筑牢防灾减灾救灾的人民防线。

（三）主要目标。

总体目标：到 2025 年，应急管理体系和能力现代化建设取得重大进展，形成统一指挥、专常兼备、反应灵敏、上下联动的中国特色应急管理体制，建成统一领导、权责一致、权威高效的国家应急能力体系，防范化解重大安全风险体制机制不断健全，应急救援力量建设全面加强，应急管理法治水平、科技信息化水平和综合保障能力大幅提升，安全生产、综合防灾减灾形势趋稳向好，自然灾害防御水平明显提升，全社会防范和应对处置灾害事故能力显著增强。到 2035 年，建立与基本实现现代化相适应的中国特色大国应急体系，全面实现依法应急、科学应急、智慧应急，形成共建共治共享的应急管理新格局。

应急管理体制机制更加完善。领导体制、指挥体制、职能配置、机构设置、协同机制更趋合理，应急管理队伍建设、能力建设、作风建设取得重大进展，应急管理机构基础设施、装备条件大幅改善，工作效率、履职能力全面提升。县级以上应急管理部门行政执法装备配备达标率达到80%。

专栏1 “十四五”时期主要指标

序号	指　　标	预期值	属性
1	生产安全事故死亡人数	下降15%	约束性
2	重特大生产安全事故起数	下降20%	约束性
3	单位国内生产总值生产安全事故死亡率	下降33%	约束性
4	工矿商贸就业人员十万人生产安全事故死亡率	下降20%	约束性
5	年均每百万人口因自然灾害死亡率	<1	预期性
6	年均每十万人受灾人次	<15000	预期性
7	年均因自然灾害直接经济损失占国内生产总值比例	<1%	预期性

灾害事故风险防控更加高效。安全风险分级管控与隐患排查治理机制进一步完善，多灾种和灾害链综合监测、风险早期感知识别和预报预警能力显著增强，城乡基础设施防灾能力、重点行业领域安全生产水平大幅提升，危险化学品、矿山、交通运输、建筑施工、火灾等重特大安全事故得到有效遏制，严防生产安全事故应急处置引发次生环境事件。灾害事故信息上报及时准确，灾害预警信息发布公众覆盖率达到90%。

大灾巨灾应对准备更加充分。综合救援、专业救援、航空救援力量布局更加合理，应急救援效能显著提升，应急预案、应急通信、应急装备、应急物资、应急广播、紧急运输等保障能力全面加强。航空应急力量基本实现2小时内到达灾害事故易发多发地域，灾害事故发生后受灾人员基本生活得到有效救助时间缩短至10小时以内。

应急要素资源配置更加优化。科技资源、人才资源、信息资源、产业资源配置更趋合理高效，应急管理基础理论研究、关键技术研究、重大装备研发取得重大突破，规模合理、素质优良的创新型人才队伍初步形成，应急管理科技信息化水平明显提高，“一带一路”自然灾害防治和应急管理国际合作机制逐步完善。县级以上应急管理部门专业人才占比达到60%。

共建共治共享体系更加健全。全社会安全文明程度明显提升，社会公众应急意识和自救互救能力显著提高，社会治理的精准化水平持续提升，规范有序、充满活力的社会应急力量发展环境进一步优化，共建共治共享的应急管理格局基本形成。重点行业规模以上企业新增从业人员安全技能培训率达到100%。

三、深化体制机制改革，构建优化协同高效的治理模式

（一）健全领导指挥体制。

按照常态应急与非常态应急相结合，建立国家应急指挥总部指挥机制，省、市、县建设本级应急指挥部，形成上下联动的应急指挥部体系。按照综合协调、分类管理、分级负责、属地为主的原则，健全中央与地方分级响应机制，明确各级各类灾害事故响应程序，进一步理顺防汛抗旱、抗震救灾、森林草原防灭火等指挥机制。将消防救援队伍和森林消防队伍整合为一支正规化、专业化、职业化的国家综合性消防救援队伍，实行严肃的纪律、严密的组织，按照准现役、准军事化标准建设管理，完善统一领导、分级指挥的领导体制，组建统一的领导指挥机关，建立中央地方分级指挥和队伍专业指挥相结合的指挥机制，加快建设现代化指挥体系，建立与经济社会发展相适应的队伍编制员额同步优化机制。完善应急管理部门管理体制，全面实行准军事化管理。

（二）完善监管监察体制。

推进应急管理综合行政执法改革，整合监管执法职责，组建综合行政执法队伍，健全监管执法体系。推动执法力量向基层和一线倾斜，重点加强动态巡查、办案等一线执法工作力量。制定应急管理综合行政执法事项指导目录，建立完善消防执法跨部门协作机制，构建消防安全新型监管模式。制定实施安全生产监管监察能力建设规划，负有安全生产监管监察职责的部门要加强力量建设，确保切实有效履行职责。加强各级矿山安全监察机构力量建设，完善国家监察、地方监管、企业负责的矿山安全监管监察体制。推进地方矿山安全监管机构能力建设，通过政府购买服务方式为监管工作提供技术支撑。

（三）优化应急协同机制。

强化部门协同。充分发挥相关议事协调机构的统筹作用，发挥好应急管理部门的综合优势和各相关部门的专业优势，明确各部门在事故预防、灾害防治、信息发布、抢险救援、环境监测、物资保障、恢复重建、维护稳定等方面的工作职责。健全重大安全风险防范化解协同机制和灾害事故应对处置现场指挥协调机制。

强化区域协同。健全自然灾害高风险地区，以及京津冀、长三角、粤港澳大

湾区、成渝城市群及长江、黄河流域等区域协调联动机制，统一应急管理工作流程和业务标准，加强重大风险联防联控，联合开展跨区域、跨流域风险隐患普查，编制联合应急预案，建立健全联合指挥、灾情通报、资源共享、跨域救援等机制。组织综合应急演练，强化互助调配衔接。

（四）压实应急管理责任。

强化地方属地责任。建立党政同责、一岗双责、齐抓共管、失职追责的应急管理责任制。将应急管理体系和能力建设纳入地方各级党政领导干部综合考核评价内容。推动落实地方党政领导干部安全生产责任制，制定安全生产职责清单和年度工作清单，将安全生产纳入高质量发展评价体系。健全地方政府预防与应急准备、灾害事故风险隐患调查及监测预警、应急处置与救援救灾等工作责任制，推动地方应急体系和能力建设。

明确部门监管责任。严格落实管行业必须管安全、管业务必须管安全、管生产经营必须管安全要求，依法依规进一步夯实有关部门在危险化学品、新型燃料、人员密集场所等相关行业领域的安全监管职责，加强对机关、团体、企业、事业单位的安全管理，健全责任链条，加强工作衔接，形成监管合力，严格把关重大风险隐患，着力防范重点行业领域系统性安全风险，坚决遏制重特大事故。

落实生产经营单位主体责任。健全生产经营单位负责、职工参与、政府监管、行业自律、社会监督的安全生产治理机制。将生产经营单位的主要负责人列为本单位安全生产第一责任人。以完善现代企业法人治理体系为基础，建立企业全员安全生产责任制度。健全生产经营单位重大事故隐患排查治理情况向负有安全生产监督管理职责的部门和职工大会(职代会)“双报告”制度。推动重点行业领域规模以上企业组建安全生产管理和技术团队，提高企业履行主体责任的专业能力。实施工伤预防行动计划，按规定合理确定工伤保险基金中工伤预防费的比例。

严格责任追究。健全灾害事故直报制度，严厉追究瞒报、谎报、漏报、迟报责任。建立完善重大灾害调查评估和事故调查机制，坚持事故查处“四不放过”原则，推动事故调查重点延伸到政策制定、法规修订、制度管理、标准技术等方面。加强对未遂事故和人员受伤事故的调查分析，严防小隐患酿成大事故。完善应急管理责任考评指标体系和奖惩机制，定期开展重特大事故调查处理情况“回头看”。综合运用巡查、督查等手段，强化对安全生产责任落实情况的监督考核。

四、夯实应急法治基础，培育良法善治的全新生态

（一）推进完善法律法规架构。

加快完善安全生产法配套法规规章，推进制修订应急管理、自然灾害防治、应急救援组织、国家消防救援人员、矿山安全、危险化学品安全等方面法律法规，推动构建具有中国特色的应急管理法律法规体系。支持各地因地制宜开展应急管理地方性法规规章制修订工作。持续推进精细化立法，健全应急管理立法立项、起草、论证、协调、审议机制和立法后实施情况评估机制。完善应急管理规章、规范性文件制定制度和监督管理制度，定期开展规范性文件集中清理和专项审查。完善公众参与政府立法机制，畅通公众参与渠道。开展丰富多样的普法活动，加大典型案例普法宣传。

（二）严格安全生产执法。

加大危险化学品、矿山、工贸、交通运输、建筑施工等重点行业领域安全生产执法力度，持续推进"互联网+执法"。综合运用"四不两直"、异地交叉执法、"双随机、一公开"等方式，加大重点抽查、突击检查力度，建立健全安全生产典型执法案例报告制度，严厉打击非法生产经营行为。全面推行行政执法公示、执法全过程记录、重大执法决定法制审核三项制度，以及公众聚集场所投入使用、营业前消防安全检查告知承诺制。健全安全生产行政处罚自由裁量标准，细化行政处罚等级。严格事故前严重违法行为责任追究，严格执行移送标准和程序，规范实施行政执法与刑事司法衔接机制。加强执法监督，完善内外部监督机制。

（三）推动依法行政决策。

将应急管理行政决策全过程纳入法治化轨道，对一般和重大行政决策实行分类管理。完善公众参与、专家论证、风险评估、合法性审查、集体讨论决定等法定程序和配套制度，健全并实施应急管理重大行政决策责任倒查和追究机制。定期制定和更新决策事项目录和标准，依法向社会公布。建立依法应急决策制度，规范启动条件、实施方式、尽职免予问责等内容。深化应急管理"放管服"改革，加强事前事中事后监管和地方承接能力建设，积极营造公平有序竞争的市场环境。

（四）推进应急标准建设。

实施应急管理标准提升行动计划，建立结构完整、层次清晰、分类科学的应急管理标准体系。构建完善应急管理、矿山安全等相关专业标准化技术组织。针

对灾害事故暴露出的标准短板，加快制(修)订一批支撑法律有效实施的国家标准和行业标准，研究制定应急管理领域大数据、物联网、人工智能等新技术应用标准，鼓励社会团体制定应急产品及服务类团体标准。加快安全生产、消防救援领域强制性标准制修订，尽快制定港区消防能力建设标准，开展应急管理相关国家标准实施效果评估。推动企业标准化与企业安全生产治理体系深度融合，开展国家级应急管理标准试点示范。鼓励先进企业创建应急管理相关国际标准，推动标准和规则互认。加大应急管理标准外文版供给。

五、防范化解重大风险，织密灾害事故的防控网络

(一) 注重风险源头防范管控。

加强风险评估。以第一次全国自然灾害综合风险普查为基准，编制自然灾害风险和防治区划图。加强地震构造环境精细探测和重点地区与城市活动断层探察。推进城镇周边火灾风险调查。健全安全风险评估管理制度，推动重点行业领域企业建立安全风险管理体系，全面开展城市安全风险评估，定期开展重点区域、重大工程和大型油气储存设施等安全风险评估，制定落实风险管控措施。开展全国工业园区应急资源和能力全面调查，指导推动各地建设工业园区应急资源数据库。

科学规划布局。探索建立自然灾害红线约束机制。强化自然灾害风险区划与各级各类规划融合，完善规划安全风险评估会商机制。加强超大特大城市治理中的风险防控，统筹县域城镇和村庄规划建设，严格控制区域风险等级及风险容量，推进实施地质灾害避险搬迁工程，加快形成有效防控重大安全风险的空间格局和生产生活方式布局。将城市防灾减灾救灾基础设施用地需求纳入当地土地利用年度计划并予以优先保障。完善应急避难场所规划布局，健全避难场所建设标准和后评价机制，严禁随意变更应急避难场所和应急基础设施的使用性质。

(二) 强化风险监测预警预报。

充分利用物联网、工业互联网、遥感、视频识别、第五代移动通信(5G)等技术提高灾害事故监测感知能力，优化自然灾害监测站网布局，完善应急卫星观测星座，构建空、天、地、海一体化全域覆盖的灾害事故监测预警网络。广泛部署智能化、网络化、集成化、微型化感知终端，高危行业安全监测监控实行全国联网或省(自治区、直辖市)范围内区域联网。完善综合风险预警制度，增强风险早期识别能力，发展精细化气象灾害预警预报体系，优化地震长中短临和震后趋势预测业务，提高安全风险预警公共服务水平。建立突发事件预警信息发布标

准体系，优化发布方式，拓展发布渠道和发布语种，提升发布覆盖率、精准度和时效性，强化针对特定区域、特定人群、特定时间的精准发布能力。建立重大活动风险提示告知制度和重大灾害性天气停工停课停业制度，明确风险等级和安全措施要求。推进跨部门、跨地域的灾害事故预警信息共享。

（三）深化安全生产治本攻坚。

严格安全准入。加强工业园区等重点区域安全管理，制定危险化学品、烟花爆竹、矿山、工贸等“禁限控”目录，完善危险化学品登记管理数据库和动态统计分析功能，推动建立高危行业领域建设项目安全联合审批制度，强化特别管控危险化学品全生命周期管理。建立更加严格规范的安全准入体系，加强矿用、消防等设备材料安全管理，优化交通运输和渔业船舶等安全技术和安全配置。严格建设项目安全设施同时设计、同时施工、同时投入生产和使用制度，健全重大项目决策安全风险评估与论证机制。推动实施全球化学品统一分类和标签制度。

加强隐患治理。完善安全生产隐患分级分类排查治理标准，制定隐患排查治理清单，实现隐患自查自改自报闭环管理。建立危险化学品废弃报告制度。实行重大事故隐患治理逐级挂牌督办、及时整改销号和整改效果评价。推动将企业安全生产信息纳入政府监管部门信息平台，构建政府与企业多级多方联动的风险隐患动态数据库，综合分析研判各类风险、跟踪隐患整改清零。研究将安全风险分级管控和隐患排查治理列入企业安全生产费用支出范围。

深化专项整治。深入推进危险化学品、矿山、消防、交通运输、建筑施工、民爆、特种设备、大型商业综合体等重点行业领域安全整治，解决影响制约安全生产的薄弱环节和突出问题，督促企业严格安全管理、加大安全投入、落实风险管控措施。结合深化供给侧结构性改革，推动安全基础薄弱、安全保障能力低下且整改后仍不达标的企业退出市场。统筹考虑危险化学品企业搬迁和项目建设审批，优先保障符合条件企业的搬迁用地。持续推进企业安全生产标准化建设，实现安全管理、操作行为、设施设备和作业环境规范化。推动淘汰落后技术、工艺、材料和设备，加大重点设施设备、仪器仪表检验检测力度。推动各类金融机构出台优惠贷款等金融类产品，大力推广新技术、新工艺、新材料和新装备，实施智能化矿山、智能化工厂、数字化车间改造，开展智能化作业和危险岗位机器人替代示范。强化危险废物全过程监管，动态修订《国家危险废物名录》，修订危险废物鉴别、储存以及水泥窑协同处置污染控制等标准，制定完善危险废物重点监管单位清单。建立废弃危险化学品等危险废物监管协作和联合执法工作机制，加强危险废物监管能力与应急处置技术支持能力建设。

专栏 2　安全生产治本攻坚重点

1. 危险化学品。化工园区本质安全整治提升、企业分类治理整顿、非法违法“小化工”整治、重大危险源管控、硝酸铵等高危化学品和精细化工等高危工艺安全风险管控、自动化控制、特殊作业安全管理、城区内化学品输送管线、油气站等易燃易爆剧毒设施；化学品运输、使用和废弃处置等环节。

2. 烟花爆竹。生产、储存、运输等设施；生产、经营、进出口、运输、燃放、销毁、处置等环节。

3. 矿山。煤与瓦斯突出、冲击地压、水文地质类型复杂或极复杂等灾害严重煤矿，30 万吨/年以下煤矿，开采深度超过 1200m 的大中型及以上煤矿；入井人数超过 30 人、井深超过 800m 的金属非金属地下矿山，边坡高度超过 200m 的金属非金属露天矿山，尾矿库“头顶库”、无生产经营主体尾矿库、长期停用尾矿库。

4. 工贸。冶金企业高温熔融金属、煤气工艺环节，涉粉作业人数 30 人以上的金属粉尘、木粉尘企业，铝加工（深井铸造）企业、农贸市场重大事故隐患整治。

5. 消防。超高层建筑、大型商业综合体、城市地下轨道交通、石油化工企业等高风险场所；人员密集场所、“三合一”场所、群租房、生产加工作坊等火灾易发场所；博物馆、文物古建筑、古城古村寨等文物、文化遗产保护场所和易地扶贫搬迁安置场所；电动汽车、电动自行车、电化学储能设施和冷链仓库、冰雪运动娱乐等新产业新业态；船舶、船闸、水上加油站等水上设施。

6. 道路运输。急弯陡坡、临水临崖、长下坡、危桥、危隧、穿村过镇路口、农村马路市场等路段及部位；非法违规营运客车、校车，“大吨小标”、超限超载、非法改装货车等运输车辆；变型拖拉机；常压液体危险货物罐车。

7. 其他交通运输（民航、铁路、邮政、水上和城市轨道交通）和渔业船舶。民航运输：可控飞行撞地、空中相撞、危险品运输，跑道安全、机场净空安全、鸟击、通用航空安全；铁路运输：沿线环境安全、危险货物运输、公铁水并行交汇地段、路外伤害安全；邮政快递：末端车辆安全、作业场所安全；水上运输：商渔船碰撞、内河船舶非法从事海上运输、港口客运和危险货物运输；城市轨道交通：运营保护区巡查，违规施工作业、私搭乱建、堆放易燃易爆危险品等；渔业船舶：船舶脱检脱管、不适航、配员不足、脱编作业、超员超载、超风级超航区冒险航行作业，船员不适任、疏忽瞭望值守。

8. 城市建设。利用原有建筑物改建改用为酒店、饭店、学校、体育馆等人员聚集场所；高层建筑工程、地下工程、改造加固工程、拆除工程、桥梁隧道工程；违法违规转包分包；城镇燃气及燃气设施安全管理。

9. 工业园区等功能区。化工园区安全风险评估分级；仓储物流园区安全管理；港口码头等功能区安全管理。

10. 危险废物。危险废物储存、利用、处置环节；违规堆存、随意倾倒、私自填埋危险废物。

（四）加强自然灾害综合治理。

改善城乡防灾基础条件。开展城市重要建筑、基础设施系统及社区抗震韧性评价及加固改造，提升学校、医院等公共服务设施和居民住宅容灾备灾水平。加强城市防洪排涝与调蓄设施建设，优化和拓展城市调蓄空间。增强公共设施应对风暴和地质灾害的能力，完善公共设施和建筑应急避难功能。统筹规划建设公共消防设施，加密消防救援站点。实施农村危房改造和地震高烈度设防地区农房抗震改造，逐步建立农村低收入人口住房安全保障长效机制。完善农村道路安全设施。推进自然灾害高风险地区居民搬迁避让，有序引导灾害风险等级高、基础设施条件较差、防灾减灾能力较弱的乡村人口适度向灾害风险较低的地区迁移。

提高重大设施设防水平。提升地震灾害、地质灾害、气象灾害、水旱灾害、海洋灾害、森林和草原火灾等自然灾害防御工程标准和重点基础设施设防标准。加强城市内涝治理，实施管网和泵站建设与改造、排涝通道建设、雨水源头减排工程。科学布局防火应急道路和火灾阻隔网络。完善网络型基础设施空间布局，积极推进智能化防控技术应用，增强可替代性，提升极端条件下抗损毁和快速恢复能力。加快推进城市群、重要口岸、主要产业及能源基地、自然灾害多发地区的多通道、多方式、多路径交通建设，提升交通网络系统韧性。推进重大地质灾害隐患工程治理，开展已建治理工程维护加固。开展重点岸段风暴潮漫滩漫堤联合预警，推进沿海地区海堤达标和避风锚地建设，构建沿海防潮防台减灾体系。加强国家供水应急救援基地建设。防范海上溢油、危险化学品泄漏等重大环境风险，提升应对海洋自然灾害和突发环境事件能力。加快京津冀平原沉降综合防治和地质灾害安全管理。

六、加强应急力量建设，提高急难险重任务的处置能力

（一）建强应急救援主力军国家队。

坚持党对国家综合性消防救援队伍的绝对领导，践行“对党忠诚、纪律严明、赴汤蹈火、竭诚为民”重要训词精神，对标应急救援主力军和国家队定位，严格教育、严格训练、严格管理、严格要求，全面提升队伍的正规化、专业化、职业化水平。积极适应“全灾种、大应急”综合救援需要，优化力量布局和队伍编成，填补救援力量空白，加快补齐国家综合性消防救援队伍能力建设短板，加大中西部地区国家综合性消防救援队伍建设支持力度。加强高层建筑、大型商业综合体、城市地下轨道交通、石油化工企业火灾扑救和地震、水域、山岳、核生化等专业救援力量建设，建设一批机动和拳头力量。发挥机动力量优势，明确调动权限和程序、与属地关系及保障渠道。加大先进适用装备配备力度，强化多灾种专业化训练，提高队伍极端条件下综合救援能力，增强防范重大事故应急救援中次生突发环境事件的能力。发展政府专职消防员和志愿消防员，加强城市消防站和

乡镇消防队建设。加强跨国(境)救援队伍能力建设，积极参与国际重大灾害应急救援、紧急人道主义援助。适应准现役、准军事化标准建设需要和职业风险高、牺牲奉献大的特点，完善国家综合性消防救援队伍专门保障机制，提高职业荣誉感和社会尊崇度。

(二) 提升行业救援力量专业水平。

强化有关部门、地方政府和企业所属各行业领域专业救援力量建设，组建一定规模的专业应急救援队伍、大型工程抢险队伍和跨区域机动救援队伍。完善救援力量规模、布局、装备配备和基础设施等建设标准，健全指挥管理、战备训练、遂行任务等制度，加强指挥人员、技术人员、救援人员实操实训，提高队伍正规化管理和技战术水平。加强各类救援力量的资源共享、信息互通和共训共练。健全政府购买应急服务机制，建立政府、行业企业和社会各方多元化资金投入机制，加快建立应急救援队伍多渠道保障模式。加强重点国际铁路、跨国能源通道、深海油气开发等重大工程安全应急保障能力建设。

(三) 加快建设航空应急救援力量。

用好现有资源，统筹长远发展，加快构建应急反应灵敏、功能结构合理、力量规模适度、各方积极参与的航空应急救援力量体系。引导和鼓励大型民航企业、航空货运企业建设一定规模的专业航空应急队伍，购置大型、重型航空飞行器，提高快速运输、综合救援、高原救援等航空应急能力。采取直接投资、购买服务等多种方式，完善航空应急场站布局，加强常态化航空力量部署，增加森林航空消防飞机(直升机)机源和数量，实现森林草原防灭火重点区域基本覆盖。完善航空应急救援空域保障机制和航空器跨区域救援协调机制。支持航空应急救援配套专业建设，加强航空应急救援专业人才培养。

(四) 引导社会应急力量有序发展。

制定出台加强社会应急力量建设的意见，对队伍建设、登记管理、参与方式、保障手段、激励机制、征用补偿等作出制度性安排，对社会应急力量参与应急救援行动进行规范引导。开展社会应急力量应急理论和救援技能培训，加强与国家综合性消防救援队伍等联合演练，定期举办全国性和区域性社会应急力量技能竞赛，组织实施分级分类测评。鼓励社会应急力量深入基层社区排查风险隐患、普及应急知识、就近就便参与应急处置等。推动将社会应急力量参与防灾减灾救灾、应急处置等纳入政府购买服务和保险范围，在道路通行、后勤保障等方面提供必要支持。

七、强化灾害应对准备，凝聚同舟共济的保障合力

（一）强化应急预案准备。

完善预案管理机制。修订突发事件应急预案管理办法，完善突发事件分类与分级标准，规范预警等级和应急响应分级。加强应急预案的统一规划、衔接协调和分级分类管理，完善应急预案定期评估和动态修订机制。强化预案的刚性约束，根据突发事件类别和级别明确各方职责任务，强化上下级、同级别、军队与地方、政府与企业、相邻地区等相关预案之间的有效衔接。建设应急预案数字化管理平台，加强预案配套支撑性文件的编制和管理。

加快预案制修订。制定突发事件应急预案编制指南，加强预案制修订过程中的风险评估、情景构建和应急资源调查。修订国家突发事件总体应急预案，组织指导专项、部门、地方应急预案修订，做好重要目标、重大危险源、重大活动、重大基础设施安全保障应急预案编制工作。有针对性地编制巨灾应对预案，开展应急能力评估。

加强预案演练评估。制定突发事件应急预案评估管理办法和应急演练管理办法，完善应急预案及演练的评估程序和标准。对照预案加强队伍力量、装备物资、保障措施等检查评估，确保应急响应启动后预案规定任务措施能够迅速执行到位。加强应急预案宣传培训，制定落实应急演练计划，组织开展实战化的应急演练，鼓励形式多样、节约高效的常态化应急演练，重点加强针对重大灾害事故的应急演练，根据演练情况及时修订完善应急预案。

（二）强化应急物资准备。

优化应急物资管理。按照中央层面满足应对特别重大灾害事故的应急物资保障峰值需求、地方层面满足启动本行政区域Ⅱ级应急响应的应急物资保障需求，健全完善应急物资保障体系，建立中央和地方、政府和社会、实物和产能相结合的应急物资储备模式，加强应急物资资产管理，建立健全使用和管理情况的报告制度。建立跨部门应急物资保障联动机制，健全跨区域应急物资协同保障机制。依法完善应急处置期间政府紧急采购制度，优化流程、简化手续。完善各类应急物资政府采购需求标准，细化技术规格和参数，加强应急物资分类编码及信息化管理。完善应急物资分类、生产、储备、装卸、运输、回收、报废、补充等相关管理规范。完善应急捐赠物资管理分配机制，规范进口捐赠物资审批流程。

加强物资实物储备。完善中央、省、市、县、乡五级物资储备布局，建立健

全包括重要民生商品在内的应急物资储备目录清单，合理确定储备品类、规模和结构并动态调整。建立完善应急物资更新轮换机制。扩大人口密集区域、灾害事故高风险区域和交通不便区域的应急物资储备规模，丰富储备物资品种、完善储备仓库布局，重点满足流域大洪水、超强台风以及特别重大山洪灾害应急的物资需要。支持政企共建或委托企业代建应急物资储备库。

提升物资产能保障。制定应急物资产能储备目录清单，加强生产能力动态监控，掌握重要物资企业供应链分布。实施应急产品生产能力储备工程，建设区域性应急物资生产保障基地。选择符合条件的企业纳入产能储备企业范围，建立动态更新调整机制。完善鼓励、引导重点应急物资产能储备企业扩能政策，持续完善应急物资产业链。加强对重大灾害事故物资需求的预判研判，完善应急物资储备和集中生产调度机制。

专栏 3　应急物资储备布局建设重点

1. 中央生活类救灾物资：改扩建现有 20 个中央生活类救灾物资储备库和 35 个综合仓库，在交通枢纽城市、人口密集区域、易发生重特大自然灾害区域建设 7 个综合性国家储备基地。

2. 综合性消防救援应急物资：在北京、沈阳等地建设 8 个中央级库，依托消防救援总队训练与战勤保障支队建设 31 个省级库，在三类以上消防救援支队所在地市建设 227 个地市级库。

3. 森林消防应急物资：在成都、海拉尔等地建设 7 个中央级库，依托森林消防总队建设 5 个省级库，在森林消防支队所在地建设 36 个地市级库。

4. 地方应急物资：改扩建现有应急物资储备库，推进县级应急物资储备库建设，重点支持中西部和经济欠发达高风险地区储备库建设。

（三）强化紧急运输准备。

加强区域统筹调配，建立健全多部门联动、多方式协同、多主体参与的综合交通应急运输管理协调机制。制定运输资源调运、征用、灾后补偿等配套政策，完善调运经费结算方式。深化应急交通联动机制，落实铁路、公路、航空应急交通保障措施。依托大型骨干物流企业，统筹建立涵盖铁路、公路、水运、民航等各种运输方式的紧急运输储备力量，发挥高铁优势构建力量快速输送系统，保障重特大灾害事故应急资源快速高效投送。健全社会紧急运输力量动员机制。加快建立储备充足、反应迅速、抗冲击能力强的应急物流体系。优化紧急运输设施空间布局，加快专业设施改造与功能嵌入，健全应急物流基地和配送中心建设标准。发挥不同运输方式规模、速度、覆盖优势，构建快速通达、衔接有力、功能适配、安全可靠的综合交通应急运输网络。加强交通应急抢通能力建设，进一步提高紧急运输能力。加强紧急运输绿色通道建设，完善应急物资及人员运输车辆优先通行机制。建设政企联通的紧急运输调度指挥平台，提高供需匹配效率，减少物资转运环节，提高救灾物资运输、配送、分发和使用的调度管控水平。推广运用智能机器人、无人机等高技术配送装备，推动应急物资储运设备集装单元化发展，提升应急运输调度效率。

（四）强化救助恢复准备。

健全灾害救助机制。完善自然灾害救助标准动态调整机制。加强灾后救助与其他专项救助相衔接，完善救灾资源动员机制，推广政府与社会组织、企业合作模式，支持红十字会、慈善组织等依法参与灾害救援救助工作。健全受灾群众过渡安置和救助机制，加强临时住所、水、电、道路、通信、广播电视等基础设施建设，保障受灾群众基本生活。针对儿童特点采取优先救助和康复措施，加强对孕产妇等重点群体的关爱保护。对受灾害影响造成监护缺失的未成年人实施救助保护。引导心理援助与社会工作服务参与灾害应对处置和善后工作，对受灾群众予以心理援助。

规范灾后恢复重建。健全中央统筹指导、地方作为主体、灾区群众广泛参与的重特大自然灾害灾后恢复重建机制。科学开展灾害损失评估、次生衍生灾害隐患排查及危险性评估、住房及建筑物受损鉴定和资源环境承载能力评价，完善评估标准和评估流程，科学制定灾后恢复重建规划。优先重建供电、通信、给排水、道路、桥梁、水库等基础设施，以及学校、医院、广播电视等公益性服务设施。完善灾后恢复重建的财税、金融、保险、土地、社会保障、产业扶持、蓄滞洪区补助政策，强化恢复重建政策实施监督评估。加强灾后恢复重建资金管理，引导国内外贷款、对口支援资金、社会捐赠资金等参与灾后恢复重建，积极推广以工代赈方式。

八、优化要素资源配置，增进创新驱动的发展动能

（一）破解重大瓶颈难题。

深化应用基础研究。聚焦灾害事故防控基础问题，强化多学科交叉理论研究。开展重大自然灾害科学考察与调查。整合利用中央和地方政府、企业以及其他优势科技资源，加强自主创新和“卡脖子”技术攻关。实施重大灾害事故防治、重大基础设施防灾风险评估等国家科技计划项目，制定国家重大应急关键技术攻关指南，加快主动预防型安全技术研究。

研制先进适用装备。加快研制适用于高海拔、特殊地形、原始林区等极端恶劣环境的智能化、实用化、轻量化专用救援装备。鼓励和支持先进安全技术装备在应急各专业领域的推广应用，完善《推广先进与淘汰落后安全技术装备目录》动态调整机制。着力推动一批关键技术装备的统型统配、认证认可、成果转化和示范应用。加快航天、航空、船舶、兵器等军工技术装备向应急领域转移转化。

搭建科技创新平台。以国家级实验室建设为引领，加快健全主动保障型安全技术支撑体系，完善应急管理科技配套支撑链条。整合优化应急领域相关共性技术平台，推动科技创新资源开放共享，统筹布局应急科技支撑平台，新增具备中试以上条件的灾害事故科技支撑基地 10 个以上。完善应急管理领域科技成果使用、处置收益制度，健全知识、技术、管理、数据等创新要素参与利益分配的激励机制，推行科技成果处置收益和股权期权激励制度。

增进国际交流合作。加强与联合国减少灾害风险办公室等国际组织的合作，推动构建国际区域减轻灾害风险网络。有序推动"一带一路"自然灾害防治和应急管理国际合作机制建设，创办国际合作部长论坛。推进中国—东盟应急管理合作。积极参与国际大科学装置、科研基地(中心)建设。

专栏 4　关键技术与装备研发重点

1. 基础理论：重大复合灾害事故动力学演化与防控；重大自然灾害及灾害链成因、预报预测与风险防控；极地气象灾害形成机理和演化规划；重要地震带孕震机理；高强度火灾及其衍生灾害演化；安全生产风险监测预警与事故防控；矿山深部开采与复杂耦合重大灾害防治；火灾防治与消防基础理论研究。

2. 应急准备：重大灾害事故过程数值模拟技术；多灾种耦合模拟仿真、预测分析与评估研判技术；重大灾害事故风险智能感知与超前识别技术；重大灾害事故定量风险评估技术；重大基础设施危险源识别共性技术；城市基础设施灾害事件链分析技术；智能无人化安全作业技术。

3. 监测预警：大地震孕育发生过程监测与预测预报关键技术与装备；突发性特大海啸监测预警关键技术与装备；重大气象灾害及极端天气气候事件智能化精细化监测预警技术与装备；雷击火监测预警技术；城市消防安全风险监测与预测预警技术；浓雾、路面低温结冰等其他高影响天气实时监测报警和临近预警技术；矿山瓦斯、冲击地压、水害、火灾、冒顶、片帮、边坡坍塌、尾矿库溃坝等重大灾害事故智能感知与预警预报技术与装备；油气开采平台重特大事故监测和早期溢流智能预警技术；海上溢油漂移预测技术、海上溢油量评估技术。

续表

专栏4 关键技术与装备研发重点
4. 处置救援：复杂环境下应急通信保障、紧急运输等技术与装备；复杂环境下破拆、智能搜救和无人救援技术与装备；极端或特殊环境下人体防护、机能增强装备；重大灾害事故现场应急医学救援关键技术与装备；易燃易爆品储运设施设备阻隔防爆新技术与装备；重大复合链生灾害应急抢险及处置救援技术与装备；火爆毒多灾耦合事故应急洗消与火灾扑救先进技术与装备；高效灭火装备与特种消防车辆；森林草原灭火专用装备、隔离带开设装备、火场个人防护装备；溃堤、溃坝、堰塞湖等重大险情应急处置技术与装备；巡坝查险、堵口抢险装备；水上大规模人命救助、大深度扫测搜寻打捞、大吨位沉船打捞、饱和潜水、浅滩打捞、大规模溢油回收清除技术与装备；危险化学品事故快速处置技术与装备；油气长输管道救援技术与装备；隧道事故快速救援技术与装备；海上油气事故救援技术与装备；矿山重大事故应急救援技术与装备；严重核事故应急救援技术与装备；应急交通运输先进技术与装备。 5. 评估恢复：灾害事故精准调查评估技术；灾后快速评估与恢复重建技术；强台风及龙卷风灾损评估与恢复技术；火爆毒、垮塌及交通等事故追溯、快速评估与恢复技术；深远海井喷失控事故快速评估、处置及生产恢复技术。

（二）构建人才集聚高地。

加强专业人才培养。建立应急管理专业人才目录清单，拓展急需紧缺人才培育供给渠道，完善人才评价体系。实施应急管理科技领军人才和技术带头人培养工程。加强应急管理智库建设，探索建立应急管理专家咨询委员会和重特大突发事件首席专家制度。将应急管理纳入各类职业培训内容，强化现场实操实训。加强注册安全工程师、注册消防工程师等职业资格管理，探索工程教育专业认证与国家职业资格证书衔接机制。依托应急管理系统所属院校，按程序和标准筹建应急管理类大学，建强中国消防救援学院。鼓励各地依托现有资源建设一批应急管理专业院校和应急管理职业学院。加强应急管理学科专业体系建设，鼓励高校开设应急管理相关专业。加强综合型、复合型、创新型、应用型、技能型应急管理人才培养。实施高危行业领域从业人员安全技能提升行动，严格执行安全技能培训合格后上岗、特种作业人员持证上岗制度，积极培养企业安全生产复合型人才和岗位能手。提升应急救援人员的多言多语能力，依托高校、科研院所、医疗机构、志愿服务组织等力量建设专业化应急语言服务队伍。

加强干部队伍建设。坚持党管干部原则，坚持好干部标准，贯彻落实新时代党的组织路线，建立健全具有应急管理职业特点的“选、育、管、用”干部管理制度，树立讲担当重担当、重实干重实绩的用人导向，选优配强各级应急管理领导班子。将应急管理纳入地方党政领导干部必修内容，开发面向各级领导干部的应急管理能力培训课程。完善应急管理干部素质培养体系，建立定期培训和继续教育制度，提升应急管理系统干部政治素养和业务能力。加大专业人才招录和培养力度，提高应急管理干部队伍专业人才比例。推进应急管理系统、国家综合性消防救援队伍干部交流，加强优秀年轻干部发现培养和选拔使用。建立健全符合应急管理职业特点的待遇保障机制，完善职业荣誉激励、表彰奖励和疗休养制度。

（三）壮大安全应急产业。

优化产业结构。以市场为导向、企业为主体，深化应急管理科教产教双融合，推动安全应急产业向中高端发展。采用推荐目录、鼓励清单等形式，引导社会资源投向先进、适用、可靠的安全应急产品和服务。加快发展安全应急服务业，发展智能预警、应急救援救护等社区惠民服务，鼓励企业提供安全应急一体化综合解决方案和服务产品。

推动产业集聚。鼓励有条件的地区发展各具特色的安全应急产业集聚区，加强国家安全应急产业示范基地建设，形成区域性创新中心和成果转化中心。充分发挥国家安全应急产业示范基地作用，提升重大突发事件处置的综合保障能力，形成区域性安全应急产业链，引领国家安全应急技术装备研发、安全应急产品生产制造和安全应急服务发展。

支持企业发展。引导企业加大应急能力建设投入，支持安全应急领域有实力的企业做强做优，培育一批在国际、国内市场具有较强竞争力的安全应急产业大型企业集团，鼓励特色明显、创新能力强的中小微企业利用现有资金渠道加速发展。

专栏 5　安全应急产品和服务发展重点

1. 高精度监测预警产品：灾害事故动态风险评估与监测预警产品、危险化学品侦检产品等。

2. 高可靠风险防控与安全防护产品：救援人员防护产品、重要设施防护系统、工程与建筑施工安全防护设备、防护材料等。

3. 新型应急指挥通信和信息感知产品：应急管理与指挥调度平台、应急通信产品、应急广播系统、灾害现场信息获取产品等。

4. 特种交通应急保障产品：全地形救援车辆、大跨度舟桥、大型隧道抢通产品、除冰雪产品、海上救援产品、铁路事故应急处置产品等。

续表

专栏 5　安全应急产品和服务发展重点
5. 重大消防救援产品：轨道交通消防产品、机场消防产品、高层建筑消防产品、地下工程消防产品、化工灭火产品、森林草原防灭火产品、消防侦检产品、消防员职业健康产品、消防员训练产品、高性能绿色阻燃材料、环境友好灭火剂等。
6. 灾害事故抢险救援关键装备：人员搜索与物体定位产品、溢油和危险化学品事故救援产品、矿难事故救援产品、矿山安全避险及防护产品、特种设备应急产品、电力应急保障产品、高机动全地形应急救援装备、大流量排涝排水装备、多功能应急电源产品、便携机动救援装备、密闭空间排烟装备、生命探测装备、事故灾难医学救护关键装备等。
7. 智能无人应急救援装备：长航时大载荷无人机、大型固定翼航空器、无人船艇、单兵助力机器人、危险气体巡检机器人、矿井救援机器人、井下抢险作业机器人、灾后搜救水陆两栖机器人等。
8. 应急管理支撑服务：风险评估服务、隐患排查服务、检验检测认证服务等。
9. 应急专业技术服务：自然灾害防治技术服务、消防技术服务、安全生产技术服务、应急测绘技术服务、安保技术服务、应急医学服务等。
10. 社会化应急救援服务：航空救援服务、应急物流服务、道路救援服务、海上溢油应急处置服务、海上财产救助服务、安全教育培训服务、应急演练服务、巨灾保险等。

（四）强化信息支撑保障。

广泛吸引各方力量共同参与应急管理信息化建设，集约建设信息基础设施和信息系统。推动跨部门、跨层级、跨区域的互联互通、信息共享和业务协同。强化数字技术在灾害事故应对中的运用，全面提升监测预警和应急处置能力。加强空、天、地、海一体化应急通信网络建设，提高极端条件下应急通信保障能力。建设绿色节能型高密度数据中心，推进应急管理云计算平台建设，完善多数据中心统一调度和重要业务应急保障功能。系统推进“智慧应急”建设，建立符合大数据发展规律的应急数据治理体系，完善监督管理、监测预警、指挥救援、灾情管理、统计分析、信息发布、灾后评估和社会动员等功能。升级气象核心业务支撑高性能计算机资源池，搭建气象数据平台和大数据智能应用处理系统。推进自主可控核心技术在关键软硬件和技术装备中的规模应用，对信息系统安全防护和数据实施分级分类管理，建设新一代智能运维体系和具备纵深防御能力的信息网络安全体系。

九、推动共建共治共享，筑牢防灾减灾救灾的人民防线

（一）提升基层治理能力。

以网格化管理为切入点，完善基层应急管理组织体系，加强人员力量配

备，厘清基层应急管理权责事项，落实基层政府及相关部门责任。加强和规范基层综合性应急救援队伍、微型消防站建设，推动设立社区、村应急服务站，培养发展基层应急管理信息员和安全生产社会监督员，建立完善“第一响应人”制度。指导基层组织和单位修订完善应急预案。引导乡镇（街道）、村（社区）防灾减灾基础设施建设有序发展，增强城乡社区综合服务设施应急功能。统筹防灾减灾救灾和巩固拓展脱贫攻坚成果，防止因灾致贫返贫。推动国家安全发展示范城市、全国综合减灾示范县（市、区、旗）和全国综合减灾示范社区创建工作，新增全国综合减灾示范社区3000个以上，充分发挥示范引领作用。指导生产经营单位加强应急管理组织建设，推动监管和服务向小微企业延伸。

（二）加强安全文化建设。

深化理论研究，系统阐述新时代应急管理的丰富内涵、核心理念和重大任务，编发应急管理理论释义读本。选树、宣传英雄模范，发挥精神引领、典型示范作用。推动将安全素质教育纳入国民教育体系，把普及应急常识和自救逃生演练作为重要内容。繁荣发展安全文化事业和安全文化产业，扩大优质产品供给，拓展社会资源参与安全文化建设的渠道。推动建立公众安全科普宣教媒体绿色通道，加强基于互联网的科普宣教培训，增强科普宣教的知识性、趣味性、交互性。推动安全宣传进企业、进农村、进社区、进学校、进家庭，推进消防救援站向社会公众开放，结合防灾减灾日、安全生产月、全国消防日等节点，开展形式多样的科普宣教活动。建设面向公众的应急救护培训体系，加强“红十字博爱家园”建设，推动建立完善村（社区）、居民家庭的自救互救和邻里相助机制。推动学校、商场、地铁、火车站等人员密集场所配备急救箱和体外除颤仪。做好应急状态下的新闻宣传和舆论引导，主动回应社会关切。

（三）健全社会服务体系。

实行企业安全生产信用风险分类管理制度，建立企业安全生产信用修复机制，依法依规公布安全生产领域严重失信主体名单并实施失信联合惩戒。支持行业协会制定行约行规、自律规范和职业道德准则，建立健全职业规范和奖惩机制。鼓励行业协会、专业技术服务机构和保险机构参与风险评估、隐患排查、管理咨询、检验检测、预案编制、应急演练、教育培训等活动。推进检验检测认证机构市场化改革，支持第三方检测认证服务发展，培育新型服务市场。强化保险等市场机制在风险防范、损失补偿、恢复重建等方面的积极作用，探索建立多渠道多层次的风险分担机制，大力发展巨灾保险。鼓励企业投保安全生产责任保险，丰富应急救援人员人身安全保险品种。

十、实施重大工程项目，夯实高质量发展的安全基础

（一）管理创新能力提升工程。

1. 应急救援指挥中心建设。

建成国家应急指挥总部，完善调度指挥、会商研判、模拟推演、业务保障等设施设备及系统。按照就近调配、快速行动、有序救援的原则推进区域应急救援中心工程建设，健全完善指挥场所、综合救援、物资储备、培训演练、装备储备、航空保障场所及配套设施。建设综合应急实训演练基地，完善室内理论教学、室外实操实训、仿真模拟救援等设施设备。完善国家应急医学研究中心工作条件。推进国家、省、市、县四级综合指挥调度平台和地方应急指挥平台示范建设，实现各级政府与行业部门、重点救援队伍互联互通、协调联动。建设重点城市群、都市圈应急救援协同调度平台。

2. 安全监管监察能力建设。

制定执法装备配备标准，配齐配强各级各行业领域安全监管监察执法队伍装备，持续改善执法工作保障条件。提升安全监管监察执法大数据应用水平。建成危险化学品、矿山、城市安全、金属冶炼、油气等重大事故防控技术支撑基地。升级优化危险化学品登记管理系统。建成矿用新装备新材料安全准入分析验证实验室和火灾事故调查分析实验室，完善设备全生命周期认证溯源管理系统。充分利用现有设施，完善监管监察执法装备测试、验证、维护、校验平台和智能化矿山安全监管监察辅助决策支撑平台，加强省级安全生产技术支撑中心实验室和分区域安全生产综合技术支撑中心实验室建设。

（二）风险防控能力提升工程。

3. 灾害事故风险区划图编制。

开展全国地震活动断层探察，编制第六代全国地震区划图。开展全国地质灾害风险普查，编制全国地质灾害风险区划图和防治区划图。开展台风、暴雨、暴雪等气象灾害和风暴潮、海啸等海洋灾害风险调查，编制不同尺度的危险性分布和风险评估分布图。开展安全生产重点行业领域专项调查。研发区域综合风险评估、自然灾害与事故灾难耦合风险评估等关键技术，编制城市公共安全风险评估、重大风险评估和情景构建等相关技术标准。建设灾害事故风险调查、典型风险与隐患排查数据库，建设全国灾害评估与区划系统。

4. 风险监测预警网络建设。

实施自然灾害监测预警信息化工程，建设国家风险监测感知与预警平台，完善地震、地质、气象、森林草原火灾、海洋、农业等自然灾害监测站网，增加重点区域自然灾害监测核心基础站点和常规观测站点密度，完善灾害风险隐患信息报送系统。建设沙尘暴灾害应急处置信息管理平台，在主要沙尘源区试点布设沙尘暴自动监测站。升级覆盖危险化学品、矿山、烟花爆竹、尾矿库、工贸及油气管道等重点企业的监测预警网络。推进城市电力、燃气、供水、排水管网和桥梁等城市生命线及地质灾害隐患点、重大危险源的城乡安全监测预警网络建设。加快完善城乡安全风险监测预警公共信息平台，整合安全生产、自然灾害、公共卫生等行业领域监测系统，汇聚物联网感知数据、业务数据以及视频监控数据，实现城乡安全风险监测预警“一网统管”。建设基于云架构的新一代国家突发事件预警信息发布系统。稳步推进卫星遥感网建设，开发应急减灾卫星综合应用系统和自主运行管理平台，推动空基卫星遥感网在防灾减灾救灾、应急救援管理中的应用。

5. 城乡防灾基础设施建设。

实施地震易发地区学校、医院、体育馆、图书馆、养老院、儿童福利机构、未成年人救助保护机构、精神卫生福利机构、救助管理机构等公共设施和农村房屋抗震加固。推动基于城市信息模型的防洪排涝智能化管理平台建设。在重点城市群、都市圈和自然灾害多发地市及重点县区，依托现有设施建设集应急指挥、应急演练、物资储备、人员安置等功能于一体的综合性应急避难场所。加强城乡公共消防设施和城镇周边森林草原防火设施建设，开展政府专职消防队伍、地方森林草原消防队伍、企业专职消防队伍达标创建。加强农田、渔港基础设施建设和农村公路、隧道、乡镇渡口渡船隐患整治，实施公路安全生命防护工程、高速公路护栏提质改造和农村公路危桥改造。深入推进农村公路平交路口“一灯一带”示范工程。开展行业单位消防安全示范建设，实施高层建筑、大型商业综合体、城市地下轨道交通、石油化工企业、老旧居民小区等重点场所和易地扶贫搬迁安置场所消防系统改造，打通消防车通道、楼内疏散通道等“生命通道”。

6. 安全生产预防工程建设。

实施化工园区安全提质和危险化学品企业安全改造工程，以危险工艺本质安全提升与自动化改造、安全防护距离达标改造、危险源监测预警系统建设为重点，推进化工园区示范创建，建设化工园区风险评估与分级管控平台。推进城镇人口密集区危险化学品生产企业搬迁改造。开展煤矿瓦斯综合治理和水害、火灾、冲击地压等重大灾害治理。基本完成尾矿库“头顶库”安全治理及无生产经营主体尾矿库、长期停用尾矿库闭库治理。实施“工业互联网+安全生产”融合应用工程，建设行业分中心和数据支撑平台，建立安全生产数据目录。

（三）巨灾应对能力提升工程。

7. 国家综合性消防救援队伍建设。

依托国家综合性消防救援队伍，建设一批国家级特种灾害救援队、区域性机动救援队、搜救犬专业救援队，在重点化工园区、危险化学品储存量大的港区所在地建设石油化工、煤化工等专业应急救援队。实施综合性消防救援装备现代化工程，补齐常规救援装备，升级单兵防护装备，加强适用于极端条件和特种类型灾害事故的单兵实时监测、远程供水、举高喷射、破拆排烟、清障挖掘等先进专业装备配备。支持区域中心城市、中西部地区和东北三省消防救援战勤装备物资建设，支持“三区三州”消防救援站配备高原抢险救援车等专用车辆装备。建设国家级综合消防救援训练基地，以及地震救援、水域救援、化工救援、森林草原防灭火、航空灭火救援、抗洪抢险等国家级专业训练基地和一批区域性驻训备勤保障基地。

8. 国家级专业应急救援队伍建设。

依托应急管理部自然灾害工程抢险机构，以及水利水电建设、建筑施工领域大型企业，在洪涝、地质灾害发生频率高的地区建设区域性应急救援工程抢险队伍。依托森工企业、地方政府森林消防骨干队伍，加强黑龙江大兴安岭、内蒙古大兴安岭、吉林长白山、云南昆明、四川西昌等重点林区区域性机械化森林消防力量建设。大力提升四川、云南、西藏、新疆等地震易发高发区区域地质地震灾害救援能力。依托中央企业、地方国有骨干企业，加强矿山排水、重点地区危险化学品、重大油气储备基地及储备库、长江中上游水上、重点铁路隧道、海上油气开采应急救援队伍建设。补充更新国家级安全生产应急救援队伍关键救援装备。加强灾害事故应急救援现场技术支撑保障力量建设。完善中国救援队和中国国际救援队基础训练、航空救援、水上搜寻、应急医学救援等训练设施，配备专业救援车辆及装备。

9. 地方综合性应急救援队伍建设。

结合区域性应急救援力量建设，依托现有安全生产、防灾减灾应急救援队伍和政府专职消防队伍，重点调整优化省级和地市级综合性应急救援力量，完善应急救援装备储运设施和体能、专业技战术、装备实操、特殊灾害环境适应性等训练设施，补充配备通用应急救援、应急通信、应急勘测、个体防护等装备，拓展地震搜救、抗洪抢险、火灾扑救等救援功能。

10. 航空应急救援队伍建设。

提升航空综合救援能力，建设具备高原救援、重载吊装、远程侦察等能力的航空应急救援和航油航材应急保障力量。完善应急救援航空调度信息系统。建设航空应急科研基地。完善一批运输、通用机场，配备航空消防、气象保障、航油储备、夜间助航、检修维修等保障设施设备。新建应急救援飞行器维修维护基地，以及集航空应急救援训练、培训、演练、保障、服务等功能于一体的综合航空应急服务基地。完善森林航空护林场站布局，改造现有航空护林场站，新建一批全功能航站和护林机场；在森林火灾重点区域，合理布设野外停机坪和直升机临时起降场、灭火取水点和野外加油站。

11. 应急物资装备保障建设。

充分利用仓储资源，依托现有中央和地方物资储备库，建设综合应急物资储备库。在交通枢纽城市、人口密集区域、易发生重特大自然灾害区域建设一批综合性国家储备基地。建设完善国家综合性消防救援队伍应急物资储备库及战勤保障站。在关键物流枢纽建设应急物资调运平台和区域配送中心，依托大型快递物流企业建设一批综合应急物资物流基地。完善国家应急资源管理平台和应急物资保障数据库，汇聚应急物资信息。

（四）综合支撑能力提升工程。

12. 科技创新驱动工程建设。

建设重大自然灾害风险综合防范、重特大生产安全事故防控、复合链生灾害事故防治、城市安全与应急、矿山重大灾害治理、防汛抗旱应急技术、应急医学救援等国家级实验室和部级实验室。建设地震科学实验场和地震动力学国家重点实验室。实施大灾巨灾情景构建工程。建设火灾防治、消防救援装备、防汛抗旱和气象灾害防治、应急救援机器人检测、无人机实战验证、应急通信和应急装备物联网、大型石油储罐火灾抢险救援、城市跨类灾害事故防控、煤矿深部开采与冲击地压防治、高瓦斯及突出煤矿灾害防治等研究基地。依托现有机构完善危险化学品安全研究支撑平台。优化自然灾害领域国家野外科学观测研究站布局。建设应急管理领域国家科技资源共享服务平台和重点灾害地区综合防灾减灾技术支撑平台。完善区域地球表层、巨灾孕育发生机理等模拟系统和国际灾害信息管理平台。

13. 应急通信和应急管理信息化建设。

构建基于天通、北斗、卫星互联网等技术的卫星通信管理系统，实现应急通信卫星资源的统一调度和综合应用。提高公众通信网整体可靠性，增强应急短波网覆盖和组网能力。实施智慧应急大数据工程，建设北京主数据中心和贵阳备份数据中心，升级应急管理云计算平台，强化应急管理应用系统开发和智能化改造，构建“智慧应急大脑”。采用5G和短波广域分集等技术，完善应急管理指挥宽带无线专用通信网。推动应急管理专用网、电子政务外网和外部互联网融合试点。建设高通量卫星应急管理专用系统，扩容扩建卫星应急管理专用综合服务系统。开展北斗系统应急管理能力示范创建。

14. 应急管理教育实训工程建设。

完善应急管理大学(筹)、中国消防救援学院和应急管理干部培训学院等院校的教学、培训、科研等设施。升级改造国家安全监管监察执法综合实训华北基地，补充油气输送管道、城市地下燃气管道、地下空间等专业领域及工贸、建筑施工等行业安全生产监管实训设施设备。改善安全监管执法人员资格考试场地条件。建设国家综合性消防救援队伍康复休整基地，完善训练伤防治、康复医疗、心理疏导、轮训休整等设备及设施。

15. 安全应急装备推广应用示范。

实施安全应急装备应用试点示范和高风险行业事故预防装备推广工程，引导高危行业重点领域企业提升安全装备水平。在危险化学品、矿山、油气输送管道、烟花爆竹、工贸等重点行业领域开展危险岗位机器人替代示范工程建设，建成一批无人少人智能化示范矿井。通过先进装备和信息化融合应用，实施智慧矿山风险防控、智慧化工园区风险防控、智慧消防、地震安全风险监测等示范工程。针对地震、滑坡、泥石流、堰塞湖、溃堤溃坝、森林火灾等重大险情，加强太阳能长航时和高原型大载荷无人机、机器人以及轻量化、智能化、高机动性装备研发及使用，加大5G、高通量卫星、船载和机载通信、无人机通信等先进技术应急通信装备的配备和应用力度。

（五）社会应急能力提升工程。

16. 基层应急管理能力建设。

实施基层应急能力提升计划，开展基层应急管理能力标准化建设，为基层应急管理工作人员配备常用应急救援装备和个体防护装备，选取条件较好的区域建设基层移动指挥中心、基层综合应急救援服务站。编制完善应急管理培训大纲、考核标准和相关教材，开展各级应急管理工作人员专业知识培训。推进应急广播系统建设，开展农村应急广播使用人员培训和信息发布演练。在交通不便或灾害事故风险等级高的乡镇开展应急物资储备点(库)建设。

17. 应急科普宣教工程建设。

实施应急科普精品工程，利用传统媒体、网站和新媒体平台等载体，面向不同社会群体开发推广应急科普教材、读物、动漫、游戏、影视剧、短视频等系列产品。建设数字防灾减灾教育资源公共服务平台、标准化应急知识科普库、公众科普宣教平台和应急虚拟体验馆。利用废弃矿山、搬迁化工企业旧址和遗留设施等，建设安全生产主题公园、体验基地；依托科技馆、城市森林公园、灾害遗址公园等设施，建设一批集灾害事故科普教育、法规政策宣传、应急体验、自救互救模拟等功能于一体的安全文化教育基地；分级建设一批应急消防科普教育基地。

十一、组织实施

（一）加强组织领导。

各地区、各有关部门要根据职责分工，结合实际制定规划涉及本地区、本部门的主要目标任务实施方案，细化措施，落实责任，加强规划实施与年度计划的衔接，明确规划各项任务的推进计划、时间节点和阶段目标。健全跨地区、跨部门规划实施协同配合机制，密切工作联系、强化统筹协调，确保规划实施有序推进，确保重大举措有效落地，确保各项目标如期实现。

（二）加强投入保障。

充分发挥重点工程项目的引导带动作用，按照事权与支出责任相适应的原则，加强资源统筹，在充分利用现有资源的基础上，完善财政和金融政策。各级财政结合财政收支情况，对规划实施予以合理保障。统筹资金使用，整合优化资源，形成政策合力。发挥政策导向作用，努力消除地区和城乡差异，引导多元化资金投入。

（三）加强监督评估。

加强规划实施监测评估，将规划任务落实情况作为对地方和有关部门工作督查考核评价的重要内容。地方政府要加强对本地区规划实施情况的监督检查。应急管理部要组织开展规划实施年度监测、中期评估和总结评估，跟踪进展情况，分析存在的问题，提出改进建议，加强督促落实，重要情况及时向国务院报告。

附录Ⅱ　全国应急管理系统法治宣传教育第八个五年规划(2021—2025 年)

全国第七个五年法治宣传教育规划实施期间，应急管理系统深入贯彻落实习近平新时代中国特色社会主义思想，紧紧围绕应急管理改革发展目标任务，大力弘扬法治精神、传播应急管理法律知识，应急管理法治宣传教育持续向纵深推进，全社会应急管理法治观念明显增强，依法应急能力不断提升。为深入学习宣传贯彻习近平法治思想，根据中央宣传部、司法部关于开展法治宣传教育的第八个五年规划(2021—2025 年)等工作要求，进一步提升全社会应急管理法治意识和法治素养，结合应急管理系统实际，制定本规划。

一、以习近平法治思想引领应急管理法治宣传教育

(一) 指导思想。

坚持以习近平新时代中国特色社会主义思想为指导，全面贯彻党的十九大和十九届历次全会精神，深入贯彻习近平法治思想，增强“四个意识”、坚定“四个自信”、做到“两个维护”，坚定不移走中国特色社会主义法治道路。以提高应急管理法治化水平为目标，以持续提升全社会公民应急管理法治素养为重点，以增强应急管理普法工作针对性、实效性为着力点，突出应急管理普法重点内容，充分发挥法治宣传教育在应急管理法治建设中的基础性作用，为全面推进应急管理事业改革发展营造良好法治环境。

(二) 主要目标。

到 2025 年，应急管理普法工作取得新成效，普法工作长效机制更加完善，“谁执法谁普法”的普法责任制全面落实，应急管理法治宣传教育工作的针对性实效性进一步增强，应急管理系统干部职工的法治思维、法治能力明显提升，应急管理工作相对人对法律法规的知晓度、法治精神的认同度和法治实践的参与度显著提高，办事依法、遇事找法、解决问题用法、化解矛盾靠法的法治环境显著改善。

（三）工作原则。

——坚持党的全面领导。牢牢把握党的领导是应急管理法治宣传教育最根本的保证，认真贯彻落实党中央、国务院关于加强法治宣传教育的工作部署，把党的领导贯彻到应急管理法治宣传教育的全过程、各方面，始终保持正确的政治方向和舆论导向。

——坚持以人民为中心。坚持以人民为中心的发展思想，坚持“两个至上”，始终做到应急管理法治宣传教育为了人民、依靠人民、服务人民，以切实保护人民生命财产安全为出发点和落脚点，让人民群众获得感、幸福感、安全感更加充实、更有保障、更可持续。

——坚持服务大局。围绕应急管理中心任务深入开展应急管理法治宣传教育，推动各地区、各单位在深刻理解、准确把握党中央、国务院关于应急管理事业改革发展决策部署和制度措施的基础上，树立法治思维，增强法治观念，着力完善推进应急管理事业改革发展的体制机制，确保应急管理各项工作在法治轨道上运行。

——坚持创新融合。创新工作理念，着力推动应急管理法治宣传教育机制、载体和方式方法创新，注重采用贴近实际、干部群众喜闻乐见的宣传方式，把应急管理普法融入自然灾害防治、安全生产、基层应急能力建设、责任制落实、事故灾害应对处置等全过程，推动应急管理法治宣传教育创新发展。

——坚持问题导向。牢牢把握新发展阶段的新要求，统筹考虑防范化解重大安全风险、增强全社会应急管理法治水平、推进应急管理法治建设等因素，将应急管理法治宣传教育与法治实践相结合，将普法与立法、执法一体化推进，着力提高应急管理普法的针对性、实效性。

二、应急管理法治宣传教育的重点内容

（一）突出学习宣传习近平法治思想。深入学习宣传习近平法治思想的重大意义、丰富内涵、精神实质和实践要求，引导全社会坚定不移走中国特色社会主义法治道路。把习近平法治思想作为各级应急管理部门党委理论学习中心组、各基层党组织学习重点内容。通过多种形式，运用各类媒体和平台，发挥好各类基层普法阵地作用，推动习近平法治思想入脑入心、走深走实。

（二）深入学习宣传宪法。持续深入开展宪法宣传教育活动，结合“12·4”国家宪法日和“宪法宣传周”等重要时间节点，组织开展多种形式的宪法主题宣传活动，普及宪法知识，弘扬宪法精神，增强宪法意识，推动形成尊崇宪法、学习

宪法、遵守宪法、维护宪法、运用宪法的浓厚氛围。加强国旗法、国歌法等宪法相关法的学习宣传。全面落实宪法宣誓制度，推动应急管理工作人员带头恪守宪法原则、维护宪法权威。要结合应急管理部门实际阐释好宪法精神，在应急管理中捍卫并坚守宪法精神，创新宪法学习宣传方式方法，加强宪法实施案例宣传，推动宪法学习宣传常态化、制度化。

（三）深入学习宣传民法典等国家重要法律。组织广泛开展民法典学习宣传活动，大力宣传民法典的重大意义和重要地位，宣传民法典在保障人民群众合法权益、推进国家治理体系和治理能力现代化等方面的重要作用，重点梳理、宣传好民法典中涉及应急管理的法律条文，让民法典走到群众身边、走进群众心里。适应统筹发展和安全，建设更高水平的平安中国的需要，大力宣传总体国家安全观和刑法、国家安全法、反分裂国家法、国防法、反恐怖主义法等，重点梳理、宣传好刑法中涉及应急管理的法律条文，组织开展“4・15”全民国家安全教育日普法宣传活动，推动全社会增强国家安全、公共安全意识和风险防控能力。适应依法行政、建设法治政府需要，大力学习宣传行政处罚法、行政许可法、行政诉讼法、国家赔偿法等，强化应急管理工作人员依法行政理念。

（四）深入学习宣传应急管理法律法规。大力宣传突发事件应对法及其配套规定，促进全社会在应急状态下依法行动、依法办事，依法维护社会秩序。围绕保障安全生产，大力宣传安全生产法、矿山安全法、生产安全事故报告和调查处理条例、安全生产许可证条例、生产安全事故应急条例、危险化学品安全管理条例、烟花爆竹安全管理条例、易制毒化学品管理条例等法律法规规章，充分发挥法治在提高企业安全生产水平和维护人民生命财产安全的重要作用。围绕强化自然灾害综合治理，大力宣传防震减灾法、防洪法、自然灾害救助条例、地质灾害防治条例、破坏性地震应急条例、防汛条例、抗旱条例、森林防火条例、草原防火条例等法律法规规章，增强全民防灾减灾意识，提升公众应急避险和自救互救技能。围绕保障消防安全，大力宣传消防法和高层民用建筑消防安全管理规定等法律法规规章，切实增强全民消防安全意识，不断提升全社会抗御火灾风险能力。

（五）深入学习宣传党内法规。以党章、准则、条例等为重点，深入学习宣传党内法规，重点梳理、宣传好党内法规中涉及应急管理的相关规定，尤其是《地方党政领导干部安全生产责任制规定》，切实做好党内法规宣传同国家法律宣传的衔接协调。教育引导应急管理系统广大党员尊崇、遵守、贯彻、维护党章。把学习掌握党内法规作为合格党员的基本要求，列入党组织“三会一课”内容，促进党内法规学习宣传常态化、制度化。通过学习宣传党内法规，增强纪律意识、规矩意识、底线意识，提高应急管理系统党组织的凝聚力和战斗力。

三、应急管理法治宣传教育的重点对象

（一）加强应急管理系统干部法治教育。建立健全应急管理系统领导干部尊法学法守法用法机制，将领导干部带头尊法、学法、模范守法作为应急管理系统法治素养提升的关键，结合安全生产、防灾减灾救灾、应急救援等应急管理法律法规开展有针对性的宣传教育，切实增强领导干部运用法治思维和法治方式深化应急改革、推动发展的能力。充分利用应急管理部干部网络培训资源，加大对应急管理综合行政执法人员的法治教育培训力度，提高应急管理综合行政执法人员的法治思维和依法行政能力，全面落实“谁执法谁普法”的普法责任制。

（二）加强企业从业人员法治教育。落实企业从业人员学法守法用法制度，深化“法律进企业”，加大企业负责人、安全生产管理人员和一线从业人员的安全生产法治教育培训力度，强化安全培训考核，促进企业负责人和经营管理人员切实履行法律法规规定的安全生产职责，落实完善企业全员安全生产责任制，促进从业人员熟悉安全生产规章制度和安全操作规程、安全作业标准，掌握岗位安全操作技能，了解事故应急处理措施等，提高安全生产意识和自救互救能力。加强企业安全生产法治文化建设，促进企业严格依法依规安全生产，形成办事依法、遇事找法、解决问题用法、化解矛盾靠法的良好法治环境，有效预防和减少生产安全事故。组织企业结合安全生产实际积极开展以案释法和事故警示教育，鼓励和引导从业人员举报安全隐患和违法违规行为，形成全员参与支持安全生产、群防群控群治的良好局面。

（三）加强青少年学生法治教育。结合国家青少年法治教育大纲要求，将应急管理法治教育融入学校法治教育内容。大力加强青少年防灾减灾教育，通过多种形式开展青少年防灾减灾知识普及和技能训练，帮助青少年掌握必备的防灾减灾知识和自救互救能力。加强各大中专院校尤其是职业院校学生应急管理法治教育，指导院校根据学科和专业特点，加强安全生产、防灾减灾救灾、应急救援等应急管理知识的教育，增强广大在校学生维护社会安全的责任感，提升应对事故灾害的意识和技能。鼓励各大中专院校搭建互联网线上安全教育平台，利用图文并茂的安全教育内容，充分调动学生的积极性，提高安全宣传教育的质量和效率。

（四）深入开展群众性法治宣传教育。坚持群众观点和群众路线，坚持社会

共治，完善公民安全教育体系，推动应急管理法治宣传教育进企业、进农村、进社区、进学校、进家庭，积极推进安全风险网格化管理，筑牢防灾减灾救灾的人民防线。结合深化“法律进乡村”“法律进社区”工作，加大乡村(社区)应急管理普法力度，加强对农村村民、未就业的城市居民等人群的应急管理普法宣传和公益性法律服务，向社会公众普及火灾、洪涝、台风、地震等各类灾害知识和防范应对基本技能，组织开展常态化应急疏散演练，提升全民防灾减灾意识，提高自救互救能力。充分发挥应急管理科普宣教和安全培训、防灾减灾体验基地作用，让更多的公众走进基地，近距离传播安全防灾意识、传授安全防灾技能。

四、增强应急管理法治宣传教育的针对性实效性

（一）把普法融入立法执法全过程。在立法、执法过程中开展实时普法，在应急管理法律法规规章制定修改过程中，除依法保密的以外，要通过公开征求意见、论证会等形式扩大社会参与。对社会公众关注度高的应急管理立法，通过加强与社会公众沟通，增强对应急管理立法的理解和认知。规章出台后，用通俗易懂的形式将涉及公民权利义务的主要内容通过网络、媒体等方式公布、陈列，方便社会公众掌握查阅。在安全生产、防灾减灾救灾、应急救援等群众关心的热点难点方面，加强对行政相对人、利害关系群体及重点人群的法律法规宣讲，把普法教育贯穿在行政执法的事前、事中、事后，实现行政执法的全过程普法。坚持行政执法公示、执法全过程记录和重大执法决定法制审核制度。落实行政复议人员、行政执法人员、律师等主动释法，充分利用典型案例向公众进行法律解读，使典型案例、典型事件依法解决的过程成为全民普法的公开课。

（二）推进应急管理法治文化阵地建设。因地制宜建设应急管理法治文化阵地，扩大阵地覆盖面和利用率。依托广播、电视、报纸、杂志和网络新媒体资源搭建普法宣传平台，在有条件的社区公园、广场、乡村服务场所等因地制宜设置专题展板、墙画、挂图等，定期制作推送安全生产、防灾减灾救灾、应急救援等应急管理方面的法律法规知识。推进应急管理领域法治宣传教育基地建设，依托有条件的地方政府、社区、企业等单位加大防灾减灾科普教育基地、防灾减灾数字图书馆、安全教育体验馆、安全法治宣传教育基地等建设力度。结合应急管理实际研究制定法治宣传教育基地建设运营的相关标准、教育活动内容和管理办法，积极推动基地成为集学习性、实践性、参与性为一体的综合性应急管理法治教育场所。搭建应急管理法治国际交流平台，开展与世界各国应急管理法治文化对话，注重在共建“一带一路”中发挥应急管理法治作用。支持有条件的企事业

单位和高校设立安全生产、防灾减灾救灾、应急救援等应急管理法治研究机构，开展应急管理法治相关理论与实践研究。

（三）充分运用新技术新媒体开展普法。利用“互联网+”通过“线上线下”多种形式进行普法宣传，办好“应急普法”微信公众号和网站普法专栏，注重运用新技术分析各类人群不同的法治需求，提高应急管理普法产品供给的精准性和有效性。坚持传统媒体和新媒体并用，推动构建传统媒体与新媒体优势互补、线上线下互联互通、覆盖人群广泛、普法对象精准的应急管理新媒体矩阵。坚持效果导向，在充分利用传统有效的普法方式基础上，促进单向式传播向互动式、服务式、场景式传播转变，增强受众参与感、体验感、获得感，使应急管理普法更接地气，更为群众喜闻乐见。

五、开展应急管理法治宣传教育系列活动

（一）结合重要时间节点开展主题普法活动。各级应急管理部门每年要结合“国家宪法日”“宪法宣传周”“全国防灾减灾日”“全国消防日”“全国安全生产月”等重要时间节点，在当地广场、公园、企业、学校、社区、农村、公共场所等地设置咨询台，采取专家现场咨询、张贴海报标语、发放应急管理法律法规普及读物、举办应急管理法治成果展等方式，向社会公众宣传普及应急管理法律法规。要结合司法行政部门部署的“法律进机关、进乡村、进社区、进学校、进企业、进单位”等主题活动，突出应急管理领域特点，针对不同地区、不同单位、不同群体的不同需求，因地制宜地组织开展形式多样、丰富多彩的应急管理普法宣传活动，切实调动全社会学法守法用法的积极性和主动性，为防范化解各类安全风险，推进应急管理事业改革发展营造良好的法治氛围。

（二）开展全国应急管理普法知识竞赛。继续联合司法部、中华全国总工会、全国普法办等单位开展全国应急管理普法知识竞赛，广泛动员机关、企事业单位和社会公众积极参与，持续探索创新竞赛方式方法，把线上网络答题和线下实操比拼相结合，充分运用“报、网、端、微、屏”等媒体平台开展联动普法，把应急管理普法工作融入群众喜闻乐见的各种形式之中，多渠道、全方位塑造普法“应急管理”品牌。依托全国应急管理普法知识竞赛，探索基于大数据的精准普法工作，创新打造“以需求定主体，以问题为导向”的精准普法和深度普法模式，努力开创“智慧应急管理普法”新局面。

（三）开展“法治力量助力公共安全——公共安全应急普法年度专项行动”。依托平安中国建设协调小组公共安全组工作机制，聚焦每年在公共安全领域发生

的事故、事件及出现的问题，针对公共安全风险隐患隐蔽性较强、矛盾纠纷易导致公共安全风险隐患等问题进行深入剖析，认真分析事故、事件等问题产生的原因，结合公共安全领域法律法规，联合公共安全组相关成员单位有针对性地开展年度专项普法活动，为建设更高水平的平安中国营造良好的法治氛围。

（四）开展“应急管理普法走基层”活动。鼓励指导各地各单位结合实际，坚持基层导向，紧盯基层学法用法需求，每年组织理论水平高、实践经验丰富的法治业务骨干和专家学者组成应急管理普法宣讲团，走进基层农村、社区、企业、校园等，对安全生产、防灾减灾救灾、应急救援等应急管理法律法规进行生动宣讲、透彻解读，推动基层形成尊法学法守法用法的良好氛围，提高公众防范化解各类安全风险的意识和能力。把“应急管理普法走基层”与“大调研”有机结合起来，聚焦普法和依法治理领域短板弱项，真诚倾听基层声音，及时发现问题，深入研究问题，有针对性地提出解决问题的对策建议。

（五）公布应急管理领域法治案例。围绕社会公众关心关注的应急管理领域法律问题，征集发布有典型性、有代表性、有影响力、有震慑力的典型案例，加强以案释法，并通过报纸、杂志等传统媒体和网站、移动客户端、微信公众号、直播平台等新媒体，广泛开展宣传报道，充分发挥法治案例的引导、规范、预防与教育功能。适时发布安全生产等领域执法案例，宣传推广典型经验做法，提高行政执法水平，对应急管理领域违法违规行为形成有力震慑。适时公布生产安全事故典型案例，推动各地区、各部门、各企业深刻吸取有关事故教训，树牢安全发展理念，强化安全法治意识，统筹发展和安全，压紧压实安全责任。

（六）讲述应急管理领域法治故事。注重收集整理应急管理领域学法用法的好经验、好做法，适时总结推广，推动全社会形成尊法学法守法用法的良好氛围。讲好应急管理领域法治故事，展现新时代应急管理法治建设的新气象、新成果。积极表彰在应急管理法治宣传教育工作中涌现出的先进集体和先进个人，充分发挥先进典型的示范和带动作用，推动应急管理法治宣传教育活动广泛深入开展。开展应急管理普法作品征集展播活动，鼓励公众创作个性化应急管理普法作品，注重短视频在应急管理普法中的运用，让更多的应急管理普法作品传递正能量，展现新精彩。

六、加强组织保障

（一）加强组织领导。各级应急管理部门要把普法工作摆上重要工作日程，科学研究制定落实本规划的方案举措，明确重点任务，认真组织实施。要把普法工作纳入本部门法治建设总体部署，纳入安全生产考核巡查、平安中国建设等考核评价内容。各级应急管理部门主要负责同志要严格按照推进法治建设第一责任人职责的要求，认真履行普法领导责任，定期听取普法工作汇报，研究解决普法工作中的难题，积极构建普法工作长效机制。

（二）落实普法责任。严格落实“谁执法谁普法”“谁主管谁普法”“谁服务谁普法”的普法责任制，压紧压实普法责任链条。根据法律法规的立改废情况，及时调整完善部门普法责任清单，明确职责分工，细化工作措施，推动普法工作落实落细。落实完善普法责任清单制度、年度履职报告评议制度，逐步形成清单管理、跟踪提示、督促指导、评估反馈的管理模式，以普法责任推动普法质效提升。

（三）健全普法队伍。加强应急管理部门普法工作机构建设，切实解决人员配备、基本待遇、工作条件等方面的实际问题。加强普法骨干培训，积极探索研究式、互动式学法方式，不断提高普法工作人员政治素养、法律素质和业务能力。加强普法讲师团建设，遴选政治过硬、专业功底强、熟悉应急管理法律实践的专家学者律师等，深入基层开展普法活动。鼓励有法律职业资格证书的人员充实到一线法律宣传队伍，激发行业、企业普法活力。

（四）强化总结评估。研究完善应急管理普法工作考核评估指标体系，推动形成第三方社会组织开展应急管理普法绩效评估机制。结合工作推进要求，开展普法规划实施情况中期评估和总结验收，加强规划实施的动态监测，强化检查评估结果运用。强化对下级单位的普法工作督促指导，对重视不够、措施不力、落实普法责任制不到位的，及时发出工作提示，必要时进行约谈，提出整改要求。及时发现、总结、推广应急管理普法依法治理经验做法，推动应急管理普法工作创新发展。

（五）加强经费保障。各级应急管理部门要积极争取同级政府和财政部门的支持，把普法工作经费列入本部门预算，按规定把普法列入政府购买服务指导性目录。统筹利用好现有经费渠道，搭建应急管理法治宣传教育平台，配备必要的普法设施，保证应急管理普法工作顺利开展。鼓励支持人民团体、企业事业单位、其他组织和个人参与公益性普法活动。

附录Ⅲ　GB/T 33000—2016《企业安全生产标准化基本规范》八要素详解

1　目标职责

1.1　目标

企业应根据自身安全生产实际，制定文件化的总体和年度安全生产与职业卫生目标，并纳入企业总体生产经营目标。明确目标的制定、分解、实施、检查、考核等环节要求，并按照所属基层单位和部门在生产经营活动中所承担的职能，将目标分解为指标，确保落实。

企业应定期对安全生产与职业卫生目标、指标实施情况进行评估和考核，并结合实际及时进行调整。

1.2　机构和职责

1.2.1　机构设置

企业应落实安全生产组织领导机构，成立安全生产委员会，并应按照有关规定设置安全生产和职业卫生管理机构，或配备相应的专职或兼职安全生产和职业卫生管理人员，按照有关规定配备注册安全工程师，建立健全从管理机构到基层班组的管理网络。

1.2.2　主要负责人及领导层职责

企业主要负责人全面负责安全生产和职业卫生工作，并履行相应责任和义务。

分管负责人应对各自职责范围内的安全生产和职业卫生工作负责。

各级管理人员应按照安全生产和职业卫生责任制的相关要求，履行其安全生产和职业卫生职责。

1.3　全员参与

企业应建立健全安全生产和职业卫生责任制，明确各级部门和从业人员的安全生产和职业卫生职责，并对职责的适宜性、履行情况进行定期评估和监督考核。

企业应为全员参与安全生产和职业卫生工作创造必要的条件，建立激励约束机制，鼓励从业人员积极建言献策，营造自下而上、自上而下全员重视安全生产和职业卫生的良好氛围，不断改进和提升安全生产和职业卫生管理水平。

1.4　安全生产投入

企业应建立安全生产投入保障制度，按照有关规定提取和使用安全生产费用，并建立使用台账。

企业应按照有关规定，为从业人员缴纳相关保险费用。企业宜投保安全生产责任保险。

1.5　安全文化建设

企业应开展安全文化建设，确立本企业的安全生产和职业病危害防治理念及行为准则，并教育、引导全体人员贯彻执行。

企业开展安全文化建设活动，应符合 AQ/T 9004 的规定。

1.6　安全生产信息化建设

企业应根据自身实际情况，利用信息化手段加强安全生产管理工作，开展安全生产电子台账管理、重大危险源监控、职业病危害防治、应急管理、安全风险管控和隐患自查自报、安全生产预测预警等信息系统的建设。

2　制度化管理

2.1　法规标准识别

企业应建立安全生产和职业卫生法律法规、标准规范的管理制度，明确主管部门，确定获取的渠道、方式，及时识别和获取适用、有效的法律法规、标准规范，建立安全生产和职业卫生法律法规、标准规范清单和文本数据库。

企业应将适用的安全生产和职业卫生法律法规、标准规范的相关要求转化为本单位的规章制度、操作规程，并及时传达给相关从业人员，确保相关要求落实到位。

2.2　规章制度

企业应建立健全安全生产和职业卫生规章制度，并征求工会及从业人员意见和建议，规范安全生产和职业卫生管理工作。

企业应确保从业人员及时获取制度文本。

企业安全生产和职业卫生规章制度包括但不限于下列内容：

——目标管理；

——安全生产和职业卫生责任制；

——安全生产承诺；

——安全生产投入；
——安全生产信息化；
——四新(新技术、新材料、新工艺、新设备设施)管理；
——文件、记录和档案管理；
——安全风险管理、隐患排查治理；
——职业病危害防治；
——教育培训；
——班组安全活动；
——特种作业人员管理；
——建设项目安全设施、职业病防护设施“三同时”管理；
——设备设施管理；
——施工和检维修安全管理；
——危险物品管理；
——危险作业安全管理；
——安全警示标志管理；
——安全预测预警；
——安全生产奖惩管理；
——相关方安全管理；
——变更管理；
——个体防护用品管理；
——应急管理；
——事故管理；
——安全生产报告；
——绩效评定管理。

2.3　操作规程

企业应按照有关规定，结合本企业生产工艺、作业任务特点以及岗位作业安全风险与职业病防护要求，编制齐全适用的岗位安全生产和职业卫生操作规程，发放到相关岗位员工，并严格执行。

企业应确保从业人员参与岗位安全生产和职业卫生操作规程的编制和修订工作。

企业应在新技术、新材料、新工艺、新设备设施投入使用前，组织制修订相应的安全生产和职业卫生操作规程，确保其适宜性和有效性。

2.4　文档管理

2.4.1　记录管理

企业应建立文件和记录管理制度，明确安全生产和职业卫生规章制度、操作规程的编制、评审、发布、使用、修订、作废以及文件和记录管理的职责、程序和要求。

企业应建立健全主要安全生产和职业卫生过程与结果的记录，并建立和保存有关记录的电子档案，支持查询和检索，便于自身管理使用和行业主管部门调取检查。

2.4.2　评估

企业应每年至少评估一次安全生产和职业卫生法律法规、标准规范、规章制度、操作规程的适用性、有效性和执行情况。

2.4.3　修订

企业应根据评估结果、安全检查情况、自评结果、评审情况、事故情况等，及时修订安全生产和职业卫生规章制度、操作规程。

3　教育培训

3.1　教育培训管理

企业应建立健全安全教育培训制度，按照有关规定进行培训。培训大纲、内容、时间应满足有关标准的规定。

企业安全教育培训应包括安全生产和职业卫生的内容。

企业应明确安全教育培训主管部门，定期识别安全教育培训需求，制定、实施安全教育培训计划，并保证必要的安全教育培训资源。

企业应如实记录全体从业人员的安全教育和培训情况，建立安全教育培训档案和从业人员个人安全教育培训档案，并对培训效果进行评估和改进。

3.2　人员教育培训

3.2.1　主要负责人和安全管理人员

企业的主要负责人和安全生产管理人员应具备与本企业所从事的生产经营活动相适应的安全生产和职业卫生知识与能力。

企业应对各级管理人员进行教育培训，确保其具备正确思行岗位安全生产和职业卫生职责的知识与能力。

法律法规要求考核其安全生产和职业卫生知识与能力的人员，应按照有关规定经考核合格。

3.2.2　从业人员

企业应对从业人员进行安全生产和职业卫生教育培训，保证从业人员具备满足岗位要求的安全生产和职业卫生知识，熟悉有关的安全生产和职业卫生法律法规、规章制度、操作规程，掌握本岗位的安全操作技能和职业危害防护技能、安全风险辨识和管控方法，了解事故现场应急处置措施，并根据实际需要，定期进行复训考核。

未经安全教育培训合格的从业人员，不应上岗作业。

煤矿、非煤矿山、危险化学品、烟花爆竹、金属冶炼等企业应对新上岗的临时工、合同工、劳务工、轮换工、协议工等进行强制性安全培训，保证其具备本岗位安全操作、自救互救以及应急处置所需的知识和技能后，方能安排上岗作业。

企业的新入厂（矿）从业人员上岗前应经过厂（矿）、车间（工段、区、队）、班组三级安全培训教育，岗前安全教育培训学时和内容应符合国家和行业的有关规定。

在新工艺、新技术、新材料、新设备设施投入使用前，企业应对有关从业人员进行专门的安全生产和职业卫生教育培训，确保其具备相应的安全操作、事故预防和应急处置能力。

从业人员在企业内部调整工作岗位或离岗一年以上重新上岗时，应重新进行车间（工段、区、队）和班组级的安全教育培训。

从事特种作业、特种设备作业的人员应按照有关规定，经专门安全作业培训，考核合格，取得相应资格后，方可上岗作业，并定期接受复审。

企业专职应急救援人员应按照有关规定，经专门应急救援培训，考核合格后，方可上岗，并定期参加复训。

其他从业人员每年应接受再培训，再培训时间和内容应符合国家和地方政府的有关规定。

3.2.3　其他人员教育培训

企业应对进入企业从事服务和作业活动的承包商、供应商的从业人员和接收的中等职业学校、高等学校实习生，进行入厂（矿）安全教育培训，并保存记录。

外来人员进入作业现场前，应由作业现场所在单位对其进行安全教育培训，并保存记录。主要内容包括：外来人员人厂（矿）有关安全规定、可能接触到的危害因素、所从事作业的安全要求、作业安全风险分析及安全控制措施、职业病危害防护措施、应急知识等。

企业应对进入企业检查、参观、学习等外来人员进行安全教育，主要内容包括：安全规定、可能接触到的危险有害因素、职业病危害防护措施、应急知识等。

4　现场管理

4.1　设备设施管理

4.1.1　设备设施建设

企业总平面布置应符合 GB 50187 的规定，建筑设计防火和建筑灭火器配置应分别符合 GB 50016 和 GB 50140 的规定；建设项目的安全设施和职业病防护设施应与建设项目主体工程同时设计、同时施工、同时投入生产和使用。

企业应按照有关规定进行建设项目安全生产、职业病危害评价，严格履行建设项目安全设施和职业病防护设施设计审查、施工、试运行、竣工验收等管理程序。

4.1.2　设备设施验收

企业应执行设备设施采购、到货验收制度，购置、使用设计符合要求、质量合格的设备设施。设备设施安装后企业应进行验收，并对相关过程及结果进行记录。

4.1.3　设备设施运行

企业应对设备设施进行规范化管理，建立设备设施管理台账。

企业应有专人负责管理各种安全设施以及检测与监测设备，定期检查维护并做好记录。

企业应针对高温、高压和生产、使用、储存易燃、易爆、有毒、有害物质等高风险设备，以及海洋石油开采特种设备和矿山井下特种设备，建立运行、巡检、保养的专项安全管理制度，确保其始终处于安全可靠的运行状态。

安全设施和职业病防护设施不应随意拆除、挪用或弃置不用；确因检维修拆除的，应采取临时安全措施，检维修完毕后立即复原。

4.1.4　设备设施检维修

企业应建立设备设施检维修管理制度，制定综合检维修计划，加强日常检维修和定期检维修管理，落实“五定”原则，即定检维修方案、定检维修人员、定安全措施、定检维修质量、定检维修进度，并做好记录。

检维修方案应包含作业安全风险分析、控制措施、应急处置措施及安全验收标准。检维修过程中应执行安全控制措施，隔离能量和危险物质，并进行监督检查，检维修后应进行安全确认。检维修过程中涉及危险作业的，应按照 4.2.1 执行。

4.1.5　检测检验

特种设备应按照有关规定，委托具有专业资质的检测、检验机构进行定期检测、检验。涉及人身安全、危险性较大的海洋石油开采特种设备和矿山井下特种设备，应取得矿用产品安全标志或相关安全使用证。

4.1.6　设备设施拆除、报废

企业应建立设备设施报废管理制度。设备设施的报废应办理审批手续，在报废设备设施拆除前应制定方案，并在现场设置明显的报废设备设施标志。报废、拆除涉及许可作业的，应按照4.2.1执行，并在作业前对相关作业人员进行培训和安全技术交底。报废、拆除应按方案和许可内容组织落实。

4.2　作业安全

4.2.1　作业环境和作业条件

企业应事先分析和控制生产过程及工艺、物料、设备设施、器材、通道、作业环境等存在的安全风险。

生产现场应实行定置管理，保持作业环境整洁。

生产现场应配备相应的安全、职业病防护用品(具)及消防设施与器材，按照有关规定设置应急照明、安全通道，并确保安全通道畅通。

企业应对临近高压输电线路作业、危险场所动火作业、有(受)限空间作业、临时用电作业、爆破作业、封道作业等危险性较大的作业活动，实施作业许可管理，严将履行作业许可审批手续。作业许可应包含安全风险分析、安全及职业病危害防护措施、应急处置等内容。作业许可实行闭环管理。

企业应对作业人员的上岗资格、条件等进行作业前的安全检查，做到特种作业人员持证上岗，并安排专人进行现场安全管理，确保作业人员遵守岗位操作规程和落实安全及职业病危害防护措施。

企业应采取可靠的安全技术措施，对设备能量和危险有害物质进行屏蔽或隔离。

两个以上作业队伍在同一作业区域内进行作业活动时，不同作业队伍相互之间应签订管理协议，明确各自的安全生产、职业卫生管理职责和采取的有效措施，并指定专人进行检查与协调。

危险化学品生产、经营、储存和使用单位的特殊作业，应符合GB 30871的规定。

4.2.2　作业行为

企业应依法合理进行生产作业组织和管理，加强对从业人员作业行为的安全管理，对设备设施、工艺技术以及从业人员作业行为等进行安全风险辨识，采取相应的措施，控制作业行为安全风险。

企业应监督、指导从业人员遵守安全生产和职业卫生规章制度、操作规程，杜绝违章指挥、违规作业和违反劳动纪律的“三违”行为。

企业应为从业人员配备与岗位安全风险相适应的、符合 GB/T 11651 规定的个体防护装备与用品，并监督、指导从业人员按照有关规定正确佩戴、使用、维护、保养和检查个体防护装备与用品。

4.2.3　岗位达标

企业应建立班组安全活动管理制度，开展岗位达标活动，明确岗位达标的内容和要求。

从业人员应熟练掌握本岗位安全职责、安全生产和职业卫生操作规程、安全风险及管控措施、防护用品使用、自救互救及应急处置措施。

各班组应按照有关规定开展安全生产和职业卫生教育培训、安全操作技能训练、岗位作业危险预知、作业现场隐患排查、事故分析等工作，并做好记录。

4.2.4　相关方

企业应建立承包商、供应商等安全管理制度，将承包商、供应商等相关方的安全生产和职业卫生纳入企业内部管理，对承包商、供应商等相关方的资格预审、选择、作业人员培训、作业过程检查监督、提供的产品与服务、绩效评估、续用或退出等进行管理。

企业应建立合格承包商、供应商等相关方的名录和档案，定期识别服务行为安全风险，并来取有效的控制措施。

企业不应将项目委托给不具备相应资质或安全生产、职业病防护条件的承包商、供应商等相关方。企业应与承包商、供应商等签订合作协议，明确规定双方的安全生产及职业病防护的责任和义务。

企业应通过供应链关系促进承包商、供应商等相关方达到安全生产标准化要求。

4.3　职业健康

4.3.1　基本要求

企业应为从业人员提供符合职业卫生要求的工作环境和条件，为解除职业危害的从业人员提供个人使用的职业病防护用品，建立、健全职业卫生档案和健康监护档案。

产生职业病危害的工作场所应设置相应的职业病防护设施，并符合 GBZ 1 的规定。

企业应确保使用有毒、有害物品的作业场所与生活区、辅助生产区分开，作业场所不应住人；将有害作业与无害作业分开，高毒工作场所与其他工作场所隔离。

对可能发生急性职业危害的有毒、有害工作场所，应设置检验报警装置，制定应急预案，配置现场急救用品、设备，设置应急撤离通道和必要的泄险区，定期检查监测。

企业应组织从业人员进行上岗前、在岗期间、特殊情况应急后和离岗时的职业健康检查，将检查结果书面告知从业人员并存档。对检查结果异常的从业人员，应及时就医，并定期复查。企业不应安排未经职业健康检查的从业人员从事接触职业病危害的作业；不应安排有职业禁忌的从业人员从事禁忌作业。从业人员的职业健康监护应符合 GBZ 188 的规定。

各种防护用品、各种防护器具应定点存放在安全、便于取用的地方，建立台账，并有专人负责保管，定期校验、维护和更换。

涉及放射工作场所和放射性同位素运输、储存的企业，应配置防护设备和报警装置，为接触放射线的从业人员配备个人剂量计。

4.3.2　职业危害告知

企业与从业人员订立劳动合同时，应将工作过程中可能产生的职业危害及其后果和防护措施如实告知从业人员，并在劳动合同中写明。

企业应按照有关规定，在醒目位置设置公告栏，公布有关职业病防治的规章制度、操作规程、职业病危害事故应急救援措施和工作场所职业病危害因素检测结果。对存在或产生职业病危害的工作场所、作业岗位、设备、设施，应在醒目位置设置警示标识和中文警示说明；使用有毒物品作业场所，应设置黄色区域警示线、警示标识和中文警示说明，高毒作业场所应设置红色区域警示线、警示标识和中文警示说明，并设置通信报警设备。高毒物品作业岗位职业病危害告知应符合 GBZ/T 203 的规定。

4.3.3　职业病危害申报

企业应按照有关规定，及时、如实向所在地安全生产监督管理部门申报职业病危害项目，并及时更新信息。

4.3.4　职业病危害检测与评价

企业应改善工作场所职业卫生条件，控制职业病危害因素浓(强)度不超过 GBZ 2.1、GBZ 2.2 规定的限值。

企业应对工作场所职业病危害因素进行日常监测，并保存监测记录。存在职业病危害的，应委托具有相应资质的职业卫生技术服务机构进行定期检测，每年至少进行一次全面的职业病危害因素检测；职业病危害严重的，应委托具有相应资质的职业卫生技术服务机构，每 3 年至少进行一次职业病危害现状评价。检测、评价结果存入职业卫生档案，并向安全监管部门报告，向从业人员公布。

定期检测结果中职业病危害因素浓度或强度超过职业接触限值的，企业应根据职业卫生技术服务机构提出的整改建议，结合本单位的实际情况，制定切实有效的整改方案，立即进行整改。整改落实情况应有明确的记录并存入职业卫生档案备查。

4.4　警示标志

企业应按照有关规定和工作场所的安全风险特点，在有重大危险源、较大危险因素和严重职业病危害因素的工作场所，设置明显的、符合有关规定要求的安全警示标志和职业病危害警示标识。其中，警示标志的安全色和安全标志应分别符合 GB 2893 和 GB 2894 的规定，道路交通标志和标线应符合 GB 5768（所有部分）的规定，工业管道安全标识应符合 GB 7231 的规定，消防安全标志应符合 GB 13495.1 的规定，工作场所职业病危害警示标识应符合 GBZ 158 的规定。安全警示标志和职业病危害警示标识应标明安全风险内容、危险程度、安全距离、防控办法、应急措施等内容，在有重大隐患的工作场所和设备设施上设置安全警示标志，标明治理责任、期限及应急措施；在有安全风险的工作岗位设置安全告知卡，告知从业人员本企业、本岗位主要危险有害因素、后果、事故预防及应急措施、报告电话等内容。

企业应定期对警示标志进行检查维护，确保其完好有效。

企业应在设备设施施工、吊装、检维修等作业现场设置警戒区域和警示标志，在检维修现场的坑、井、渠、沟、陡坡等场所设置围栏和警示标志，进行危险提示、警示，告知危险的种类、后果及应急措施等。

5　安全风险管控及隐患排查治理

5.1　安全风险管理

5.1.1　安全风险辨识

企业应建立安全风险辨识管理制度，组织全员对本单位安全风险进行全面、系统的辨识。

安全风险辨识范围应覆盖本单位的所有活动及区域，并考虑正常、异常和紧急三种状态及过去、现在和将来三种时态。安全风险辨识应采用适宜的方法和程序，且与现场实际相符。

企业应对安全风险辨识资料进行统计、分析、整理和归档。

5.1.2　安全风险评估

企业应建立安全风险评估管理制度，明确安全风险评估的目的、范围、频次、准则和工作程序等。

企业应选择合适的安全风险评估方法，定期对所辨识出的存在安全风险的作业活动、设备设施、物料等进行评估。在进行安全风险评估时，至少应从影响人、财产和环境三个方面的可能性和严重程度进行分析。

矿山、金属冶炼和危险物品生产、储存企业，每3年应委托具备规定资质条件的专业技术服务机构对本企业的安全生产状况进行安全评价。

5.1.3　安全风险控制

企业应选择工程技术措施、管理控制措施、个体防护措施等，对安全风险进行控制。

企业应根据安全风险评估结果及生产经营状况等，确定相应的安全风险等级，对其进行分级分类管理，实施安全风险差异化动态管理，制定并落实相应的安全风险控制措施。

企业应将安全风险评估结果及所采取的控制措施告知相关从业人员，使其熟悉工作岗位和作业环境中存在的安全风险，掌握、落实应采取的控制措施。

5.1.4　变更管理

企业应制定变更管理制度。变更前应对变更过程及变更后可能产生的安全风险进行分析，制定控制措施，履行审批及验收程序，并告知和培训相关从业人员。

5.2　重大危险源辨识和管理

企业应建立重大危险源管理制度，全面辨识重大危险源，对确认的重大危险源制定安全管理技术措施和应急预案。

涉及危险化学品的企业应按照GB 18218的规定，进行重大危险源辨识和管理。

企业应对重大危险源进行登记建档，设置重大危险源监控系统，进行日常监控，并按照有关规定向所在地安全监管部门备案。重大危险源安全监控系统应符合AQ 3035的技术规定。

含有重大危险源的企业应将监控中心（室）视频监控资料、数据监控系统状态数据和监控数据与有关监管部门监管系统联网。

5.3　隐患排查治理

5.3.1　隐患治理

企业应建立隐患排查治理制度，逐渐建立并落实从主要负责人到每位从业人员的隐患排查治理和防控责任制。并按照有关规定组织开展隐患排查治理工作，及时发现并消除隐患，实行隐患闭环管理。

企业应依据有关法律法规、标准规范等，组织制定各部门、岗位、场所、设备设施的隐患排查治理标准或排查清单，明确隐患排查的时限、范围、内容和要求，并组织开展相应的培训。隐患排查的范围应包括所有与生产经营相关的场所、人员、设备设施和活动，包括承包商和供应商等相关服务范围。

企业应按照有关规定，结合安全生产的需要和特点，采用综合检查、专业检查、季节性检查、节假日检查、日常检查等不同方式进行隐患排查。对排查出的隐患，按照隐患的等级进行记录，建立隐患信息档案，并按照职责分工实施监控治理。组织有关人员对本企业可能存在的重大隐患作出认定，并按照有关规定进行管理。

企业应将相关方排查出的隐患统一纳入本企业隐患管理。

5.3.2　隐患治理

企业应根据隐患排查的结果，制定隐患治理方案，对隐患及时进行治理。

企业应按照责任分工立即或限期组织整改一般隐患。主要负责人应组织制定并实施重大隐患治理方案。治理方案应包括目标和任务、方法和措施、经费和物资、机构和人员、时限和要求、应急预案。

企业在隐患治理过程中，应采取相应的监控防范措施。隐患排除前或排除过程中无法保证安全的，应从危险区域内撤出作业人员，疏散可能危及的人员，设置警戒标志，暂时停产停业或停止使用相关设备、设施。

5.3.3　验收与评估

隐患治理完成后，企业应按照有关规定对治理情况进行评估、验收。重大隐患治理完成后，企业应组织本企业的安全管理人员和有关技术人员进行验收或委托依法设立的为安全生产提供技术、管理服务的机构进行评估。

5.3.4　信息记录、通报和报送

企业应如实记录隐患排查治理情况，至少每月进行统计分析，及时将隐患排查治理情况向从业人员通报。

企业应运用隐患自查、自改、自报信息系统，通过信息系统对隐患排查、报告、治理、销账等过程进行电子化管理和统计分析，并按照当地安全监管部门和有关部门的要求，定期或实时报送隐患排查治理情况。

5.4　预测预警

企业应根据生产经营状况、安全风险管理及隐患排查治理、事故等情况，运用定量或定性的安全生产预测预警技术，建立体现企业安全生产状况及发展趋势的安全生产预测预警体系。

6　应急管理

6.1　应急准备

6.1.1　应急救援组织

企业应按照有关规定建立应急管理组织机构或指定专人负责应急管理工作，建立与本企业安全生产特点相适应的专(兼)职应急救援队伍。按照有关规定可以不单独建立应急救援队伍的，应指定兼职救援人员，并与邻近专业应急救援队伍签订应急救援服务协议。

6.1.2　应急预案

企业应在开展安全风险评估和应急资源调查的基础上，建立生产安全事故应急预案体系，制定符合 GB/T 29639 规定的生产安全事故应急预案，针对安全风险较大的重点场所(设施)制定现场处置方案，并编制重点岗位、人员应急处置卡。

企业应按照有关规定将应急预案报当地主管部门备案，并通报应急救援队伍、周边企业等有关应急协作单位，企业应定期评估应急预案，及时根据评估结果或实际情况的变化进行修订和完善，并按照有关规定将修订的应急预案及时报当地主管部门备案。

6.1.3　应急设施、装备、物资

企业应根据可能发生的事故种类特点，按照规定设置应急设施，配备应急装备，储备应急物资，建立管理台账，安排专人管理，并定期检查、维护、保养，确保其完好、可靠。

6.1.4　应急演练

企业应按照 AQ/T 9007 的规定定期组织公司(厂、矿)、车间(工段、区、队)、班组开展生产安全事故应急演练，做到一线从业人员参与应急演练全覆盖，并按照 AQ/T 9009 的规定对演练进行总结和评估，根据评估结论和演练发现的问题，修订、完善应急预案，改进应急准备工作。

6.1.5　应急救援信息系统建设

矿山、金属冶炼等企业，生产、经营、运输、储存、使用危险物品或处置废弃危险物品的生产经营单位，应建立生产安全事故应急救援信息系统，并与所在地县级以上地方人民政府负有安全生产监督管理职责部门的安全生产应急管理信息系统互联互通。

6.2　应急处置

发生事故后，企业应根据预案要求，立即启动应急响应程序，按照有关规定报告事故情况，并开展先期处置。

发出警报，在不危及人身安全时，现场人员采取阻断或隔离事故源、危险源等措施；严重危及人身安全时，迅速停止现场作业，现场人员采取必要的或可能的应急措施后撤离危险区域。立即按照有关规定和程序报告本企业有关负责人，有关负责人应立即将事故发生的时间、地点、当前状态等简要信息向所在地县级以上地方人民政府负有安全生产监督管理职责的有关部门报告，并按照有关规定及时补报、续报有关情况；情况紧急时，事故现场有关人员可以直接向有关部门报告；对可能引发次生事故灾害的，应及时报告相关主管部门。

研判事故危害及发展趋势，将可能危及周边生命、财产、环境安全的危险性和防护措施等告知相关单位与人员；遇有重大紧急情况时，应立即封闭事故现场，通知本单位从业人员和周边人员疏散，采取转移重要物资、避免或减轻环境危害等措施。

请求周边应急救援队伍参加事故救援，维护事故现场秩序，保护事故现场证据。准备事故救援技术资料，做好向所在地人民政府及其负有安全生产监督管理职责的部门移交救援工作指挥权的各项准备。

6.3　应急评估

企业应对应急准备、应急处置工作进行评估。

矿山、金属冶炼等企业，生产、经营、运输、储存、使用危险物品或处置废弃危险物品的企业，应每年进行一次应急准备评估。

完成险情或事故应急处置后，企业应主动配合有关组织开展应急处置评估。

7　事故查处

7.1　报告

企业应建立事故报告程序，明确事故内外部报告的责任人、时限、内容等，并教育、指导从业人员严格按照有关规定的程序报告发生的生产安全事故。

企业应妥善保护事故现场以及相关证据。

事故报告后出现新情况的，应当及时补报。

7.2　调查和处理

企业应建立内部事故调查和处理制度，按照有关规定、行业标准和国际通行做法，将造成人员伤亡(轻伤、重伤、死亡等人身伤害和急性中毒)和财产损失的事故纳入事故调查和处理范畴。

企业发生事故后，应及时成立事故调查组，明确其职责与权限，进行事故调查。事故调查应查明事故发生的时间、经过、原因、波及范围、人员伤亡情况及直接经济损失等。

事故调查组应根据有关证据、资料，分析事故的直接、间接原因和事故责任，提出应吸取的教训、整改措施和处理建议，编制事故调查报告。

企业应开展事故案例警示教育活动，认真吸取事故教训，落实防范和整改措施，防止类似事故再次发生。

企业应根据事故等级，积极配合有关人民政府开展事故调查。

7.3　管理

企业应建立事故档案和管理台账，将承包商、供应商等相关方在企业内部发生的事故纳入本企业事故管理。

企业应按照 GB 6441、GB/T 15499 的有关规定和国家、行业确定的事故统计指标开展事故统计分析。

8　持续改进

8.1　绩效评定

企业每年至少应对安全生产标准化管理体系的运行情况进行一次自评，验证各项安全生产制度措施的适宜性、充分性和有效性，检查安全生产和职业卫生管理目标、指标的完成情况。

企业主要负责人应全面负责组织自评工作，并将自评结果向本企业所有部门、单位和从业人员通报。自评结果应形成正式文件，并作为年度安全绩效考评的重要依据。

企业应落实安全生产报告制度，定期向业绩考核等有关部门报告安全生产情况，并向社会公示。

企业发生生产安全责任死亡事故，应重新进行安全绩效评定，全面查找安全生产标准化管理体系中存在的缺陷。

8.2　持续改进

企业应根据安全生产标准化管理体系的自评结果和安全生产预测预警系统所反映的趋势，以及绩效评定情况，客观分析企业安全生产标准化管理体系的运行质量，及时调整完善相关制度文件和过程管控，持续改进，不断提高安全生产绩效。